Eckart Severing

Arbeitsplatznahe Weiterbildung

Eckart Severing

Arbeitsplatznahe Weiterbildung

Betriebspädagogische Konzepte
und
betriebliche Umsetzungsstrategien

Luchterhand

Die Deutsche Bibliothek – CIP-Einheitsaufnahme
Severing, Eckart:
Arbeitsplatznahe Weiterbildung: betriebspädagogische Konzepte und
betriebliche Umsetzungsstrategien
Eckart Severing. – Neuwied: Luchterhand, 1994
(Grundlagen der Weiterbildung)
ISBN 3-472-01885-2

Die Arbeit am vorliegenden Buch hat Unterstützung von vielen
Fachkollegen erfahren. Für ihre hilfreichen Ratschläge bedanke ich
mich namentlich bei Peter Dehnbostel, Norbert Kailer, Thomas
Stahl, Rainer Winkler und, ganz besonders, bei Eckart Liebau.

Eckart Severing, Juli 1994

Umschlag: Reckels, Schneider-Reckels & Weber, Wiesbaden
Satz: Lichtsatz Heinrich Fanslau, Düsseldorf
Druck: Wilhelm & Adam, Heusenstamm
Printed in Germany, August 1994

INHALT

Vorwort   **1**

1.   EINLEITUNG   **5**

1.1   Die Zielsetzung dieses Buches   7

1.2. Zur Abgrenzung des Gegenstandes   9

1.3. Methodisches Vorgehen   10

1.4. Zur Übertragbarkeit von Methoden der
      betrieblichen Weiterbildung in die allgemeine
      berufliche Weiterbildung   11

**2.   ARBEITSPLATZNAHES LERNEN IN DER
      BETRIEBLICHEN WEITERBILDUNG**   **13**

2.1. Stand der Berufsbildungsforschung   15

2.2   Begriffs- und Kategorienbestimmungen:
      Was ist arbeitsplatznahes Lernen?   21

**3.   DIE ROLLE DES ARBEITSPLATZNAHEN
      LERNENS IM BETRIEB**   **29**

3.1. Der Wissenstransfer beim Lernen
      am Arbeitsplatz   31

3.2. Die Diskussion zum Lernen an technisierten
      Arbeitsplätzen   34

3.3. Zum Stand arbeitsplatznaher Aus- und
      Weiterbildung   37

V

Inhalt

3.3.1.   Exkurs: Arbeitsplatznahe Ausbildung im Betrieb   38

3.4   Zum Stand des arbeitsplatznahen Lernens
         in der Weiterbildung   45

3.4.1.   Probleme tradierter betrieblicher
         Weiterbildungsformen   47

3.4.2.   Der Umfang arbeitsplatznahen Lernens in der
         betrieblichen Weiterbildung   50

3.4.3.   Betriebliche Probleme mit arbeitsplatznaher
         Weiterbildung   58

3.4.4.   Betriebliche Gründe für den Einsatz
         arbeitsplatznaher Weiterbildung   60

4.   THEORIEN ZUM VERHÄLTNIS VON
         ARBEITEN UND LERNEN   65

4.0   Einführung   67

4.1.   Theorien der Reformpädagogik zum Verhältnis von
         Arbeiten und Lernen   68

4.2.   Theorien und Konzepte zu »Schlüsselqualifikationen«   70

4.2.1.   Theoretische Grundlagen   70

4.2.2.   Zum Verhältnis von Schlüsselqualifikationen
         und arbeitsorientiertem Lernen   77

4.3.   Handlungsregulationstheorie   79

4.3.1.   Theoretische Grundlagen   79

4.3.2.   Die Handlungsregulationstheorie als Modell für
         intentionale Formen arbeitsplatznahen Lernens   88

4.4.   Zusammenfassung   91

5.   METHODEN ARBEITSPLATZNAHER
         WEITERBILDUNG   95

5.0   Einführung   97

5.1.   Zum Verhältnis von Methoden und Zielen
         arbeitsplatznaher Weiterbildung   99

Inhalt

5.2.	Betrieblich eingesetzte Verfahren des Lernens am Arbeitsplatz	101
5.3.	Traditionelle Methoden des Lernens am Arbeitsplatz	105
5.3.1.	Darstellung traditioneller Methoden	105
5.3.2.	Verwendung traditioneller Methoden in der arbeitsplatznahen Weiterbildung	107
5.4.	Handlungsorientierte Methoden des Lernens im Betrieb	111
5.4.1.	Darstellung handlungsorientierter betrieblicher Lernmethoden	112
5.4.1.1.	Die Projektmethode	112
5.4.1.2.	Die Leittextmethode	113
5.4.2.	Die Verwendung handlungsorientierter Lernmethoden in der arbeitsplatznahen Weiterbildung	119
5.5.	Dezentrale Konzepte des Lernens im Betrieb	125
5.5.1.	Darstellung dezentraler Qualifizierungskonzepte	125
5.5.1.1.	Qualitätszirkel	126
5.5.1.2.	Lernstatt-Konzepte	128
5.5.1.3.	Lerninseln	129
5.5.1.4.	Lernen am Arbeitsplatz durch Erkunden und Präsentieren; Job-Rotation-Programme zur Qualifizierung	132
5.5.2.	Dezentrale Qualifizierungskonzepte in der betrieblichen Weiterbildung	133
5.6.	Methoden der Integration von Lernen und Arbeiten an Einzel-Arbeitsplätzen	138
5.6.1.	Arbeitsplatz-integrierte Weiterbildung am einzelnen Arbeitsplatz mit konventionellen Lernmedien	139
5.6.2.	Der Beitrag computergestützter Lerntechnologien zum Lernen am Arbeitsplatz	142
5.7.	Vergleichende Darstellung arbeitsplatznaher Qualifizierungsmethoden	157
5.8.	Das Verhältnis von Lernen am Arbeitsplatz und anderen Lernformen	159

Inhalt

6.   **BETRIEBLICHE BEDINGUNGEN ARBEITSPLATZNAHER WEITERBILDUNG**   165

6.0   Einführung   167

6.1.   Bedingungen am Arbeitsplatz   168

6.1.1.   Arbeitsanforderungen   170

6.1.2.   Tätigkeitsstruktur und Umfeldbedingungen   174

6.1.2.1.   Die Rolle des Handlungsspielraums in der Arbeitstätigkeit   174

6.1.2.2.   Zeitliche Organisation der Arbeitstätigkeit   178

6.1.2.3.   Funktionsvielfalt der Arbeitstätigkeit   178

6.1.2.4.   Interaktionsfelder in der Arbeitstätigkeit   180

6.1.2.5   Weitere Umfeldbedingungen am Arbeitsplatz   181

6.1.3.   Lernausstattung des Arbeitsplatzes   182

6.1.4.   Zusammenfassung   183

6.2.   Arbeitsorganisatorische Bedingungen arbeitsplatznaher Weiterbildung   186

6.2.1.   Lernen in tayloristischen Arbeitsstrukturen   187

6.2.2.   Der Wandel zu nachtayloristischen Arbeitsstrukturen   192

6.2.3.   »Lean Production«, Gruppenarbeit und arbeitsplatznahe Weiterbildung   193

6.3.   Die Integration von Arbeitsorganisation und Beschäftigtenqualifikation   199

6.3.1.   Zum Verhältnis betriebspädagogischer und betriebswirtschaftlicher Kriterien bei der arbeitsplatznahen Weiterbildung   199

6.3.2.   Das Konzept der »Lernenden Organisation«   204

6.4.   Besondere Bedingungen arbeitsplatznaher Weiterbildung   208

6.4.1.   Rahmenbedingungen arbeitsplatznahen Lernens im kleinen und mittleren Betieb   208

6.4.2.   Arbeitsplatznahe Weiterbildung als Angebot externer Weiterbildungsträger   214

Inhalt

7.	**PERSPEKTIVEN**	221
8.	**VERZEICHNISSE**	231
8.1.	Literaturverzeichnis	233
8.2.	Verzeichnis der Verweisabkürzungen	255
8.3.	Verzeichnis der verwendeten Abkürzungen	257
8.4.	Verzeichnisse von Grafiken und Tabellen	258
8.5.	Verzeichnis von Projekten zum Lernen am Arbeitsplatz	260

VORWORT

Große Pädagogen wie Johann Heinrich Pestalozzi und Philosophen wie Immanuel Kant haben die hohe Bedeutung der Arbeit für die Pädagogik gewürdigt. Sie haben allerdings in aller Deutlichkeit darauf hingewiesen, daß lediglich solche Arbeit einen qualifizierenden Effekt ausübt, die die spezifisch menschlichen Fähigkeiten des Denkens, Planens und der Kreativität fördert. Obwohl diese durchaus richtige Erkenntnis in allen grundlegenden Werken der Pädagogik seit der Aufklärung ihren Niederschlag gefunden hat, ist sie vorwiegend von den sich als Reformpädagogen verstehenden Erziehern konsequent praktiziert worden.

Die deutschsprachigen Länder in Europa, die als einzige im vergangenen Jahrhundert die traditionelle Handwerkslehre industriell adoptierten, räumten zwar dem »Lernen durch Tun« in ihrem Konzept beruflicher Bildung eine zentrale Bedeutung ein, mußten sich aber gleichwohl bei Planung und Durchführung der betrieblichen Berufsbildung den Gesetzen der weitgehend tayloristisch geprägten Arbeitsorganisation unterwerfen.

Zwar blieb in breiten Berufsbereichen des Handwerks, der kaufmännischen Berufe und zahlreicher Dienstleistungsberufe das Lernen an der Arbeit die zentrale betriebliche Qualifizierungsform, in vielen industriellen Berufen wurde – namentlich in Großbetrieben – der Arbeitsplatz als Lernort immer mehr verdrängt. Dies war die logische Konsequenz der weiter um sich greifenden tayloristischen Gestaltung von Industriearbeit, die immer weniger Lernpotentiale enthielt. Die Abkoppelung der Berufsbildung von der Industriearbeit, ihre zunehmende Verlagerung in die Lehrwerkstatt, das Lehrlabor und das externe Seminar, erschien unter diesem Aspekt vielen als einzig vernünftige, die Qualität der Lernprozesse sichernde Alternative. Diese Form der Organisation beruflicher Aus- und Weiterbildung, heute immer noch – trotz hoher Kosten – von Teilen der Großindustrie bevorzugt, ist meist leichter zu organisieren als das Lernen an Arbeitsplätzen, die nur schwer in ein Lernarrangement eingebracht werden können und deren Investitionssummen die der Lehrwerkstatt-Plätze bei weitem übersteigen.

1

Die modernen Kommunikationstechnologien haben in den 80er Jahren, zumindest in einigen Avantgarde-Bereichen wie der Automobil-Industrie, das Ende der tayloristischen Arbeitsteilung als des geeignetsten Mittels zur Gewinnmaximierung eingeläutet. Die neue Wende der industriellen Zeitrechnung, die mit »vor Japan« und »nach Japan« angegeben wird, setzt mit ihrer »schlanken Produktion« auf Enthierarchisierung der Belegschaft und Bildung von Arbeitsteams, in denen Ungelernte keinen Platz mehr haben, aber auch die qualifizierten Facharbeiter ein anderes Qualifikationsprofil aufweisen als früher. Mit der Enttaylorisierung der Arbeitsprozesse wird wieder zusammengeführt, was den arbeitenden Menschen über die Maschine erhebt: Eigenständiges Planen, Durchführen und Kontrollieren der eigenen Arbeitsaufgabe, dazu die Fähigkeit, sicher in unvorhergesehenen Situationen zu reagieren.

Mit diesem Paradigmenwechsel in der industriellen Arbeitsorganisation rückt der Arbeitsplatz als Lernfeld wieder in den Mittelpunkt. »Lernen am Arbeitsplatz« wird auch von Berufspädagogen wieder entdeckt, allerdings auf einer Ebene, die mit der traditionellen »Beistelllehre« nur noch wenig zu tun hat. Mit der Neuorientierung in der beruflichen Aus- und Weiterbildung, neben fachspezifischem Wissen und Können, eine fundierte berufliche Handlungsfähigkeit zu vermitteln und Facharbeiter- sowie Fachangestelltenpersönlichkeiten zu erziehen, wird zunehmend nach neuen Methoden und Konzepten gesucht, um die arbeitsweltliche Realität für selbständige Lernprozesse zu nutzen. Wo dies auch in Zukunft nicht unmittelbar organisiert werden kann, wird diese Realität so gut wie möglich simuliert, z. B. durch die Einbeziehung realer Produktionsaufgaben in die Bildungsmaßnahmen oder durch die Projekt- und die Leittextmethode.

Dezentrale Bildungskonzepte, die in einer Reihe von Projekten in der Berufsausbildung erfolgreich erprobt worden sind, werden zunehmend in die Weiterbildung übertragen. Gerade in der betrieblichen Weiterbildung, in der es um die Aktualisierung von Qualifikationen der Arbeitenden entlang des immer schnelleren Wandels von Organisation und Technik der Produktion geht, erscheinen solche Konzepte attraktiv. Arbeitsplatznahe Weiterbildungsformen sichern den unmittelbaren Anwendungsbezug des Gelernten; sie tragen zur kontinuierlichen Qualifizierung der Beschäftigten bei.

Im Zuge der Technikentwicklung hat sich das arbeitsorganisatorische Gestaltungsspektrum der Unternehmen erheblich erweitert; dadurch wird es möglich, diese Gestaltungsmöglichkeiten unter Qualifizierungsgesichtspunkten auszunutzen. Moderne Konzepte der Arbeitsorganisation, wie sie etwa mit teilautonomen Arbeitsgruppen und Inselfertigungen realisiert werden, und die Requalifizierung industrieller Facharbeit erweitern die Möglichkeiten des Lernens am Arbeitsplatz.

Es kommt jetzt darauf an, die Weiterbildung am Arbeitsplatz, eine der effizientesten und vergleichsweise kostengünstigen Formen der Qualifizierung, mit großer Breitenwirkung zu fördern. Modellversuche sind dabei ein bewährtes und anerkanntes Mittel, um innovative Bildungskonzepte zu entwickeln und in der betrieblichen Umsetzung zu erproben. Das Bundesinstitut für Berufsbildung hat mit einer Reihe von Modellversuchen zu »dezentralen Aus- und Weiterbildungskonzepten« erste Grundlagen zur Entwicklung einer neuen Lernkultur im betrieblichen Arbeitsprozeß geschaffen. Auch das vorliegende Buch bezieht sich weitgehend auf Erkenntnisse und Erfahrungen, die aus diesen Modellversuchen gewonnen wurden.

Modellversuche und Forschungsprojekte tragen dazu bei, die weitere Integration der Weiterbildung in den Arbeitsprozeß in berufspädagogisch angemessener Weise zu gestalten. Es kann nicht allein um eine Ökonomisierung von Weiterbildung gehen, wenn der Lernort Arbeitsplatz an Gewicht gewinnt. Es sind Methoden zu entwickeln, die die pädagogischen Potentiale des Lernens im Arbeitsprozeß entfalten und die auf diese Weise die Selbständigkeit, die Kompetenz und die Motivation der arbeitenden Menschen fördern.

Dr. Helmut Pütz

Stellvertretender Generalsekretär des Bundesinstituts für Berufsbildung

1. EINLEITUNG

1.1. Die Zielsetzung dieses Buches 7

1.2. Zur Abgrenzung des Gegenstandes 9

1.3. Methodisches Vorgehen 10

1.4. Zur Übertragbarkeit von Methoden der betrieblichen
Weiterbildung in die allgemeine berufliche Weiterbildung 11

1.1. Die Zielsetzung dieses Buches

Derzeit findet eine lebhafte Diskussion über die Methoden der betrieblichen Weiterbildung statt. In dieser Diskussion werden lehrgangsförmige Weiterbildungsmaßnahmen Qualifizierungsprozessen in unmittelbarer Verknüpfung mit dem Arbeitsplatz gegenübergestellt. Die Dezentralisierung betrieblicher Weiterbildungsformen, die Einbindung von Einarbeitung und kontinuierlicher Qualifizierung in die Arbeitsorganisation namentlich der Gruppenarbeit, die Übernahme von bisher nur in der betrieblichen Erstausbildung üblichen handlungsorientierten Lernformen (Lerninseln, Projektlernen etc.) in die Weiterbildung und ein pädagogisch inspiriertes Verständnis betrieblicher Hierarchien kennzeichnen Reformen der Arbeitsstrukturen in vielen Unternehmen.

Das vorliegende Buch befaßt sich mit arbeitsplatznaher Weiterbildung im Betrieb. Es geht von der These aus, daß die intentionale betriebliche Weiterbildung durch Formen des arbeitsplatznahen Lernens an Bedeutung gewinnen und nicht verlieren wird. Viele lernpsychologische Forschungsansätze zum Lernen in Arbeitsprozessen befassen sich vorwiegend mit arbeitsimmanenten, gleichsam automatisch wirkenden Qualifikationspotentialen von Arbeitstätigkeit, so, als wären Arbeitsaufgaben daran zu messen, ob sie die Fähigkeiten zu ihrer Bewältigung gleich selbst sicherstellten. Arbeitsplatznahe Weiterbildung jedoch, so wird es hier vertreten, ist etwas anderes als die praktische Identifikation von Arbeiten und Lernen. Sie beruht auf dem Einsatz pädagogisch-didaktischer Methoden, die überhaupt erst umfassende Bildungsprozesse an kaum unter pädagogischen Kriterien gestalteten Arbeitsplätzen ermöglichen.

Es wird darüber hinaus die These vertreten, daß diese Methoden des Lernens im Arbeitsprozeß einer verstärkten Integration in die betriebliche Arbeitsorganisation bedürfen. Unter Aufrechterhaltung alter Schnittstellen, die den Arbeitsprozeß auf der einen Seite vom Qualifizierungsprozeß auf der anderen Seite inhaltlich, organisatorisch und personell abtrennen, können Verfahren der intentionalen Weiterbildung am Arbeitsplatz nicht erfolgreich eingesetzt werden.

Zur weiteren Entfaltung und Prüfung dieser Thesen gliedert sich das Buch in folgende Teile:

☐ Formen und Methoden betrieblicher Weiterbildung begründen sich aus *Theorien* über und Modellen von Lernprozessen in Arbeitstätigkeiten. Eine Reihe von pädagogischen und lernpsychologischen Ansätzen zur Verknüpfung von Arbeiten und Lernen soll daher unter dem Kriterium der Tauglichkeit für die Ableitung und Beurteilung von Methoden arbeitsplatznaher Weiterbildung durchgesehen werden.

☐ Viele *Methoden* des handlungsorientierten Lernens im Betrieb werden ausschließlich und strikt zielgerichtet auf bestimmte betriebliche Erfordernisse bezogen. Sie sind pragmatisch orientiert und nur selten theoretisch begründet. Eine Nutzbarmachung solcher Methoden über den angestammten Kontext ihrer Verwendung hinaus setzt die Isolierung transferierbarer Elemente voraus, die in der Weiterbildung am Arbeitsplatz allgemein eingesetzt werden können.

☐ Die *Umsetzung* pädagogisch angeleiteter Weiterbildung am Arbeitsplatz trifft auf vielfältige äußerliche Bedingungen und Restriktionen. Sie muß sich ins Verhältnis setzen zu einem ökonomisch, technisch und arbeitsorganisatorisch bestimmten Umfeld. Es ist daher zu untersuchen, wie dieses Umfeld den Einsatz von Methoden arbeitsplatznaher Weiterbildung affiziert, und wie die Integration von Arbeits- und Weiterbildungsprozessen verbessert werden kann.

Eine zusammenfassende Darstellung der betriebspädagogischen und betrieblichen Diskussionen über arbeitsplatznahe Qualifizierung wird vorangestellt, um den Zugang für Leser zu vereinfachen, die sonst nicht näher mit dem Thema befaßt sind.

Im Bereich der beruflichen Weiterbildung spielen öffentlich geförderte und wissenschaftlich begleitete Modellversuche und Projekte eine bedeutende Rolle als Wegbereiter innovativer Konzepte. In den letzten Jahren haben sich einige solche Modellversuche – bei starker Differenzierung in Lernzielen, Adressaten und Branchen – mit Fragen des Lernen am Arbeitsplatz auseinandergesetzt. Eine Auflistung einschlägiger Projekte im Anhang kann der weiterführenden Befassung mit arbeitsplatznahem Lernen in besonderen Konstellationen dienen.

Dieses Buch will einen Beitrag zur Diskussion um die Pädagogisierung von Unternehmen leisten, und dabei insbesondere den Standort der betrieblichen Weiterbildung näher bestimmen. Repräsentative empirische Ergebnisse sind aus dieser Zielsetzung heraus ebensowenig angestrebt wie geschlossene theoretische Ansätze zur Weiterbildung am Arbeitsplatz. Arbeitsplatznahe Weiterbildung wird hier in verschiedenen Perspektiven betrachtet; die Gefahr von Redundanzen wird zugunsten einer differenzierten Darstellung und leichteren Lesbarkeit in Kauf genommen.

1.2. Zur Abgrenzung des Gegenstandes

Es wird in diesem Buch nicht differenziert zwischen einzelnen Berufsgruppen, Wirtschaftssektoren, Betriebsgrößen oder Regionen. Ziel ist, *allgemeine* Ansätze arbeitsplatznaher Weiterbildung herauszuarbeiten. Dennoch wird der Schwerpunkt auf die arbeitsplatznahe Weiterbildung in der produzierenden Industrie gelegt. Auch viele der angeführten Methoden und Lerntheorien befassen sich erkennbar mit Lernen an industriell produzierenden Arbeitsplätzen, auch wenn sie diese Eingrenzung nicht immer explizit deutlich machen. Inwieweit Theorien, Methoden und Modelle in andere Wirtschaftsbereiche übertragbar sind, wird hier nicht untersucht.

Betriebliche Weiterbildung kann unter betriebswirtschaftlichen und pädagogischen Gesichtspunkten betrachtet werden. Beide Sichtweisen haben ihre Bedeutung: die erstere für die Beurteilung von Kosten und wirtschaftlichen Vorteilen des Lernens am Arbeitsplatz, die zweite für die Beurteilung der Lernsituation am Arbeitsplatz selbst. Dieses Buch leistet keinen Beitrag zur Prüfung der betrieblichen Weiterbildung unter ökonomischen Kriterien, wie das neuere Ansätze des »Bildungscontrolling« tun. Gerade umgekehrt: es befaßt sich aus betriebspädagogischer Perspektive mit Realisierungschancen, Spielräumen und Grenzen der Weiterbildung am Arbeitsplatz.

In jüngster Zeit steht das Verhältnis von Lernen und Arbeiten im Zentrum vielfältiger Diskussionen in Unternehmen und in Institutionen der Berufsbildung. Zur klaren Bestimmung des hier verfolgten Ansatzes soll daher auch festgehalten werden, was der Gegenstand dieses Buches *nicht* ist:

☐ Das vorliegende Buch befaßt sich nicht mit der beruflichen Erstausbildung, sondern ausschließlich mit der beruflichen *Weiterbildung*. Die Erstausbildung kommt in einem Exkurs und in verstreuten Anmerkungen vor, soweit sie für das Verständnis der Besonderheiten der beruflichen Weiterbildung von Bedeutung erscheint, und soweit sich aus arbeitsplatznahen Weiterbildungsformen Konsequenzen für die Gestaltung der Erstausbildung ergeben können.

☐ Es geht um *betriebliche* Weiterbildung und damit nicht um alle zahlreichen Formen der Verbindung von Arbeiten und Lernen außerhalb wirtschaftlicher Unternehmungen. Diese Einschränkung bezieht sich sowohl auf den Lernort als auch auf die Lernziele: weder ist die berufliche Weiterbildung in betriebsexternen Institutionen Gegenstand noch diejenige für allgemein berufsbildende Ziele jenseits des Bildungsbedarfes der aktuellen Arbeitstätigkeit.

Betriebliche Weiterbildung meint hier nur alle durch Wirtschaftsunternehmen und vergleichbar organisierte Institutionen für deren Mitarbeiter veranlaßten, durchgeführten und finanzierten Maßnahmen der beruflichen Weiterbildung [zur Abgrenzung vgl. auch: Bunk, Stentzel 1990, S. 180 f.].

☐ Betriebliche Weiterbildung vollzieht sich in einer Reihe von durch Ziele und Inhalte bestimmten Arten. Für manche von diesen Arten ist nach verbreiteter Auffassung [Münch 1990, Arnold 1991 a, Schelten 1991 a] das Lernen am Arbeitsplatz ungeeignet oder nur bedingt geeignet. Ohne nähere Prüfung dieser Auffassung werden ihr gemäß hier betrieblich initiierte Formen der *allgemeinen Weiterbildung,* der *Grundlagen-Weiterbildung* und der *betrieblichen Umschulung* nicht in bezug auf arbeitsplatznahes Lernen betrachtet. Wenn im folgenden von betrieblicher Weiterbildung die Rede ist, dann sind Formen der *Anpassungs-, Einarbeitungs-* und *Aufstiegsweiterbildung* gemeint. Andere Arten von betrieblicher Weiterbildung sind besonders kenntlich gemacht. Vor allen bei der Anpassungs- und Einarbeitungsweiterbildung können hohe Potentiale arbeitsplatznahen Lernens vermutet werden.

☐ Der Vergleich von Formen der arbeitsplatznahen Weiterbildung in verschiedenen Industriegesellschaften mit unterschiedlichen Unternehmenskulturen, Bildungs- und Sozialsystemen wäre ein interessanter Gegenstand, der bisher in der deutschen Berufspädagogik noch nicht bearbeitet worden ist. Die vorliegende Darstellung jedoch bietet bestenfalls eine knappe Grundlage für die Darstellung einer Seite in solchen vergleichenden Arbeiten; sie selbst bezieht sich ausschließlich auf Verhältnisse und Diskussionen in Deutschland.

1.3. Methodisches Vorgehen

Dieses Buch wurde auf folgenden Grundlagen verfaßt:

☐ *Literaturanalyse:* Grundlage der Darstellung der aktuellen pädagogischen und betrieblichen Diskussion zur arbeitsplatznahen Weiterbildung ist eine Auswertung deutscher berufspädagogischer Publikationen zum Thema ab etwa 1988. Eine vollständige Erfassung der nicht regional- oder sektorbezogenen Veröffentlichungen wurde angestrebt. Frühere Publikationen wurden nur insoweit herangezogen, als sie richtungsweisende Auswirkungen auf die Diskussion der letzten Jahre hatten. Zur Darstellung des *Umfangs* der arbeitsplatznahen Weiterbildung wurden die (wenigen) im gleichen Zeitraum berufs- und regionalübergreifend angelegten Erhebungen rezipiert.

☐ Entlang von anwendungsorientierten deutschen Veröffentlichungen zu den Themen »Schlüsselqualifikationen« und »Handlungslernen« wurde der pädagogische und pädagogisch-psychologische Forschungsstand zur Verbindung von Arbeiten und Lernen zusammengefaßt.

☐ Bei der Behandlung von *Methoden* des arbeitsplatznahen Lernens wurde weitgehend auf Projektberichte aus der Erprobungsphase von Modellversuchen und auf zusammenfassende betriebspädagogische Darstellungen zurückgegriffen. Es wurde veröffentlichtes und »graues« Material auch aus solchen Modellversuchen verwertet, die den Gesichtspunkt des Verhältnisses von Lernen und Arbeiten im Betrieb nur am Rande berühren. Die Auswahl der behandelten Methoden erfolgte nach dem Kriterium der Verbreitung ihrer betrieblichen Anwendung; diese wurde mit aller dem Verfahren eigenen Unzuverlässigkeit aus der Häufigkeit ihrer Präsentation auf Fachtagungen und in betrieblichen Fachpublikationen abgeleitet.

1.4. Zur Übertragbarkeit von Methoden der betrieblichen Weiterbildung in die allgemeine berufliche Weiterbildung

Viele innovative Ansätze von Qualifizierungsprozessen gehen eher von Konzepten der Betriebspädagogik als von solchen des beruflichen Schul- und Bildungswesens aus. Modelle und Methoden der betrieblichen Qualifizierung sind durch externe ökonomische und technologische Faktoren stärkerem Adaptionsdruck und damit schnellerem Wandel ausgesetzt als solche der schulischen und nachschulischen Erstausbildung.

Neue Formen des Lernens, die sich im betrieblichen Kontext bewähren, können auch geeignet sein, Methoden der allgemeinen Ausbildung zu befruchten. Insbesondere sind hier jene Lernformen beachtenswert, die auf die Verschränkung von Lern- und Anwendungsprozessen abzielen, das heißt, Konzepte des arbeitsplatznahen Lernens. Diese Lernformen können auch außerhalb der Betriebe der Transferproblematik in der beruflichen Bildung und den steigenden Anforderungen an Sozialkompetenz und Selbständigkeit Rechnung tragen.

Soweit das vorliegende Buch aus Beispielen und Modellversuchen zum betrieblichen arbeitsplatznahen Lernen Aussagen zur Eigenart zugrundeliegender Lernprozesse ableitet und vom partikularen betrieblichen Kontext abstrahiert, könnten auch allgemeine Hypothesen über Lernen im Anwendungskontext des Gelernten gebildet werden und in Bezug gesetzt werden auf Konzepte handlungsorientierter Lernformen der Schul- und besonders der Berufsschulpädagogik. Dieses Buch unternimmt nichts dergleichen, bietet aber eventuell erste Ansatzpunkte für solche weiterführenden Bemühungen.

2. ARBEITSPLATZNAHES LERNEN IN DER BETRIEBLICHEN WEITERBILDUNG

2.1. Stand der Berufsbildungsforschung   15

2.2. Begriffs- und Kategorienbestimmungen:
Was ist arbeitsplatznahes Lernen?   21

2.1. Stand der Berufsbildungsforschung

In der sozialwissenschaftlichen Forschung ebenso wie in der Bildungspraxis ist heute unbestritten, daß in der betrieblichen Aus- und Weiterbildung vielfältige Beziehungen zwischen Arbeiten und Lernen bestehen. Nicht nur in der Zielorientierung von betrieblichen Bildungsprozessen auf berufliche Handlungskompetenz, sondern auch in den pädagogischen Qualitäten des Arbeitsprozesses sind diese Beziehungen manifest.

In der deutschen Betriebspädagogik werden seit den 60er Jahren Unterschiede zwischen *funktionalem* und *intentionalem Lernen* diskutiert. Es wird dabei übereinstimmend davon ausgegangen, daß nicht nur didaktisch gestiftete Zusammenhänge von Arbeiten und Lernen pädagogisch wirksam sind, sondern in wesentlichem Umfang auch eine gleichsam automatische, inzidentelle Bildungsqualität des Arbeitsprozesses angenommen werden kann.

Stellvertretend für Zitate vieler anderer Betriebspädagogen seien angeführt:»Daß Tätigkeiten erlernt werden, während man sie praktisch ausführt, ist kein Geheimnis« [Skell 1992, S. 48].»Ein beträchtlicher Teil des Wissens wird erst beim Ausüben der Tätigkeit vom Arbeitenden erworben« [Hacker, Jilge 1993, S. 64].»Der größte Teil der betrieblichen Weiterbildung vollzieht sich fast unbemerkt beim täglichen Tun am Arbeitsplatz« [Dunkel 1976, S. 10].»Berufliches Lernen am Arbeitsplatz vollzieht sich [...] auch unbewußt und unbeabsichtigt, also frei von pädagogischen Interventionen [...]« [Brenner 1981, S. 338].»Ein tagtägliches, informelles Lernen am Arbeitsplatz – in Werk- und Produktionsstätten, Büros, Labors, auf Montagestellen – kann von hoher qualifizierender Wirkung sein« [Schelten 1991 a, S. 159] etc.

Dieses funktionale Lernen wird jedoch weniger in Theorien der in der Regel anwendungsorientierten Betriebspädagogik als in solchen zur beruflichen Sozialisation und zur Psychologie des Lernens behandelt;»arbeitsimmanente Qualifizierung« ist eher ein Gegenstand der Industriesoziologie und der Arbeitspsychologie als der Pädagogik [vgl. Meyer-Dohm 1991 b, S. 206].

Die Pädagogik ist deswegen jedoch nicht aus der Welt der Arbeit verbannt. Die Betriebs- und die Berufspädagogik gehen davon aus, daß Formen des bloß funktionalen en-passant-Lernens und des Imitationslernens an für Industriegesellschaften typischen technisierten Arbeitsplätzen mit komplexen Arbeitsanforderungen nicht mehr ausreichen, um die benötigten Qualifikationen bereitzustellen. Damit wollen sie jedoch nicht den Arbeitsplatz als Lernort entwerten. Im Gegenteil: dem intentionalen, pädagogisch elaborierten Lernen im Arbeitsprozeß wird zunehmende Bedeutung beigemessen [vgl. Heidack 1987, S. 10 und S. 12; Münch 1985; Arnold 1991 a etc.]. Die Selbstverständlichkeit, mit der die Relevanz pädagogischer Interventionen in den Arbeitsprozeß unterstellt wird, hat allerdings bislang nicht dazu geführt, daß das Verhältnis von Arbeiten und Lernen zu einem bevorzugten Gegenstand der Berufspädagogik geworden wäre.

Zwar widmet sich eine große Anzahl von Forschungen vor allem zum *dualen System der Berufsausbildung* in Deutschland der Funktion von praktischer Arbeitstätigkeit für Ausbildungsprozesse. Die Arbeitstätigkeit ist hier jedoch Gegenstand, insofern sie unter pädagogischen Zielsetzungen *frei gestaltetes Mittel der beruflichen Bildung* ist: als Beispiel, Übungsfeld, Erfahrungswelt.

Die Nutzung des real existierenden Arbeitsprozesses als Mittel intentionaler Qualifizierungsprozesse erscheint zwar allseits plausibel, bleibt dabei jedoch wissenschaftlich weitgehend unbeachtet: Es gibt in der Berufspädagogik nur wenige umfassende Darstellungen des Verhältnisses von Arbeiten und Lernen in der betrieblichen Aus- und Weiterbildung und fast keine systematischen Theorien zu diesem Gegenstand [vgl. Arnold 1991 a, S. 116 f.].

Derzeit ist die Diskussion von einer stark lern- und arbeitspsychologischen Ausrichtung bestimmt. Das ist für eine mögliche Entwicklungsrichtung der betrieblichen Aus- und Weiterbildung insofern ein frühes Signal, als psychologische Ansätze in erster Linie auf die Potentiale des Arbeitsplatzes für quasi automatische Lernprozesse abheben. Sie fragen, wie eine Arbeitsumgebung beschaffen sein muß, die *funktionale Lernprozesse* auslöst und unterstützt. Pädagogisch angeleitete Weiterbildung kommt hier nur noch als Ergänzung zum Tragen. Nur wenige Untersuchungen zum Lernen am Arbeitsplatz [z. B. Franke, Kleinschmitt 1987, oder die im BIBB-Bericht»Dezentrale Aus- und Weiterbildungskonzepte in der Praxis«, vgl. Schmidt 1992 a, dargestellten Modellversuche] befassen sich mehr mit dem für konkreten Bildungsbedarf pädagogisch gesteuerten als mit dem informellen arbeitsplatznahen Lernen. Und nur vereinzelte Ansätze [etwa Baitsch, Frei 1980; Hoff et al. 1982; Hoff et al. 1991; Häfeli et al. 1988] widmen sich persönlichkeitsbildenden Faktoren des Lernens am Arbeitsplatz; die meisten richten ihre Aufmerksamkeit ausschließlich auf fachlich bestimmte Qualifizierungsprozesse.

Eher noch geringeres berufspädagogisches Interesse schien bisher der arbeitsplatznahen *Weiterbildung* im Arbeitsprozeß zu gelten; die Mehrzahl der Publikationen bezieht sich auf arbeitsplatznahe Elemente der beruflichen *Erstausbildung* [vgl. Schmiel 1990, S. 122 f; Münch 1990, S. 143]. Modellversuche und Forschungsprojekte zur arbeitsplatznahen Weiterbildung gibt es erst in jüngster Zeit vermehrt [vgl. Siehlmann et al. 1991, S. 9].

In einer Reihe von sozialwissenschaftlichen Nachbardisziplinen (eben besonders in der Lernpsychologie, aber auch in der Industriesoziologie und der Arbeitswissenschaft) besteht kein Mangel an Begriffsbestimmungen und Theorien zum Verhältnis von Arbeiten und Lernen; in der Pädagogik bleiben jedoch erhebliche theoretische Defizite. Die DFG-Senatskommission für Berufsbildungsforschung gelangt auch in bezug auf diese Defizite zu dem Urteil: »Die Berufsbildungsforschung kann ihre gegenwärtige Aufgabe in der Bundesrepublik bei weitem nicht erfüllen« [Senatskommission 1990, S. 7].

Die geringe Beachtung, die das Lernen in der Arbeitswelt bislang in der Berufspädagogik gefunden hat, kann auf folgende Ursachen zurückgeführt werden:

☐ Simultane Lernprozesse an disparaten Lernorten sind analytisch kaum trennbar [Münch 1990, S. 167; Siehlmann et al. 1991, S. 7]; eine Trennbarkeit wird noch dadurch erschwert, daß bisher keine übereinstimmende pädagogische Definition des »Lernortes« vorliegt, obgleich dieser Begriff einen wesentlichen Aspekt pädagogischer Realität benennt: »Der Begriff des Lernortes hat sich in der pädagogischen Reflexion (bislang) nicht durchgesetzt« [Nuissl 1991, S. 11].

☐ Lernen am Arbeitsplatz ist zunächst ein weitgehend verborgener Prozeß. Soweit nicht didaktisch aufbereitet und genutzt, geschieht Lernen hier en passant, und ist damit ein weniger isolierbarer Gegenstand als etwa Lernen in der Lehrwerkstatt oder in der Berufsschule [vgl. auch Lange 1990, S. 10].

☐ Lernen in der Arbeitswelt gilt als komplexer Forschungsgegenstand: »Die Klärung der Beziehungen zwischen Lernen und Arbeiten ist schwierig, weil allein schon die Komplexität sowohl von Lernprozessen als auch von Arbeitsprozessen [...] schwierig ist« [Kell 1989, S. 9]. Die Forschungslage ist bei der Vielschichtigkeit der Phänomene nur durch interdisziplinäre Ansätze mit den diesen eigenen besonderen Problemen zu verbessern.

☐ Die empirische Erfassung und statistische Bewertung des Lernens am Arbeitsplatz ist noch sehr mangelhaft. Bereits für die konventionelle, in Kursen und ähnlichen Maßnahmeformen vollzogene betriebliche Weiterbildung liegt kaum zuverlässiges Zahlenmaterial vor; im Bereich der arbeitsplatznahen Weiterbildung ist man bestenfalls auf empirisch gestützte Vermutungen angewiesen [vgl. BSW 1992, S. 39; hier: Abschnitt 3.4.2].

☐ Es besteht ein nur geringes Interesse an betrieblicher Weiterbildung und besonders an deren arbeitsplatznahen Formen in der Erwachsenenpädagogik, weil sie vielen unter pädagogischen Gesichtspunkten defizitär erscheinen [vgl. Arnold 1991 a, S. 18; Schelten 1991 a, S. 11]. Wo ohne pädagogisch konstruiertes oder inspiriertes Bildungsarrangement gelernt wird und wo Lernziele nicht klar definiert sind, hält sich die pädagogische Wissenschaft nur zögerlich für zuständig. Auch die ausführliche pädagogische Diskussion um das Verhältnis von Bildung und Qualifikation hat mit zur theoretischen Enthaltsamkeit der Berufspädagogik in bezug auf betriebliche Weiterbildungsprozesse beigetragen.

Vor allem dieser letztgenannte Punkt hat dazu geführt, daß die Befassung mit arbeitsplatznaher betrieblicher Weiterbildung heute vorwiegend in den Händen von Personal-, Organisations- und Betriebswirtschaftsfachleuten liegt. Chancen zur Pädagogisierung der Unternehmen, die in Phasen des Ausbaus der betrieblichen Weiterbildung durchaus bestehen, werden auf diese Weise vergeben.
Gerade in den letzten Jahren nämlich, in denen nach vielfacher Einschätzung nicht die Technik, sondern die verfügbaren Qualifikationen den limitationalen Faktor der betrieblichen Produktivitätsentwicklung bilden [vgl. u. a. Staudt 1987, S. 1], ist die organisatorische und technische Entwicklung der Arbeitswelt durch pädagogische Konzepte gestaltbar geworden [vgl. Faulstich 1991, S. 11; Arnold 1991 a, S. 20 f.].
Lebhafte und von hoher Innovationsbereitschaft getragene Diskussionen um neue persönlichkeitsorientierte Begriffe von Bildung in den Betrieben (z. B. um Schlüsselqualifikationen, um handlungsorientiertes Lernen, um Lernen in Gruppenzusammenhängen und dergleichen mehr) und um pädagogisch angemessene Organisationsformen (z. B. um »Organsiationslernen«, um Fragen der Unternehmenskultur) lassen wissenschaftlich-pädagogische Ausgrenzungen der Betriebe als Ort bloß funktionalen Lernens in tayloristischen Arbeitsstrukturen obsolet erscheinen.
Erst in neuerer Zeit haben Pädagogen eine »realistische Wende in der Erwachsenenbildung« [Tietgens 1979, S. 216, in Anklang an ROTH] vollzogen. Sie beginnen, »Unternehmen als ökonomisch begründete pädagogische Institutionen« [Geißler, H. 1990a] zu sehen. ARNOLD hat es sich in diesem Zusammenhang zum Anliegen gemacht, das Auseinander der betrieblichen Weiterbildung und der klassischen Erwachsenenbildung zu problematisieren. Er weist darauf hin, daß sich die alten Gegensätze von Allgemeinbildung und Berufsbildung bzw. Identitätslernen und Qualifikationslernen zunehmend auflösen [Arnold 1991 a, S. 22 ff. und S. 163 ff.], und sieht daher Möglichkeiten, bewährte Kon-

zepte der allgemeinen Erwachsenenbildung in betriebliche Lernumgebungen zu transferieren.

Erst diese neue Sichtweise kann auch dazu führen, Impulse aus Innovationen der betrieblichen Weiterbildung für die Bildungsarbeit in im eigentlichen Sinne pädagogischen Einrichtungen aufzunehmen. Gerade Methoden des Lernens am Arbeitsplatz, die in Betrieben entwickelt und evaluiert worden sind, könnten möglicherweise handlungsorientierte Ansätze in der allgemeinen beruflichen Bildung und vielleicht auch in der schulischen Bildung befruchten.

In Bestandsaufnahmen der deutschen Berufsbildungsforschung wird inzwischen nicht zuletzt auf Grundlage eines neu gefaßten Begriffs von betrieblicher Bildung dem Feld des *Lernens in der Arbeit* und des *handlungsorientierten Lernens* besondere Aufmerksamkeit gewidmet. Betriebe dienen schließlich in erster Linie ökonomischen und nicht pädagogischen Zielen. Die Bildung der Beschäftigten ist wirtschaftlichen Rationalitätskriterien unterworfen. Daher erscheinen solche Bildungsformen von besonderer Bedeutung, die den Arbeits- und den Lernprozeß miteinander verknüpfen.

Die Berufs- und Betriebspädagogik stehen in Deutschland am Anfang einer intensiveren Befassung mit dem Lernen im Arbeitsprozeß. Bisher noch ist der Katalog der Kenntnislücken länger als der der erzielten Ergebnisse und gesicherten Grundlagen. Forschungsdesiderata werden gegenwärtig in folgenden Bereichen aufgelistet:

☐ Forschungen zur didaktischen Qualität von Arbeitsplätzen [BIBB 1989; Baethge 1990, S. 419; Lempert 1990, S. 257; Münch 1990, S. 168; Staudt 1990, S. 70; Schlaffke 1992, S. 60]; Lernprozeßforschungen zur Effizienzverbesserung beruflicher Lernprozesse an verschiedenen Lernorten [Senatskommission 1990, S. 113]; Untersuchungen zu lernpsychologischen und erwachsenenpädagogischen Aspekten des Lernens am Arbeitsplatz [IW 1990, S. 143]; insbesondere in den Bereichen der Ermittlung von Qualifikationsanforderungen, der Entwicklung und Gestaltung von Lernmethoden [Bunk, Stentzel 1990, S. 186 ff. und S. 207 ff.] sowie der Analyse lernhemmender und der Gestaltung lernförderlicher Ausbildungsbedingungen am Arbeitsplatz liegt noch wenig Wissen vor [Sonntag 1992; Schlaffke, Weiß 1991];

☐ Begleitforschungen zur praktischen Entwicklung und Erprobung von Trainingsverfahren zur Optimierung kognitiver Operationen, insbesondere bei komplexen Arbeitstätigkeiten; Übertragungen und Anwendungen kognitionspsychologischer Ansätze; Erweiterung kognitiver Trainingsverfahren um emotionale und motivationale Aspekte [Lipsmeier 1990; Sonntag 1992];

☐ Forschungen zur Persönlichkeitsentwicklung durch Lernen am Arbeitsplatz: Der Blick wäre hier vor allem auf solche Abläufe zu richten, »die zur Entwicklung von persönlicher Autonomie, Verantwortungsbewußtsein und Sozialkompetenz beitragen« [Lempert 1990, S. 256; vgl. auch Senatskommission 1990];

☐ Forschungen zu Zusammenhang und Wechselwirkung formeller, schulischer bzw. seminaristischer einerseits und informeller, arbeitsplatznaher Lernprozesse andererseits [Senatskommission 1990, S. 79 f. und S. 113] – hier wird auch die Frage nach Äquivalenzen, Substituierbarkeiten und Komplementärfunktionen dieser Arten von Lernprozessen gestellt;

☐ Forschungen zur arbeitsplatznahen Weiterbildung, da eine einfache Fortschreibung der bisher über die berufliche Erstausbildung am Lernort Betrieb gewonnenen Erkenntnisse wegen der grundsätzlich anderen Voraussetzungen und Ziele nicht ausreichend erscheint [Lipsmeier 1990; IW 1990, S. 142; Arnold 1991 b, S. 603; Siehlmann et al. 1991, S. 9];

☐ Integration von Ansätzen der Berufsbildungsforschung in Begleitforschungen zu betriebsnahen Modellversuchen des Bundesinstituts für Berufsbildung [in Folge: BIBB] [Lipsmeier 1989] und der Förderprogramme »Humanisierung der Arbeit« bzw. »Arbeit und Technik« [Lempert 1990];

☐ Empirische Erfassungen zur Verbesserung der Datenlage über das Lernen am Arbeitsplatz [BSW 1992; Senatskommission 1990, S. 15; IW 1990, S. 33; Münch 1990, S. 168]; Durchführung von Fallstudien zur arbeitsplatznahen Weiterbildung; Differenzierung nach Betriebsgrößen und Branchen [Schlaffke, Weiß 1991];

☐ Vergleichende Untersuchungen zur arbeitsplatznahen Aus- und Weiterbildung in bezug auf andere Länder, namentlich auf Großbritannien, die USA, Japan und die ehemalige DDR [Schlaffke 1992, S. 60].

In berufspädagogischer Sicht muß vor allem die pädagogische Dimension von Lernen am Arbeitsplatz oder in arbeitsplatznahen Situationen in den Mittelpunkt rücken, da dieser Aspekt im praktischen Vollzug des Lernens am Arbeitsplatz und im arbeitsplatznahen bzw. arbeitsorientierten Lernen oft nicht berücksichtigt wird, und auch von den Nachbarwissenschaften, die Lernen im Betrieb aus psychologischer, soziologischer oder betriebswirtschaftlicher Perspektive untersuchen, nicht abgedeckt wird. In deren Arbeiten erscheint berufliche Bildung in ihrer arbeits-, organisations- oder gesellschaftspolitischen *Funktion,* und nicht für sich. Sie erlauben somit auch nicht die Begründung von Handlungsanleitungen für die im betrieblichen Bildungswesen selbst Tätigen, sondern geben höchstens Hinweise auf die Verbesserung der jeweils betrachteten Funktionalität des betrieblichen Bildungssystems. Die pädagogische Perspektive schließt im besonderen Fragen nach der Genese und Legitimation von Bildungszielen in der betrieblichen Weiterbildung ein. In dem Maße, in dem betriebliche Bildung nicht nur funktionale Qualifikationen erzeugt, sondern zur Persönlichkeitsentwicklung beiträgt und beitragen soll, sind pädagogische Fragestellungen zum Lernen im Betrieb nicht entbehrlich. Die berufspädagogische Befassung mit dem Lernen im Prozeß der Arbeit schließt eine kritische Beurteilung der Lerneignung von Arbeitsplätzen notwendig mit ein. Insofern sind Positionen nicht haltbar, die der betrieblichen Bildungsarbeit jede Einflußnahme auf den wirklichen Arbeitsprozeß untersagen wollen.[1] Im Gegenteil: Wenn das Lernen am Arbeitsplatz gefördert werden soll, müssen Berufspädagogen die ihnen zugewiesenen Reservate verlassen und sich an der Gestaltung lernfreundlicher Arbeitsplätze beteiligen.

2.2. Begriffs- und Kategorienbestimmungen: Was ist arbeitsplatznahes Lernen?

Die Fixierung künftiger Forschungsfelder wird dadurch erschwert, daß bis heute in der Berufspädagogik und in der betrieblichen Fachöffentlichkeit keine konsensualen Definitionen von arbeitsplatznahem oder handlungsorientiertem Lernen vorliegen. Begriffliche Abgrenzungen sind nicht nur aus inhaltlichen Gründen unscharf (Wo hört Lernen auf, wo fängt Arbeiten an?), sondern werden auch aus Sicht der Interessenlagen verschiedener Beteiligter unterschiedlich vorgenommen: Während gewerkschaftlich orientierte Positionen dazu neigen, berufliche Weiterbildung überhaupt erst dann zu entdecken, wenn sie getrennt vom Arbeitsprozeß, betriebsübergreifend und zertifiziert geschieht, tendiert das arbeitgebernahe Institut der Deutschen Wirtschaft dazu, Arbeiten und Lernen streckenweise von vornherein zu identifizieren [vgl. Weiß 1990; sowie kommentierend: Arnold 1991 a, S. 110 f.].

Ein im Auftrag des Bundesministeriums für Bildung und Wissenschaft

---

[1] So vertritt z. B. MENCK: »Die Praxis der Bildungsarbeit im Bildungssystem hat als solche keinen praktischen Einfluß auf die Merkmale von Arbeit. Als Erwachsenenbildner kann ich die Arbeitsbedingungen meiner Klientel nicht ändern. Deswegen [?] wäre es theoretische Usurpation, also ideologisch, wenn man Kriterien zur Gestaltung von Arbeitsplätzen ausweisen und erziehungswissenschaftlich legitimieren wollte.« [Menck 1989, S. 32]

erstelltes Gutachten zur betrieblichen Weiterbildung [Siehlmann et al. 1991] schlägt das Begriffspaar »*Lernorientiertes Arbeiten – arbeitsorientiertes Lernen*« vor, um zu verdeutlichen, daß in eine Theorie des arbeitsplatznahen Lernens Lernprozesse während der Arbeit ebenso einzubeziehen sind wie die Berücksichtigung von Arbeitsanforderungen in Lernprozessen. Formen der Verknüpfung von Arbeiten und Lernen bestimmt das Gutachten ebenso räumlich (»Weiterbildungsveranstaltungen suchen die Nähe des Arbeitsplatzes: Lernschleifen im Produktionsprozeß, Lerninseln, Gruppenräume« [Siehlmann et al. 1991, S. 12]) wie inhaltlich (»Weiterbildungsveranstaltungen suchen Themen des Arbeitsplatzes: Projektaufträge, Schnittstellenprobleme, personale und soziale Aspekte der Arbeit« [Siehlmann et al. 1991, S. 12]). PAULSEN unterscheidet näher danach, ob bestimmendes Moment in der Weiterbildung Anforderungen des Arbeitsprozesses oder solche des Lernprozesses sind: »Lernorientiertes Arbeiten setzt den Akzent auf die lernförderliche Gestaltung von Arbeitsanforderungen, deren Bewältigung mit systematischer Qualifizierung verbunden wird. [...] Arbeitsorientiertes Lernen setzt den Akzent auf den Transfer von neuen Wissensinhalten in die berufliche Handlungs- und Verhaltenskompetenz, d. h. Orientierung der Lerninhalte an ganzheitlichen beruflichen Handlungsanforderungen« [Paulsen 1991, S. 31]. Dem lernorientierten Arbeiten weist er als Lernort den Arbeitsplatz zu, und dem arbeitsorientierten Lernen außerbetriebliche Weiterbildungseinrichtungen oder ebenfalls den Arbeitsplatz.

DEHNBOSTEL hat den Begriff »arbeitsplatzbezogen« in bezug auf *Lernorte* differenziert. Er schlägt ihn als allgemeinen Oberbegriff vor und führt drei mögliche Formen arbeitsplatzbezogenen Lernens ein: »Bei den arbeitsplatzbezogenen Lernorten handelt es sich um Lernorte, in denen intentionales Lernen stattfindet, das in unterschiedlicher Weise mit informellen und erfahrungsbezogenen Lernprozessen verbunden wird. Dezentrales Lernen zeigt sich lernorganisatorisch darin, daß entweder ein *arbeitsplatzgebundenes Lernen* stattfindet, in dem Lernort und Arbeitsort identisch sind, oder ein *arbeitsplatzverbundenes Lernen,* bei dem zwischen beiden eine räumliche und arbeitsorganisatorische Verbindung besteht. Zusätzlich ist von einem *arbeitsplatzorientierten Lernen* zu sprechen, wenn der Lernort keine direkte Verbindung zum Arbeitsort hat, der Arbeitsplatzbezug aber didaktisch im Vordergrund steht« [Dehnbostel 1992, S. 12 ff.; Hervorhebungen im Original].

Die nur thematische Beziehung von Arbeiten und Lernen, auf die der Gegenstandsbereich in der zweiten Bestimmung von SIEHLMANN et al. und im Begriff »arbeitsplatzorientiert« bei DEHNBOSTEL ausgedehnt wird, erscheint für die Ziele der vorliegenden Arbeit zu weit gefaßt. Neben deutlichen Abgrenzungsproblemen der Themen – wie sollen Bezüge auf den Beruf und solche auf konkrete Arbeitsplätze klar getrennt werden können? – würden solche Bestimmungen auch rein seminaristische Weiterbildungsformen einschließen. Weil hier die besonderen Probleme und Entwicklungen des Lernens am oder in der Nähe des Arbeitsplatzes behandelt werden sollen, werden nur solche Formen von betrieblicher Weiterbildung unter den Begriff *arbeitsplatznah* subsumiert, die in unmittelbarem organisatorischen, räumlichen oder zeitlichen Bezug zur Arbeitstätigkeit stehen. Die Abgrenzungen *arbeitsplatzgebunden, arbeitsplatzverbunden* und *arbeitsplatzorientiert* werden hier im Sinne der Definitionen von DEHNBOSTEL übernommen. Zur Bezeichnung des allgemeinen Oberbegriffs wird jedoch wegen der größeren Gebräuchlichkeit von *arbeitsplatznahem* statt arbeitsplatzbezogenem Lernen gesprochen.

In der Literatur allerdings wird eine strenge begriffliche Trennung bisher noch kaum vorgenommen. Bisher wurde der Begriff arbeitsplatzorientiert weitgehend synonym verwendet mit arbeitsplatzbezogenem bzw. arbeitsplatznahem Lernen, also mit Lernen, das in einem nicht näher spezifizierten Bezug zur Arbeit steht.

Zur kategorialen Differenzierung von Formen des arbeitsplatznahen Lernens läßt sich eine analytisch-deskriptive Klassifikation von MÜNCH heranziehen, die ursprünglich entwickelt wurde, um »in die Vielfalt und Differenziertheit der Lernorte [der beruflichen Erstausbildung, d. V.] [...] eine gewisse Ordnung und Überschaubarkeit zu bringen« [Münch 1985, S. 26 f.].

MÜNCH ergänzt die klassische Unterscheidung von schulischem und betrieblichem Lernen um eine Differenzierung nach primären und sekundären Lernorten sowie nach integralen und komplementären Lernorten. Die Bezugnahmen auf Lernorte statt auf die innere Eigenart von Lernprozessen bringt den Vorteil einer einfacheren, wenn auch äußerlicheren Zuordnungsmöglichkeit mit sich.

Diese Typologie kann in folgender Weise veranschaulicht und auf Lernorte in der beruflichen Bildung bezogen werden (siehe Grafik 1).

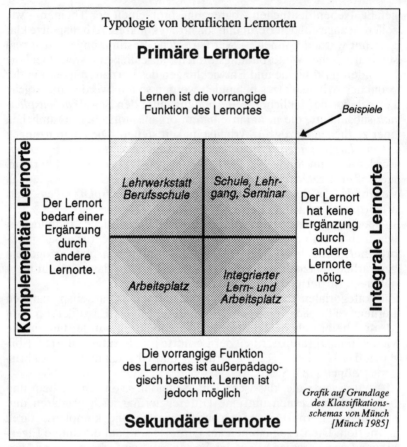

Grafik 1   Typologie der Lernorte [Grundlage: Münch 1985]

HEIDACK schlägt demgegenüber einen feldtheoretischen Ansatz zur Differenzierung von Lernorten vor, den er auf die topologische Psychologie LEWINS zurückführt [Heidack 1987, S. 19 ff.]. Die Feldtheorie LEWINS ordnet Verhaltensphänomene einzelnen Feldern zu und beschreibt sodann deren Vernetzungen und Überlagerungen. In Anwendung dieses Verfahrens auf Phänomene der betrieblichen Weiterbildung unterscheidet HEIDACK *Lernfeld, Interaktionsfeld* und *Funktionsfeld* (siehe Grafik 2).

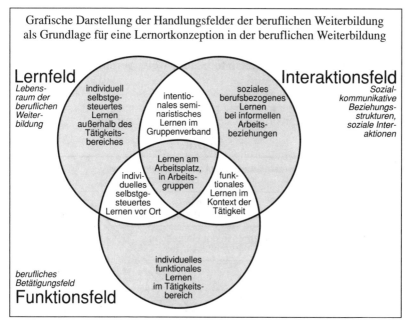

Grafik 2 [modifiziert nach: Heidack 1987, S. 20 und S. 241 ff.]

Feldtheoretische Ansätze erlauben im Unterschied zu nur kategorialen Zuordnungen, dynamische Prozesse und Gegensätze zu beschreiben. So kann besonders im Bereich der Überschneidung von Lernfeld und Interaktionsfeld die Dynamik der betrieblichen Weiterbildung in einem »System der Spannung« [Heidack 1987, S. 21] ausgedrückt werden.

HEIDACK versteht sein Schema als Beitrag zur Diskussion über die betrieblichen Lernorte. Er bezieht daher alle Phänomene der betrieblichen Weiterbildung auf die Frage, *wo* gelernt wird. Arbeitsplatznahes Lernen ist jedoch nicht nur in örtlichen Dimensionen zu bestimmen. Entweder ist der Begriff des Lernortes daher in übertragenem Sinne auch auf andere Bezüge zwischen Arbeiten und Lernen zu erweitern oder er ist entsprechend zu ergänzen.

In der vorliegenden Darstellung wird ein einfaches, vierdimensionales Zuordnungsschema zugrunde gelegt, das es erlaubt, mehrere Merkmale arbeitsplatznahen Lernens zu unterscheiden und unabhängig voneinander zu skalieren. Diese Merkmale sind:

☐ die Lernorte,
☐ die Zeiten, zu denen gelernt wird,

☐ die Lerninhalte,
☐ und die Lernorganisation.

In grafischer Darstellung lassen sich diese Dimensionen des Verhältnisses von Arbeiten und Lernen in folgender Weise veranschaulichen (siehe Grafik 3).

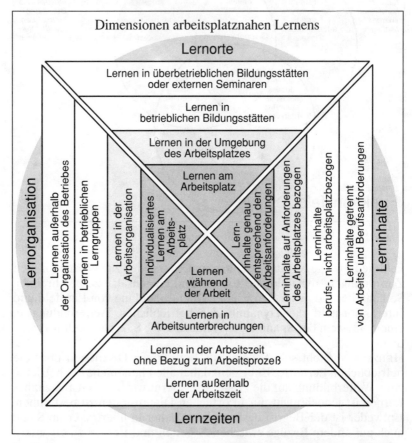

Grafik 3   Dimensionen arbeitsplatznahen Lernens

In Zusammenhang mit arbeitsplatznaher Weiterbildung spielt der Begriff des *handlungsorientierten Lernens* eine besondere Rolle. Weit über die betriebliche Weiterbildung hinaus bezeichnet er eine Form des Lernens, die verstehende Zugänge zum Lerngegenstand durch eigene Handlungserfahrungen des Lernenden ermöglicht. Die ausführliche

pädagogische Diskussion um den Begriff des handlungsorientierten
Lernens wird an dieser Stelle nicht nachgezeichnet, sondern im folgenden eine Begriffsbestimmung von GUDJONS zugrunde gelegt, nach der
handlungsorientierte Lernprozesse den Umgang mit abstrakten und
konkreten Gegenständen einschließen [vgl. Gudjons 1987, S. 9; eine
Zusammenfassung und Diskussion weiterer Begriffsbestimmungen
findet sich bei Ebner 1992, S. 35 f.].
Ebenso wird darauf verzichtet, den Begriff *Qualifikation,* der vor allem
im Verhältnis zum pädagogischen Bildungsverständnis Gegenstand
einer langen und kontroversen Debatte war, anders als mit SCHELTEN
funktional aus Arbeitsanforderungen zu bestimmen: »Auf Eignung
und Befähigung abstellend bezeichnet Qualifikation die Gesamtheit
der Kenntnisse, Verständnisse, Fertigkeiten und Fähigkeiten, über die
eine Person zur Ausübung seiner Arbeitstätigkeit verfügen muß«
[Schelten 1991 a, S. 159; vgl. auch: Baitsch, Frei 1980, S. 28; Kern,
Schumann 1970, S. 67].
Als *Weiterbildung* werden im folgenden nur solche Formen der Qualifizierung gefaßt, die in geplanter Weise mit pädagogischer Intervention
ablaufen. Formen des bloß funktionalen Lernens bei der Ausführung
von Arbeitstätigkeiten fallen darunter nicht.

3. DIE ROLLE DES ARBEITSPLATZNAHEN LERNENS IM BETRIEB

3.1. Der Wissenstransfer beim Lernen am Arbeitsplatz   31

3.2. Die Diskussion zum Lernen an technisierten
      Arbeitsplätzen   34

3.3. Zum Stand arbeitsplatznaher Aus- und Weiterbildung   37

3.3.1. Exkurs: Arbeitsplatznahe Ausbildung im Betrieb   38

3.4. Zum Stand des arbeitsplatznahen Lernens in der
      Weiterbildung   45

3.4.1. Probleme tradierter betrieblicher Weiterbildungsformen 47

3.4.2. Der Umfang arbeitsplatznahen Lernens in der
       betrieblichen Weiterbildung   50

3.4.3. Betriebliche Probleme mit arbeitsplatznaher
       Weiterbildung   58

3.4.4. Betriebliche Gründe für den Einsatz arbeitsplatznaher
       Weiterbildung   60

3.1. Der Wissenstranfer beim Lernen am Arbeitsplatz

Lange Zeit hat in der betrieblichen Aus- und Weiterbildung der Industrie ein Prinzip gegolten, das sich an der schulischen Berufsausbildung orientiert: Zuerst wird gelernt, und dann erst, nach erfolgreichem Abschluß der Lernphase, wird das Erlernte praktisch angewendet. Dieses Prinzip erscheint plausibel, insofern der Erwerb beruflicher Fähigkeiten und Kenntnisse die *Voraussetzung* ihrer Anwendung ist; die zeitliche Abfolge scheint damit festgelegt zu sein. In der beruflichen Aus- und Weiterbildung im Betrieb gibt es aber eine Reihe von pädagogisch und ökonomisch begründeten Interessen, das Nacheinander von Lern- und Arbeitsprozeß zumindest teilweise aufzuheben und *Lernen während der Arbeitstätigkeit* zu ermöglichen.

Einer der wesentlichen Gründe für den Einsatz von Verfahren arbeitsplatznaher betrieblicher Bildung ist die Erwartung, daß der *Transfer* des Gelernten zur Bewältigung der Erfordernisse des jeweiligen Arbeitsplatzes verbessert wird [vgl. Münch 1990, Debener et al. 1992].

Bei klassischen Formen der betrieblichen Qualifizierung werden – getrennt von den Anforderungen an bestimmten Arbeitsplätzen – Wissensinhalte vermittelt, die der Erfüllung der Arbeitsaufgaben dienen sollen. Ein mehr oder weniger konkretes Bild dieser Arbeitsanforderungen ist das Kriterium von Lehrgangsentwicklern und Dozenten für die Wahl der Lerninhalte und der Vermittlungsmethoden – diese Anforderungen können im Lehrgang aber bestenfalls nachgestellt werden. Der Transfer des so Erlernten auf die besonderen Anforderungen und Umgebungsbedingungen am eigenen Arbeitsplatz bleibt dem einzelnen Lehrgangsteilnehmer allein überlassen. Dabei können vielfache Transferprobleme auftreten, und zwar nach Abschluß der Qualifizierungsmaßnahme – zu einem Zeitpunkt mithin, an dem fachlich-pädagogische Unterstützung in der Regel nicht mehr verfügbar ist.[2] Im grafischen Schema unten ist dieses Lernen in Lehrgängen mit nachfolgendem individuellen Transfer als »Modell 1« dargestellt.

Von da aus erscheint die arbeitsplatznahe Aus- und Weiterbildung zunächst interessant, um den Bezug der Qualifizierungsinhalte auf bestimmte Anforderungen an konkreten Arbeitsplätzen zu sichern.

---

[2] Viele moderne Konzepte arbeitsorientierter Lehrgänge dienen dem Umgang mit diesem Transferproblem: So werden Lehrgänge mit eingeschobenen Praktikumsphasen oder Intervallkurse mit regelmäßiger Rückkehr an den Arbeitsplatz eingesetzt, um die Umsetzung des Lehrgangswissens am Arbeitsplatz pädagogisch nachbereiten zu können.

Vom Lernen am Arbeitsplatz wird von diesem Gesichtspunkt aus eine doppelte Wirkung erwartet:

☐ Zum einen werden alle Lerninhalte in genau der Ausprägung erlernt, in der sie am Arbeitsplatz auftreten. Die Erfüllung von Anforderungen am Arbeitsplatz ist nicht nur eine Zielbestimmung der Qualifizierung, sondern *zugleich selbst Lernmedium*. Was in Lehrgängen in allgemeinerer Weise nachgebildet, imaginiert, vorgestellt wird, ist hier präsent, inklusive aller besonderen Umfeldbedingungen.

☐ Zum anderen wirken die konkreten Anforderungen am Arbeitsplatz als *Filter* für Qualifizierungsinhalte. Es wird genau das, und *nur* das gelernt, was an einem besonderen Arbeitsplatz benötigt wird; Wissen über fachliche Grundlagen und über vor- und nachgelagerte Tätigkeiten entfällt ebenso wie Wissen über fachverwandte Arbeitstätigkeiten. Schließlich erscheint aus der Perspektive des reibungslosen Transfers von Qualifikationen an besondere Arbeitsplätze die Breite und Allgemeinheit von Lerninhalten in Lehrgängen als bloßes Hilfsmittel, um im Lehrgang nicht genau bestimmbare Arbeitsanforderungen sicher abdecken zu können. Sie ist in diesem Verständnis keine betriebspädagogische Zielgröße.

In der Grafik unten ist dieser Typus arbeitsplatznaher Qualifizierung als »Modell 2« dargestellt. Im wirklichen betrieblichen Bildungswesen kommt das einfache Anlernen und Einweisen an Arbeitsplätzen mit niedrigen Qualifikationsanforderungen diesem Typus nahe.

Diese Form arbeitsplatznaher Qualifizierung hat allerdings – gerade vor dem Hintergrund moderner Konzepte flexibler Arbeitsorganisation [vgl. Abschnitt 6.2.3.] – einen prinzipiellen Mangel: Nennenswerter Wissenstransfer ist zwar an den Arbeitsplätzen, an denen gelernt wurde, nicht mehr notwendig, er ist aber auch kaum möglich. Anforderungen am Anlern-Arbeitsplatz werden qualifikatorisch gemeistert; eine Veränderung der Anforderungen oder eine Umsetzung an andere Arbeitsplätze macht aber erneute Anlernprozesse notwendig, weil der engen transferorientierten Qualifikation Wissensgrundlagen und allgemeine Kenntnisse abgehen.

Im Rückblick erweist sich damit ein Vorteil der klassischen Aus- und Weiterbildung in Lehrgängen: Die Vermittlung allgemeiner, nicht unmittelbar auf den konkreten Arbeitsplatz bezogener Kenntnisse macht zwar nachfolgenden Wissenstransfer notwendig, dieser ist aber auch in bezug auf verschiedene Arbeitsplätze möglich. Grundlagenkenntnisse erlauben die Orientierung an diversen fachverwandten Arbeitsplätzen und sichern die Flexibilität der Qualifikation und die Mobilität der Qualifizierten.

Es ist daher zu fragen, inwieweit Formen der arbeitsplatznahen betrieblichen Bildung aus dem engen Bezug auf konkrete Anforderungen einzelner Arbeitsplätze gelöst werden können, wie also pädagogische Potentiale des Arbeitsplatzes ohne Reduktion der erworbenen Qualifikation genutzt werden können.

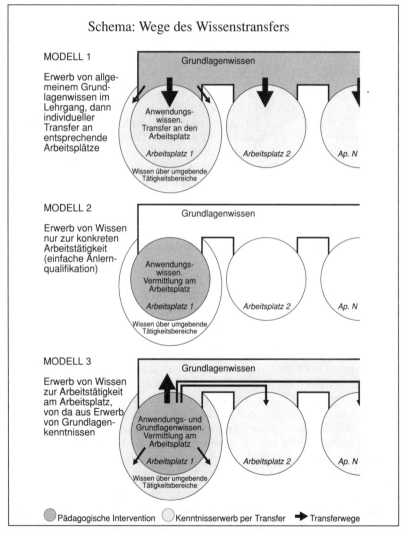

Schema: Wege des Wissenstransfers

MODELL 1

Erwerb von allgemeinem Grundlagenwissen im Lehrgang, dann individueller Transfer an entsprechende Arbeitsplätze

Grundlagenwissen

Anwendungswissen. Transfer an den Arbeitsplatz

Arbeitsplatz 1 — Arbeitsplatz 2 — Ap. N

Wissen über umgebende Tätigkeitsbereiche

MODELL 2

Erwerb von Wissen nur zur konkreten Arbeitstätigkeit (einfache Anlernqualifikation)

Grundlagenwissen

Anwendungswissen. Vermittlung am Arbeitsplatz

Arbeitsplatz 1 — Arbeitsplatz 2 — Ap. N

Wissen über umgebende Tätigkeitsbereiche

MODELL 3

Erwerb von Wissen zur Arbeitstätigkeit am Arbeitsplatz, von da aus Erwerb von Grundlagenkenntnissen

Grundlagenwissen

Anwendungs- und Grundlagenwissen. Vermittlung am Arbeitsplatz

Arbeitsplatz 1 — Arbeitsplatz 2 — Ap. N

Wissen über umgebende Tätigkeitsbereiche

⬤ Pädagogische Intervention ◯ Kenntniserwerb per Transfer ➔ Transferwege

Grafik 4   Schema: Wege des Wissenstransfers

Wenn moderne Produktionsverfahren durch Flexibilität der Fertigung, durch einen damit verbundenen häufigen Wechsel der Arbeitstätigkeiten der Beschäftigten und durch eine Integration verschiedener zuvor arbeitsteiliger Funktionen am einzelnen Arbeitsplatz gekennzeichnet sind, kann Qualifikation am Arbeitsplatz nicht nur als Drill- und Anlernqualifikation für fixierte Arbeitsaufgaben verstanden werden. Arbeitsplatznahe Qualifizierung ist in dieser erweiterten Perspektive Ausgangspunkt für den Erwerb von Grundlagenkenntnissen und Wissen über das fachliche, organisatorische und soziale Umfeld der eigenen Arbeit. Wissenstransfer unterbleibt damit nicht, wie bei der einfachen Anlernqualifikation. Er verläuft aber im Vergleich zur Qualifizierung in Lehrgängen *in umgekehrter Richtung.* Von konkreten Aufgaben am einzelnen Arbeitsplatz wird zu allgemeinen Grundlagen übergegangen. Dieser Typus von Lernen am Arbeitsplatz schafft die Basis für die Erfüllung von Anforderungen an sich verändernden und verwandten Arbeitsplätzen. Er fesselt den Lernenden nicht an einen bestimmten Arbeitsplatz; im Gegenteil: bereits während der Qualifizierung werden Wechsel der Lernorte, Tätigkeitswechsel und Betriebserkundungen notwendig sein. In der vorstehenden Grafik ist dieser Typus als »Modell 3« schematisiert (siehe Grafik 4 auf S. 33).

3.2. Die Diskussion zum Lernen an technisierten Arbeitsplätzen

Unter dem Gesichtspunkt der Verbesserung des Anwendungstransfers wird die Nutzung des Arbeitsplatzes als Medium des Lernens vielfach für wünschenswert gehalten. Es wird jedoch eine Debatte über die Frage geführt, ob die Verknüpfung von Arbeiten und Lernen im Betrieb tatsächlich *möglich* ist. Es steht außer Frage, daß Lernen am Arbeitsplatz in modernen Industrieunternehmen nicht in gleicher Weise angelegt sein kann wie in frühen Formen der handwerklichen Ausbildung, die Lernen und Arbeiten nicht geschieden hat. Es wird aber kontrovers diskutiert, ob die Ausstattung technisierter Arbeitsplätze und die moderne Arbeitsorganisation die Verbindung von Lernen und Arbeiten im Betrieb eher fördert oder verhindert. Die beiden gegensätzlichen Positionen beziehen ihre Belege aus jeweils unterschiedlichen Interpretationen der Einführung und Verbreitung neuer Technologien im Arbeitsprozeß:

☐ Die erste Position erwartet durch Veränderungen der modernen Arbeitsprozesse erweiterte Lernmöglichkeiten im Prozeß der Arbeit selbst. Diese neuen Lernmöglichkeiten sieht man durch Enttaylorisierung und Enthierarchisierung der Arbeit gegeben. Als

Beleg dafür gelten die flexibel automatisierte Fertigung mit ihren dezentralen und teilweise partizipativen Arbeits- und Organisationsformen, die Requalifizierung von Facharbeit [Kern, Schumann 1984] und die Funktionsanreicherung von Arbeitsplätzen etwa durch die Einbettung von Steuerungsfunktionen, die Integration von Arbeitsvorbereitungs-, Wartungs- und Instandhaltungsarbeiten in Produktionsaufgaben oder durch integrierte Funktionen der Qualitätskontrolle. Man stellt verstärkt Lernpotentiale und Lernchancen am Arbeitsplatz fest und hält deshalb den Einsatz neuer Konzepte zur Verbindung von Lernen und Arbeiten, wie sie etwa in der Modellversuchsreihe »Dezentrales Lernen« entwickelt und realisiert werden, nicht nur für möglich, sondern auch für notwendig [vgl. z. B.: Brater, Büchele 1991; Debener, Siehlmann 1990; Dehnbostel 1991; Dehnbostel 1993 a; Münch 1990, S. 167].

☐ Die Gegenposition geht davon aus, daß Lernprozesse am Arbeitsplatz oder im Arbeitsprozeß eher eingeschränkt werden. Man führt dies auf die komplexer und undurchschaubarer gewordenen Arbeitsprozesse zurück, die dadurch immer weniger sinnlich erfaßbar und erfahrbar würden und »nur noch auf der Grundlage systematischer theoretischer Schulung verstanden und beherrscht werden [können]« [Lempert 1990, S. 255]. Eine steigende Spezialisierung der Betriebe ließe zudem den Erwerb breiter arbeitsplatzgebundener Qualifikationen nicht mehr zu. Es wird auch darauf verwiesen, daß kapitalintensive, hochtechnisierte Arbeitssysteme wegen ihrer hohen Störanfälligkeit und hohen Schadensfolgen bei unsachgemäßer Bedienung sich als Lernplätze für die Aus- und Weiterbildung nicht eignen. Als Konsequenz daraus wird vermutet, daß das Lernen in zentralen Bildungseinrichtungen sich langfristig weiter verstärken wird. Lernen am Arbeitsplatz hat für Vertreter dieser Position nur eine Komplementärfunktion zur verschulten Berufsbildung: Am Arbeitsplatz würden »die schulisch erworbenen Handlungspotentiale nicht nur verwertet, sondern auch weiterentwickelt, d. h. konkretisiert, differenziert, transferiert und/oder generalisiert, oder auch entwertet, zumindest korrigiert, und hier werden auch wichtige Erfahrungsgrundlagen für weiteres schulisches Lernen geschaffen und Bildungsmotive sowohl geweckt als auch verschüttet« [Lempert 1990, S. 255; vgl. auch: Kruse et al. 1989; Senatskommission 1990; Czycholl 1991; Neumann 1992].

Die hier vorgetragenen Positionen widersprechen sich aber nicht in allen Punkten, da sie jeweils nur partielle Phänomene herausgreifen. Der zweiten Position ist sicher darin zuzustimmen, daß bestimmte Qualifikationen nicht direkt am Arbeitsplatz erworben werden können, insbesondere dann nicht, wenn es sich um systematisch zu vermittelnde Grundlagenqualifikationen handelt. Der Erwerb von breitem Grundlagenwissen in zentralen Bildungseinrichtungen bildet schließlich die Basis für die darauf aufbauende Aneignung spezieller Kenntnisse an konkreten betrieblichen Arbeitsplätzen. Andererseits aber ist in vielen Fällen der betriebliche Fortbildungsbedarf an spezielle Arbeitsstrukturen gebunden, so daß eine Qualifizierung in diesem Fall nur arbeitsplatzgebunden oder -verbunden erfolgen kann. Die von der ersten Position festgestellten Tendenzen der Enttaylorisierung und Enthierarchisierung von Arbeitsstrukturen erleichtern das Lernen am Arbeitsplatz, was in vielen sog. Gruppenkonzepten der Arbeitsorganisation und des Lernens am Arbeitsplatz zum Ausdruck kommt (Qualitätszirkel, Lernstatt, Lerninsel etc.). In vielen Großbetrieben gehört diese Pädagogisierung der Kooperation innerhalb von Arbeitsgruppen zum Bestandteil der »Weiterbildungskultur«, die wiederum in die jeweilige Personalentwicklung der Unternehmen eingebunden ist.

Auch muß darauf hingewiesen werden, daß der Einsatz moderner Produktions- und Bürotechnologien die Qualifizierungsmöglichkeiten im Arbeitsprozeß nicht nur durch Veränderungen der qualifikatorischen Potentiale affiziert, sondern auch durch Veränderungen der Qualifikationsanforderungen. In der berufspädagogischen Forschung wird bisher oft noch von einer unidirektionalen Wirkung des Einsatzes neuer Technologien in Richtung auf die *Erhöhung kognitiver Arbeitsanforderungen* ausgegangen. Tatsächlich aber läßt sich beobachten, daß durch neue Technologien am Arbeitsplatz auch Anforderungsreduktionen verursacht werden – besonders von solchen Anforderungen, deren Erfüllung auf Erfahrungswissen und individuell angeeigneten Fertigkeiten beruht (vergleiche die »Polarisierungsthese« in der ersten Studie von KERN und SCHUMANN [vgl. Kern, Schumann 1970]).

Die technische Ausstattung von Arbeitsplätzen kann daher in durchaus unterschiedlicher Weise Weiterbildung im Arbeitsprozeß ermöglichen: sie kann durch die Ablösung manueller Tätigkeiten durch Steuerungsfunktionen die Qualifikationsanforderungen *erhöhen* und zugleich neue Lernpotentiale schaffen; sie kann aber ebenso durch Vereinfachung zuvor komplizierter, daher ausbildungsintensiver Funktionen die Qualifikationsanforderungen *senken,* und erst damit Lernen im Arbeitsprozeß ermöglichen. (Während z. B. früher komplexe Reparaturarbeiten durch dezidierte Fachleute auszuführen waren, genügt heute im Störfall oft der vollständige Austausch von Komponenten modularisierter Maschinen. Durch Reduktion der Anforderungen können so Instandhaltungs- und Reparaturaufgaben durch Anlernen am Arbeitsplatz von den dort Tätigen übernommen werden.) Es spricht viel für die These, daß auch die technisch indizierte Vereinfachung von Tätigkeiten die Grundlage dafür schafft, entsprechende Lernprozesse an den Arbeitsplatz zu verlegen.

Die Frage nach den technisch bedingten Voraussetzungen des Lernens am Arbeitsplatz relativiert sich zudem daran, daß arbeitsorganisatorische Umstellungen seit einiger Zeit erheblich stärkere Auswirkungen auf Arbeitsbedingungen und -anforderungen und damit auf Lernpotentiale von Arbeitsplätzen haben als bloß technische Veränderungen der Arbeitsmittel [vgl. Schlaffke 1992, S. 58; Staudt 1990]. Lange Zeit war von einem Gleichlauf technischer und arbeitsorganisatorischer Entwicklungen ausgegangen worden; Qualifizierungsfragen wurden daher unmittelbar auf technisch induzierte Anforderungsveränderungen bezogen. Die gerade durch neuere datenverarbeitende Technologien geschaffenen größeren Freiräume für Varianten von Arbeitsorganisation bei gegebener technischer Ausstattung lassen jedoch die These bezweifelbar erscheinen, daß die technische Entwicklung die der Arbeitsorganisation unmittelbar determiniert [vgl. Mickler et al. 1976]. Konzepte der Gruppenarbeit, der Lean Production etc. führen unabhängig von technischen Veränderungen zu neuen Qualifizierungsnotwendigkeiten und -möglichkeiten am Arbeitsplatz.

Es gilt daher näher zu untersuchen, welche einzelnen Faktoren die arbeitsplatznahe Weiterbildung befördern und welche anderen sie beschränken. In diese Untersuchung sind auch solche Faktoren einzubeziehen, die sich nicht aus der Anwendung neuer Technologien im Betrieb ergeben, die aber gleichwohl Einfluß auf den Einsatz arbeitsplatznaher Weiterbildung haben können: so z. B. Kostenaspekte, Fragen der Arbeitsorganisation, Fragen der Lernmotivation, Fragen des Einsatzes betriebspädagogischer Methoden etc. Prospektive Trendaussagen können auf diese Weise differenzierter und begründeter getroffen werden.

3.3. Zum Stand arbeitsplatznaher Aus- und Weiterbildung

Unabhängig von der kontrovers diskutierten Frage, ob der Einsatz moderner Technologien das Lernen am Arbeitsplatz langfristig erleichtern wird oder nicht, ist eine Intensivierung der Diskussion über arbeitsplatzbezogenes Lernen im Betrieb festzustellen. In der berufspädagogischen Literatur wird oft bereits von einem Trend zum Lernen am Arbeitsplatz gesprochen:»Arbeitsplatzbezogenes Lernen gewinnt an Bedeutung, der Stellenwert betrieblicher und arbeitsweltlicher Bildungsprozesse wächst. Der Arbeitsplatz als Lernort erfährt eine Renaissance« [Dehnbostel 1993 a, S. 3].

Der gegebene Stand und Umfang des arbeitsplatznahen Lernens im Betrieb soll im folgenden näher betrachtet werden.

Lernen im Betrieb läßt sich zwei übergreifenden Bereichen zuordnen:

☐ *Lernen in der betrieblichen Berufsausbildung im Dualen System;*
☐ *Lernen in der betrieblichen Weiterbildung.*

Das vorliegende Buch befaßt sich mit Fragen der handlungsorientierten und arbeitsplatznahen Weiterbildung. Da jedoch der Umfang der Ausbildung am Arbeitsplatz größer ist als der solcher *Weiter*bildung [vgl. Siehlmann et al. 1991, S. 44], und auch zur arbeitsplatznahen Ausbildung erheblich mehr Forschungsergebnisse der Betriebs- und Berufspädagogik vorliegen, soll zunächst in einer knappen Skizze auf Entwicklungen im Bereich der betrieblichen Ausbildung am Arbeitsplatz eingegangen werden, um dann Differenzen und Identitäten zum Bereich der Weiterbildung zu bestimmen.

3.3.1. Exkurs: Arbeitsplatznahe Ausbildung im Betrieb

In der Bundesrepublik, ähnlich wie im übrigen deutschsprachigen Raum Europas, vollzieht sich berufliche Bildung im *dualen System der Berufsausbildung,* das heißt, im Nebeneinander von praktischer Ausbildung im Betrieb und theoretischer Bildung in der Berufsschule. Auf den Erwerb beruflicher Erstqualifikationen im staatlich regulierten System der beruflichen Bildung aufbauend erfolgt berufliche Weiterbildung in betrieblichen wie außerbetrieblichen Einrichtungen in Form von Anpassungsqualifikationen. Das duale System wurde zum wesentlichen Element der deutschen Berufsausbildung. Es gilt bereits seit Jahren nicht nur in der Sicht deutscher, sondern mehr noch in der ausländischer Berufsbildungsexperten und -praktiker als einer der wichtigen Standortfaktoren der deutschen Wirtschaft. So wird etwa darauf verwiesen, daß in keinem anderen Industriestaat ein »vergleichbares Potential an umfassend qualifizierten Fachkräften zur Verfügung« [Lenske 1988, S. 17] stehe wie in der Bundesrepublik.

Die Notwendigkeit verschiedener Lernorte wird lerntheoretisch mit den jeweils spezifischen Funktionen im Prozeß des beruflichen Lernens begründet.[3] Aufgrund der vorhandenen Vielfalt beruflicher Lernziele

---

[3] Die klassische Definition der Lernorte in der beruflichen Ausbildung geht auf die Unterscheidung der Lernorte durch den Deutschen Bildungsrat zurück [Bildungsrat 1974], der von vier nicht nur räumlich, sondern auch nach ihrer pädagogischen Funktion unterschiedenen Lernorten ausgeht: Arbeitsplatz, Lehrwerkstatt, Schu-

und Lerninhalte sind zur Realisierung verschiedene Rahmenbedingungen erforderlich, die ausschließlich ein Lernort nur unzulänglich bieten kann. Durch die Kombination verschiedener Lernorte soll eine Vermittlung unterschiedlicher Lernprozesse und Lernerfahrungen im Zusammenhang des beruflichen Lernens ermöglicht werden. Für die Berufsausbildung kann es demnach keinen optimalen Lernort geben; es geht mehr um die Frage, wo eine geforderte Qualifikation am besten vermittelt werden kann:
»Am deutlichsten stellt sich die Lernortfrage, wenn nach den jeweils günstigsten Voraussetzungen für theoretisch-reflektierendes und für praktisches Lernen gesucht wird. [...] In der Lernortdiskussion kann es nicht darum gehen, sich für oder gegen den einen oder anderen Lernort zu entscheiden. Kriterium ist allein der Beitrag der einzelnen Lernorte bzw. die Wirkung einer sinnvollen Verzahnung der sich an diesen Lernorten vollziehenden pädagogischen Prozesse hinsichtlich der Erreichung bestimmter Lernziele« [Grünewald, Kohleheier 1974, S. 266].
MÜNCH spricht in diesem Zusammenhang von einer »Pluralität der Lernorte« [Münch 1977, S. 177].
Als Lernort spielt der Arbeitsplatz seit jeher in der betrieblichen Ausbildung eine besondere Rolle.
Die betriebliche Ausbildung findet deswegen jedoch nicht notwendig im oder auch nur in Verbindung mit dem betrieblichen Arbeitsprozeß statt.
Die Institutionalisierung der betrieblichen Ausbildung hat vor allem in industriell geprägten Unternehmen zu einer *Trennung* des betrieblichen Lern- und Arbeitsprozesses geführt. Als Lernorte werden Lehrwerkstätten, Lernbüros etc. genutzt, die nur teilweise in Zusammenhang mit dem wirklichen Arbeitsprozeß stehen.
Auch am Lernort Lehrwerkstatt werden berufspraktische Fähigkeiten und Fertigkeiten vermittelt, allerdings unabhängig vom betrieblichen Produktionsprozeß. Zum Lernort Lehrwerkstatt gehören schulische, betriebliche und überbetriebliche Ausbildungsstätten sowie Laboratorien, Simulationseinrichtungen, Ausbildungs- und Übungsbüros [Bildungsrat 1974]. In der Lehrwerkstatt geht es primär um das Lernen und

---

le und Studio. Der *Arbeitsplatz* dient der Vermittlung berufspraktischer Fertigkeiten und Verhaltensweisen im Arbeitsprozeß selbst. In der *Lehrwerkstatt* werden ebenfalls berufspraktische Fähigkeiten und Fertigkeiten vermittelt, aber mehr produktionsunabhängig unter dem Primat des Lernens. In der *Schule* soll neben systematisch-theoretischem Wissen vor allem Kommunikationsfähigkeit vermittelt werden. Das nur in in einzelnen Projekten umgesetzte Modell des Lernorts Studio sollte durch selbstbestimmte, eigeninitiierte Lernprozesse besonders der Förderung kreativer Fähigkeiten und dem sozialen Lernen dienen.

nicht um die Herstellung von Produkten oder Dienstleistungen unter Wirtschaftlichkeitsgesichtspunkten. Die Rahmenbedingungen des Lernens in der Lehrwerkstatt sind folglich auch auf den Ausbildungsprozeß abgestimmt. Die Ausbilder sind in der Regel besonders qualifiziert und oft eigens für Ausbildungsaufgaben freigestellt. Oft kommt der Auszubildende erst im zweiten oder dritten Lehrjahr mit betrieblichen Produktionsprozessen in Berührung. In der Vergangenheit haben sich so die Zeitanteile des Lernens am Arbeitsplatz zugunsten produktionsungebundener Ausbildung verschoben [Edding 1980].

Diese Trennung von Lern- und Arbeitsorten im industriellen Sektor ist weitgehend auf die Befürchtung zurückzuführen, daß eine systematische Ausbildung durch die organisatorischen, terminlichen und arbeitsinhaltlichen Notwendigkeiten industrieller Arbeitsprozesse beeinträchtigt oder sogar verunmöglicht würde, bzw. umgekehrt, daß die Betriebsabläufe durch Notwendigkeiten der Ausbildung gestört werden könnten. Differenzierter kann festgehalten werden:

☐ Die in der Erstausbildung angestrebte und gesetzlich geordnete Sicherung von *Berufs-* und nicht nur *Betriebs*qualifikationen, die eine betriebsübergreifende Anwendbarkeit des Erlernten sicherstellen soll, ist durch eine zu enge Einbindung der Auszubildenden in den betrieblichen Arbeitsablauf gefährdet. Sie setzt nach Maßgabe des jeweiligen Ausbildungsberufes, nicht nach dessen jeweils aktueller betrieblicher Verwendung ausgestattete Lernorte voraus.

☐ Moderne Arbeitsprozesse sind oft wenig anschaulich. Der Einsatz neuer Technologien, der mediatisierte Umgang mit den Arbeitsgegenständen und die Komplexität der angewandten Verfahren verhindern, daß sich Ursache-Wirkungs-Zusammenhänge durch Beobachtung erschließen lassen [vgl. Pampus 1987, S. 44]. Die Beistellehre ist als Methode obsolet geworden.

☐ Die mit der beruflichen Erstausbildung im Betrieb verbundenen Funktionen der Zertifizierung und der Personalselektion sind an isolierten Lernorten leichter unter gleichbleibenden Bedingungen realisierbar.

Anders als in industriellen Ausbildungsberufen hat der Lernort Arbeitsplatz in einer Reihe von kaufmännischen Berufen [vgl. Brater, Büchele 1991] und vor allem im Handwerk [vgl. Franke, Kleinschmitt 1987] seine vorrangige Rolle bewahrt.

In industriellen Ausbildungsgängen wird den Problemen, die sich aus der Trennung von Lernort und Arbeitsplatz ergeben, vor allem durch eine Neuorientierung der *Methoden* der Ausbildung begegnet: Handlungsorientierte Elemente wie auftragsbezogenes Lernen, Projekt-

und Leittextmethode sowie Teamausbildung werden besonders entwickelt. Die *Umsetzung* solcher handlungsorientierter Methoden entspricht allerdings noch nicht den Einschätzungen über ihre Lernwirksamkeit. So hat das Bundesinstitut für Berufsbildung [BIBB] in einer Mehrfachbefragung von Auszubildenden ermittelt, daß 1991 40 % der Befragten das auftragsbezogene Lernen für die effektivste Vermittlungsmethode hielten und nur 34 % die tradierte Methode des »Vormachen/Nachmachen«. Zugleich lernten aber 51 % der Auszubildenden überwiegend nach letzterer Methode [vgl. BMBW 1993, S. 87]. Die noch geringe Bedeutung auch anderer Formen handlungsorientierter Ausbildung steht in deutlichem Widerspruch zu einschlägigen Urteilen von Betriebspädagogen und Ausbildern über deren hohe berufspädagogische Eignung.

Überwiegende Lernmethode in der betrieblichen Ausbildung			*(Alte Bundesländer 1991)*	
Betrieb mit	*< 10 Beschäftigte*	*10–100 Beschäftigte*	*> 100 Beschäftigte*	*Gesamt*
Vormachen/ Nachmachen	57,8 %	50,5 %	47,0 %	51,5 %
Frontalunterricht durch Ausbilder	6,0 %	6,2 %	10,8 %	8,0 %
Teamausbildung, Gruppenarbeit	3,7 %	4,3 %	7,6 %	5,5 %
Projektmethode, Übungsfirma	0,2 %	0.5 %	1,2 %	0,7 %
Leittextmethode	0,6 %	0,7 %	2,6 %	1,4 %
Auftragsbezogenes Lernen	30,8 %	37,8 %	30,9 %	32,9 %
Insgesamt	**29,8 %**	**29,5 %**	**40,7 %**	**(N=3537)**

Tabelle 1   Lehrmethoden in der betrieblichen Ausbildung [BMBW 1993, S.87]

In der letzten Dekade jedoch findet neben dem Einsatz handlungsorientierter Methoden in der Industrie auch eine Rückbesinnung auf den *Arbeitsplatz als Lernort* in der beruflichen Erstausbildung statt. Mit zunehmendem Anteil werden Auszubildende an »berufliche Ernstsituationen« herangeführt (1991: 70 % der Auszubildenden; 1989: 65 % [vgl. BMBW 1993, S. 86]). Lernen am Arbeitsplatz tritt ergänzend zur Ausbildung in der Lehrwerkstatt hinzu. Handlungsorientierte, aber schulisch orientierte Lernmethoden werden dabei teilweise bereits durch sogenannte »Realprojekte« in der Produktion ersetzt. Die Auszubildenenden lernen an wirklichen Produktionsaufgaben, die sie – unter Sonderbedingungen bei Zeitvorgaben und Personalschlüsseln – bearbeiten. Für eine stärkere Nutzung des Lernortes Arbeitsplatz in der beruflichen Ausbildung hat man aus der Sicht der Wirtschaft eine Reihe von Argumenten formuliert [Kuratorium 1981; IW 1990, S. 139], die in ähnlicher Form in der berufspädagogischen Diskussion teilweise auch angeführt werden [Benner 1981; Brüggemann 1983; Münch 1977]:

☐ Die Ausbildung am Arbeitsplatz verdeutliche die reale berufliche Situation und sichere so Anschaulichkeit, Praxisnähe und Berufsbezogenheit der Ausbildung. Aktualität und Modernität des vermittelten Wissens und die schnelle Anpassungsfähigkeit an technologische Veränderungen würden gewährleistet.

☐ Es wird erwartet, daß eine Reihe von Schlüsselqualifikationen bei der Ausbildung in realen Arbeitssituationen besonders entwickelt wird, so namentlich selbständiges, verantwortungsvolles und kooperatives Handeln und kommunikative Kompetenzen.

☐ Das Verständnis für betriebswirtschaftliche Zweckrationalitäten werde gefördert; die Integration des Schulabsolventen ins Beschäftigungssystem erfolge in konfliktmindernder Form.

☐ Die Motivation der Auszubildenden werde durch die Lösung realer Arbeitsaufgaben gestärkt [kritisch dazu: Franke, Kleinschmitt 1987, S. 3].

☐ Der Transfer von theoretischem Wissen und praktischer Arbeit an Ausbildungsmodellen in den Arbeitsprozeß werde trainiert. Die Befähigung zur Anwendung des vorhandenen Wissens in unterschiedlichen Situationen werde damit gefördert.

☐ Ausbildungskosten würden in dem Maße reduziert, in dem Auszubildende auch Produktionsleistungen erbringen. Ökonomische Effizienz ergebe sich auch aus der Nutzung schon vorhandener betrieblicher Arbeitsmittel.

Viele der Aufzählungen von Vor- und Nachteilen der arbeitsplatznahen Ausbildung allerdings gehen von *gegebenen* und im Prinzip durch Belange der Ausbildung unveränderbaren Arbeitsplätzen und Arbeitsabläufen aus. Sie stellen keine Fragen nach einer Neugestaltung der Arbeitsplätze im Hinblick auf bessere Lerneignung. Daher werden eine Reihe von Gegensätzen in solchen Aufzählungen nicht positiv aufgelöst:
»Einerseits soll [der Praktiker] den Forderungen nach Beachtung pädagogischer Grundsätze entsprechen – andererseits soll der Ernstcha-

rakter der Ausbildung am Arbeitsplatz nicht ›verwässert‹ werden.
Oder: Einerseits soll er den Arbeitsplatz für die Vermittlung modernster Technologie nutzen – andererseits muß er aus pädagogischen Gründen die Überforderung des Auszubildenden vermeiden, die sich aufgrund zunehmender Unüberschaubarkeit und Undurchsichtigkeit komplexer Anlagen ergibt. Oder: Einerseits soll er den Auszubildenden zu flexiblem Handeln befähigen, wozu abwechslungsreiche Arbeit erforderlich ist – andererseits soll er den Jugendlichen auch zu effizientem Handeln anleiten, wozu eine gewisse Routinisierung gehört, die über bestimmte Zeiten hinweg ein Üben von gleichbleibenden Arbeitssituationen erforderlich macht.« [Franke, Kleinschmitt 1987, S. 3]
Erst eine Reihe neuerer Modellversuche zur betrieblichen Ausbildung beschäftigt sich mit der Frage, wie die verschiedenen Formen arbeitsplatznaher Ausbildung durch Veränderungen der Lernarrangements an den Arbeitsplätzen selbst optimiert werden können. Solche neuen arbeitsplatznahen Methoden der Berufsausbildung werden bisher hauptsächlich in Großbetrieben initiiert und erprobt. Kleine und mittlere Betriebe stellen sich eher zweifelnd die Frage, ob diese Methoden auch auf ihre betriebliche Konstellation übertragbar sind. Es kann jedoch die These aufgestellt werden, daß die ausbildende Wirtschaft insgesamt und nicht nur die große Industrie Anlaß hat, aufgrund der gewandelten internen und externen Rahmenbedingungen über eine Änderung der Inhalte und Methoden beruflicher Ausbildung nachzudenken.
Viele der aufgeführten positiven Merkmale der Ausbildung am Arbeitsplatz treffen in dieser Form nicht nur für die berufliche Erstausbildung zu, sondern auch für andere Arten arbeitsplatzgebundener Aus- und Weiterbildung, wie noch zu zeigen sein wird. Manche der positiven Eigenschaften mögen unmittelbar unter dem Gesichtspunkt des betriebspraktischen Nutzens gedacht sein. Sie decken sich aber auch mit einer noch näher darzustellenden Reihe von Ergebnissen der Lernpsychologie. Danach kann Lernen am Arbeitsplatz für die Vermittlung bestimmter Qualifikationskomponenten besser geeignet sein als Lernen an anderen Lernorten.
FRANKE hat weniger aus unmittelbar betrieblicher als aus berufspädagogischer Sicht mehrere Qualifizierungsaufgaben genannt, für die arbeitsplatzgebundene Ausbildung besonders vorbereitet [Franke 1982]:

☐ *Aufbau handlungsrelevanter Wissensstrukturen:* Aufgrund der Arbeitserfahrungen im Betrieb wird das vorrätige Wissen nach der Handlungsrelevanz strukturiert und gleichzeitig dessen Richtigkeit und Aktualität überprüft. Die im Unterricht erworbenen theoretischen und zersplitterten Wissenselemente werden mit der Arbeitswirklichkeit in Beziehung gesetzt und integriert.

☐ *Vermittlung sozialen Wissens:* In der kooperativen produktiven Arbeit im Betrieb werden für die soziale Kompetenz wichtige Qualifikationsmerkmale gefördert wie Teamgeist, soziales Engagement, Kooperativität und Zivilcourage, die sprachlich nur schwer zu vermitteln sind.

☐ *Vermittlung realistischer Entscheidungskriterien:* Arbeitsplatzgebundene Lernsituationen können in der betrieblichen Arbeitspraxis wirksame spezifische Normen und Wertvorstellungen vermitteln. Dadurch werden die Wahl der Handlungsziele und die Arbeitstätigkeit beeinflußt.

☐ *Förderung der Transferfähigkeit:* Arbeitsgebundene Lernsituationen ermöglichen in der Regel die Anwendung heterogen erworbener Wissenselemente und verbessern so die Weise der Verfügbarkeit. Die Erledigung des Arbeitsauftrages ermöglicht vielfältige Erfahrungen, die in späteren Situationen verhaltenswirksam werden.

☐ *Integration der einzelnen Teilsysteme und Teilfunktionen der Handlungsperson:* Produktive Arbeit fördert die Handlungseffizienz durch Verbesserung des Zusammenspiels der verschiedenen personalen Teilsysteme (Wahrnehmung, Gedächtnis, Denken, Motivation und Motorik) und der verschiedenen Handlungsfunktionen (z. B. Orientierung über die Situation, Planung, Tätigkeit und Bewertung des Handlungsergebnisses und Handlungsverlaufs) bei der Organisation des Handelns.

☐ *Entwicklung von Handlungsstrategien:* Produktive Arbeit ermöglicht die Erfahrung einer beweglichen Organisation des Handelns und somit den Aufbau von flexiblen, individuellen Handlungsstrategien.

Auch wenn neue Formen der arbeitsplatznahen Ausbildung vielerorts entwickelt werden, ist die betriebspraktische Umsetzung bisher im wesentlichen noch einigen Modellversuchen und Pilotprojekten vorbehalten gewesen. Aktuelle Diskussionen um die Tragfähigkeit des etablierten Systems der dualen Berufsausbildung lassen jedoch erwarten, daß die Bereitschaft zum praktischen Einsatz neuer Methoden zunehmen wird.[4]

---

[4] In die Vermittlung von beruflicher Kompetenz, die heutzutage immer mehr mit der Entwicklung umfassender Handlungskompetenz verbunden wird, stellen sich auch der *Berufsschule* neue Anforderungen. »Handeln als Lernprinzip« wird zunehmend auch für die Berufsschule gefordert [vgl. Dehnbostel, Walter-Lezius 1992]. Gerade aufgrund neuerer Entwicklungen, wie sie im Bereich der neugeordneten Elektro- und Metallberufe ihren Ausgangspunkt genommen haben, wird die Berufsschule in der Zukunft verstärkt die Aufgabe der systematischen, handlungs-

3.4. Zum Stand des arbeitsplatznahen Lernens in der Weiterbildung

Eine Reihe von Faktoren führt dazu, daß die Erstausbildung gegenüber früher »ihre vorherrschende Stellung in der beruflichen Bildung« verliert [Geißler, K.A. 1991; Wittwer 1989, S. 94]. Die für die Ausübung einer Berufstätigkeit notwendigen Qualifikationen werden nicht mehr primär in der Erstausbildung, sondern auch in der Weiterbildung vermittelt. Als Gründe gelten:

☐ Der schnelle technische Wandel, der sich nicht mehr in Generationsabständen vollzieht, erzwingt kontinuierlich neue Anpassungsqualifikationen. Während auf der einen Seite hergebrachte Kenntnisse aus der Erstausbildung obsolet werden, entstehen laufend neue Anforderungen innerhalb einzelner Berufe. Auch die Anforderungen nach der Verteilung der Erwerbstätigen auf die einzelnen Berufe sind einem ständigen Wandel unterworfen. Betriebliche Weiterbildung wird damit zur Voraussetzung der Nutzung technischer Entwicklungen.

---

orientierten Vermittlung beruflicher Kenntnisse und Fertigkeiten erhalten. Dies erfordert sowohl eine Neubestimmung der Methodik des Lernens in der Berufsschule als auch eine engere Kooperation zwischen Betrieb und Berufsschule. Tatsächlich ist jedoch die in der Berufsschule vorherrschende Lehrmethode mit einem Anteil von 67 % nach wie vor der Frontalunterricht (Angabe für 1991 aus einer repräsentativen Befragung von Auszubildenden. Anteil 1989: 80 % [vgl. BMBW 1993, S. 86]). Als Gründe für ungebrochene Beliebtheit des Frontalunterrichts in der Berufsschule werden angeführt, daß dieser den Unterrichtenden Kontroll- und Steuerungsmöglichkeiten gibt, eine disziplinierende Ritualisierung des Unterrichts erlaubt und, nicht zuletzt, in seinen Effizienzkriterien denen des Prüfungssystems entspricht [vgl. Pätzold 1992, S. 15 f.]. Die Effizienzkriterien der Berufsschule werden den beruflichen Anforderungen im Betrieb jedoch immer weniger gerecht. Die Neubestimmung der Methodik des Berufsschulunterrichts muß sich an neuen Anforderungen an die Berufsbildung orientieren und dafür geeignete Konzepte für den Lernort Berufsschule entwickeln. Angebracht sind Überlegungen, wie die Berufsschule mittels neuer Unterrichtsformen eine handlungsorientierte betriebliche Ausbildung ergänzen kann. Es stellen sich Fragen nach dem Fächerprinzip und der Neustrukturierung von Ausbildungsinhalten [vgl. Frackmann et al. 1987]. Lerntheoretische Erkenntnisse aus Modellversuchen zu betrieblichen berufspädagogischen Innovationen können dabei einen Beitrag leisten. Die betriebliche Aus- und Weiterbildung ist nämlich einem gewissen Anpassungsdruck und Erfolgszwang ausgesetzt, der dazu führt, daß die bestehenden Qualifikationsinhalte und Ausbildungsmethoden ständig neu überdacht und zum Teil in Modellversuchen getestet werden. Die Berufsschule hingegen unterliegt einem weniger flexiblen kultusministeriellen Reglement, in dem Veränderungen nur in längeren Zeiträumen denkbar sind.

☐ Die Ausdifferenzierung der beruflichen Erstausbildung kann mit der Gliederung der betrieblichen Arbeitsteilung nicht mehr Schritt halten. Betrieblich regelmäßig erforderliche Sonderqualifikationen und Spezialisierungen sind nur im Wege der Weiterbildung erwerbbar. Zugleich werden durch die arbeitsorganistorische Integration verschiedener Berufstätigkeiten ergänzende ganzheitliche Qualikationen über die Grenzen der einzelnen Berufsbilder hinweg notwendig.

☐ Ausschließlich fachlich elaborierte Erstausbildungsordnungen früherer Jahre machen es nötig, deren Absolventen angepaßte extrafunktionale Qualifikationen für moderne, flexible Arbeitsstrukturen zu vermitteln.

☐ Prospektive demographische Analysen lassen erwarten, daß eine stärkere Berücksichtigung der bereits Erwerbstätigen durch die berufliche Weiterbildung notwendig werden wird. Der geringe Zufluß an Neuzugängen auf den Arbeitsmarkt ist auch durch Maßnahmen der Weiterbildung zu kompensieren:»Mehr als 80% der Erwerbsbevölkerung des Jahres 2000 befindet sich bereits heute auf dem Arbeitsmarkt. Der Bestand der notwendigen Fachkenntnisse erneuert sich um etwa 10–15% pro Jahr, während die jährlich auf den Arbeitsmarkt gelangenden Jugendlichen nur etwa 2% der Erwerbsbevölkerung ausmachen« [EG-Kommission 1991]. Sozialpolitische Vorgaben und Planungen, die auf eine Verlängerung der Lebensarbeitszeit abzielen, werden diese Notwendigkeit noch verstärken [vgl. Severing 1993 c, S. 18].

☐ Innerhalb des Weiterbildungsgeschehens nimmt durch aktuelle Entwicklungen die Bedeutung des öffentlich finanzierten Bereiches tendenziell ab und die der *betrieblichen* Weiterbildung zu. Ausgelöst durch Finanzierungsprobleme der Bundesanstalt für Arbeit wird die durch Instrumente des AFG geförderte Weiterbildung seit 1993 drastisch reduziert, nachdem sie in Folge der Wiedervereinigung von 1990 bis 1992 um ein vielfaches angestiegen war. Unternehmen können daher nicht mehr in gleichem Umfang wie bisher damit rechnen, daß ihnen durch die Schulung von Arbeitslosen auf dem Arbeitsmarkt jederzeit genügend qualifiziertes Personal zur Verfügung steht, das ihren Anforderungen entspricht. Prospektive Analysen gehen davon aus, daß sich die Auslagerung der Anpassungsqualifizierung aus den Unternehmen in den Bereich der Arbeitslosenschulung nicht weiter fortsetzen wird; im Gegenteil: Sie gehen davon aus, daß die betriebliche Weiterbildung Gewicht zurückgewinnen wird. Forderungen aus dem politischen Raum weisen in die gleiche Richtung:»Die Unternehmen prägen ihre Rolle als wichtigster Träger beruflicher Weiterbildung immer umfassender aus. […]

Die Hauptverantwortung liegt [...] bei den Unternehmen und den Sozialpartnern, für die sich ein weites Feld konstruktiver Zusammenarbeit eröffnet«[Ortleb 1993; vgl. auch: Lellmann 1993]. Ebenso wird eine betriebsnähere Ausgestaltung des AFG-Instrumentariums selbst gefordert [vgl. QUEM 1993, Ebmeyer 1993]. Die betriebliche Weiterbildung gilt in Folge dieser Faktoren als der expansivste und innovativste Bereich im System der Berufsbildung [Arnold 1991 b; IW 1990; Baethge 1990].

3.4.1. Probleme tradierter betrieblicher Weiterbildungsformen

Weitgehend orientiert sich die betriebliche Weiterbildung aber nach wie vor an Inhalten und Mustern, die der schulischen Ausbildung und der außerbetrieblichen Erwachsenenbildung entlehnt sind:

☐ Die *Ausbildungsinhalte* sind häufig aus Konzepten der Erstausbildung abgeleitet. Damit wird ein wesentlicher Unterschied zwischen den Lernenden in der beruflichen Erstausbildung und denen in der Weiterbildung ignoriert: Teilnehmer an beruflicher Weiterbildung verfügen bereits über Berufserfahrung. Diese Berufserfahrung kann als positiver Anknüpfungspunkt weiterer Qualifizierung aufgenommen werden bzw. als mögliche restriktive Bedingung für weiteres Lernen berücksichtigt werden [vgl. Heidack 1987, S. 13; Peters 1991]. Sie außer acht zu lassen heißt, langjährig Berufstätige mit den gleichen Lehrinhalten zu konfrontieren wie Berufsneulinge. Dies kann den Erfolg von Weiterbildungsmaßnahmen entscheidend beeinträchtigen.

☐ *Didaktische Methoden* sind in der praktizierten betrieblichen Weiterbildung weitgehend vernachlässigt. Der Ablauf von Weiterbildungsmaßnahmen ergibt sich in der Regel eher aus situativen Notwendigkeiten als aus inhalts- und adressatenbezogenen Überlegungen. Meist werden entlang der betrieblichen Hierarchien klassische Schüler-Lehrer-Relationen aufgebaut und in der Organisation des Lernprozesses reproduziert. Sie spiegeln sich vor allem darin, daß die Initiative im Lernprozeß in der Regel einseitig vom Lehrenden ausgeht. Solche nur darbietenden Verfahren werden Ansprüchen an die Vermittlung von Handlungskompetenz kaum gerecht. Sie entsprechen auch nicht der im Vergleich zur Erstausbildung sehr großen Heterogenität der Teilnehmer an Maßnahmen der betrieblichen Weiterbildung.

☐ Die *Organisationsformen* sind den Anforderungen an die betriebliche Weiterbildung nicht immer angemessen. Sie nehmen selten

Rücksicht auf spezifische Fragen, etwa auf das Problem der Freistellung von Arbeitskräften, auf Fragen des Wissenstransfers oder auf die Einbeziehung von Erfahrungswissen der Lernenden aus Anwendersicht. Insgesamt ist die betriebliche Weiterbildung oft nur mangelhaft in den Betriebsablauf integriert [vgl. Staudt 1990, S. 62 f.] und gilt daher manchmal mehr als Hindernis als als Mittel ökonomischer Unternehmensziele.

Ausgehend von der Konstatierung solcher Mängel sind vielfältige neue Ansätze und Methoden entwickelt worden, die die Weiterbildung stärker auf die spezifischen Bedingungen des betrieblichen Umfeldes beziehen.

Der Einsatz neuer Technologien hat flexiblere Formen des Arbeitsprozesses mit höherer Verantwortung am einzelnen Arbeitsplatz entstehen lassen: »Neue Technologien [bringen] neue Arten von Kenntnissen, neue Fähigkeiten und Haltungen hervor und [bilden] somit auch neue Probleme und Strukturen, die neue Lernmethoden erfordern.« [Nyhan 1991 b].

Viele traditionelle Lernformen implizieren die Unselbständigkeit des Lernenden im Lernprozeß; im modernen Unternehmen ist jedoch in erster Linie selbständiger, flexibler und kooperativer Umgang mit immer neuen Problemsituationen verlangt. Diese Zielvorgabe steht neben den fachlich-inhaltlichen Weiterbildungszielen und hat sich vor allem auf die Gestaltung der didaktischen Methoden in Modellversuchen zur betrieblichen Weiterbildung ausgewirkt. Hier wird der Selbständigkeit des Lernens großes Gewicht beigemessen.

Gerade der Aufbau eines Weiterbildungssystems in den *neuen Bundesländern* hat in den letzten Jahren der methodischen Gestaltung der betrieblichen Weiterbildung besondere Impulse verliehen: Die völlig neuen Anforderungen an fachübergreifende Schlüsselqualifikationen erlauben es nicht, Weiterbildung auf die bloße Vermittlung neuer Fachinhalte zu beschränken. Der Einsatz von Methoden und Konzepten, die die Selbständigkeit der Teilnehmer fördern, spielt daher eine wichtige Rolle. Ebenso ist hier auch ein Ziel der Weiterbildung, die Kooperationsbereitschaft der Mitarbeiter eines Betriebes zu verbessern. Ein zuvor ungewohnter gesellschaftlicher und auch betrieblicher Leistungswettbewerb wird kontraproduktiv, wenn er nicht auf grundsätzlicher Kooperationsbereitschaft aufbauen kann.

Der Einsatz solcher innovativen Methoden der beruflichen Weiterbildung war bisher kaum üblich, weder in den alten noch in den neuen Bundesländern; sie können nicht von heute auf morgen vorgegeben und dekretiert werden, sondern erfordern ihrerseits Lernprozesse bei den für die Weiterbildung Verantwortlichen in den Unternehmen. Die

Voraussetzungen für den Einsatz solcher Methoden der betrieblichen Weiterbildung betreffen durchaus nicht nur den Weiterbildungsbereich selbst; die Schaffung eines aktiven Lernumfeldes geht weit darüber hinaus:
»Der Begriff Methoden hat somit eine Erweiterung seiner Bedeutung erfahren: Er schließt nicht mehr nur das Handwerkszeug des Betriebspädagogen für dessen Unterrichts- und Unterweisungstätigkeit ein; gleichermaßen bedeutsam sind die vor- und nachgelagerten Tätigkeiten und insbesondere die organisationsbezogenen und prozeßbegleitenden Aktivitäten geworden.« [Selka 1992]
Viele Beispiele neuer Methoden betrieblicher Weiterbildung legen den Schwerpunkt nicht auf das, was in der landläufig praktizierten Betriebspädagogik als »Methode« diskutiert wird: Es geht in diesen Beispielen nicht um den Einsatz neuer hochtechnologischer Lehr- und Lernmittel, nicht um Video- und Simulationstechnik in der Weiterbildung, nicht um computerunterstützten Unterricht und nicht um neue Präsentationsverfahren. Im Vordergrund der Diskussion steht vielmehr die Anpassung der Weiterbildungsprozesse an das betriebliche Umfeld, in dem sie zur Problemlösung beitragen sollen. Die Frage nach der Wahl der medialen und didaktischen Mittel erscheint dagegen zweitrangig.
Der Wandel der Methoden in der betrieblichen Weiterbildung läßt sich dahingehend zusammenfassen, daß die Verschränkung von Bildungs- und Arbeitsprozessen zunehmend höhere Bedeutung erfährt. Einen besonderen Rang können dabei Verfahren des arbeitsplatznahen Lernens einnehmen:
»Je mehr die Anpassung an sich wandelnde Qualifikationsstrukturen sich über berufliche Fort- und Weiterbildungsprozesse vollzieht, um so gewichtiger wird in diesem Rahmen das Lernen am Arbeitsplatz, insbesondere in seinen Formen als Anpassungslernen und Einarbeitungslernen.« [Czycholl 1992, S. 23]
In diesem Zusammenhang ist zu fragen:

☐ in welchem Umfang arbeitsplatznahes Lernen heute schon in der betrieblichen Weiterbildung Einzug gehalten hat,
☐ was Gründe für eine betriebliche Zurückhaltung gegenüber dem Einsatz solcher Lernformen sind, und schließlich:
☐ was auf der anderen Seite Gründe sind, aus denen Betriebe Formen des arbeitsplatznahen Lernens einsetzen.

3.4.2. Der Umfang arbeitsplatznahen Lernens in der betrieblichen Weiterbildung

Quantitative Analysen zum Umfang der praktizierten *arbeitsplatznahen* betrieblichen Weiterbildung liegen bis heute nur in Ansätzen vor, wie überhaupt erhebliche Defizite in der Datenlage zur beruflichen Weiterbildung bestehen [vgl. Kuwan et al. 1991, S. 277 f.]. Innerhalb der beruflichen Weiterbildung hat zwar die betriebliche Weiterbildung das größte Gewicht: Auf die Betriebe als Bildungsanbieter entfallen nahezu die Hälfte der Teilnehmerzahlen und ein Drittel des gesamten Weiterbildungsvolumens. Zugleich ist die betriebliche Weiterbildung bisher am unzureichendsten empirisch erfaßt worden. Vorliegende Datenquellen zur betrieblichen Weiterbildung kommen teilweise zu kraß unterschiedlichen Ergebnissen über die Weiterbildungsbeteiligung [vgl. Kuwan et al. 1991, S. 285].
Die meisten repräsentativen oder vollständigen Erhebungen zur beruflichen Weiterbildung beziehen sich auf formalisierte Weiterbildungslehrgänge mit anerkannten Berufsabschlüssen, weil sich Weiterbildungsprüfungsstatistiken ohne erheblichen Aufwand aus den Daten der prüfenden Institutionen erstellen lassen (z. B. DIHT/IHK-Statistik oder HWK-Statistik) [vgl. BMBW 1992 a, S. 127 und S. 149], oder beziehen sich auf Teilnahmequoten an Seminaren. Quellen sind hier sehr heterogene Statistiken außerbetrieblicher Weiterbildungsträger (DGB-Statistik, DW- Statistik, Fernunterrichtsstatistik).
Arbeitsplatznahe Lernformen sind somit nicht dezidiert und nur in sehr geringem Anteil erfaßt.
Einzelne Erhebungen, die das arbeitsplatznahe Lernen besonders berücksichtigen, leiden bisher unter:

☐ definitorischen Problemen bei der eindeutigen Abgrenzung von Weiterbildung, Anlernen, Einarbeiten und bloßem Arbeiten;
☐ methodischen Defiziten: Klassische Erhebungsmethoden zur Weiterbildungsbeteiligung erweisen sich als wenig tauglich, weil Lernprozesse am Arbeitsplatz in der Regel informeller ablaufen – anders als bei der Erstausbildung und bei Weiterbildungs-Lehrgängen ist bereits die Quantifizierbarkeit von Bildungsmaßnahmen am Arbeitsplatz problematisch – und weil sie in Befragungen von Teilnehmern schlechter erinnert werden. Die Toleranzbreite der Ergebnisse ist daher groß.
☐ mangelhafter Erhebungsdichte und -kontinuität; sektoralen und regionalen Beschränkungen;
☐ Interessengeleitetheit mancher tarifpolitisch motivierter Befragungen und ihrer Interpretationen.

Am ehesten noch gibt das 1979 vom Bundesministerium für Bildung und Wissenschaft ins Leben gerufene und von Infratest Sozialforschung getragene *»Berichtssystem Weiterbildung« (BSW)* Anhaltspunkte, das in dreijährigen Abständen Befragungen zur Weiterbildungsbeteiligung durchführt. Ziel ist, durch Repräsentativbefragungen von 19- bis 64jährigen Deutschen aktuelle Daten über die Weiterbildungsnachfrage bereitzustellen [vgl. Kuwan et al. 1991, S. 282]. Selbst im BSW aber werden erst seit 1991 differenzierter arbeitsplatznahe Lernformen in der Subsumtionskategorie »Andere Formen beruflicher Weiterbildung« erhoben [vgl. BSW 1992, S. 39]. Dabei werden kurzfristige Anlernprozesse und Einarbeitungen am Arbeitsplatz *nicht* als Weiterbildung erfaßt. Als Weiterbildung gilt ausschließlich die Wiederaufnahme *organisierten* Lernens nach Abschluß der beruflichen Erstausbildung [vgl. BSW 1992, S. 7], wie in Definitionen des Deutschen Bildungsrates niedergelegt [Bildungsrat 1970, S. 197].

Fragestellung in der Erhebung im BSW 1992 zu »Anderen Formen der beruflichen Weiterbildung«:
»Haben Sie sich in den letzten drei Jahren in einer der folgenden Formen beruflich weitergebildet?

Ja, und zwar:
A: Besuch von berufsbezogenen Fachmessen oder Kongressen
B: Teilnahme an kurzzeitigen Veranstaltungen wie z. B. Vorträge
*   oder Halbtagsseminare*
C1: Lernförderung durch Einweisungen am Arbeitsplatz
C2: Lernförderung durch computergestütztes Lernen am Arbeits-
*   platz*
C3: Lernförderung durch Qualitätszirkel, Werkstattzirkel, Lernstatt
X: Nein nichts davon

Tabelle 2   [BSW 1992, S. 39]

Zum Erhebungsraster der Lernförderung am Arbeitsplatz im BSW muß angemerkt werden, daß eine ganze Reihe von Lernformen nicht erfaßt werden. Neben instruktiven Einweisungen, computerunterstützten Lernformen und arbeitsplatzbezogenen Gruppenlernformen finden nämlich statt: Formen des selbstgesteuerten Lernens am Arbeitsplatz, in die Organisation der Gruppenarbeit integrierte Lernformen sowie, nicht zuletzt, nicht formell abgrenzbare Lernprozesse an lernfreundlichen Arbeitsplätzen.
Im Ergebnis der Befragung wird die Beteiligung an nicht-seminaristi-

scher Weiterbildung unter Vorbehalt methodischer Unschärfen als seit 1988 insgesamt steigend eingeschätzt. Die Teilnahmcquote an allen diesen Weiterbildungsformen insgesamt liegt sogar höher als die an berufsbezogenen Lehrgängen und Kursen. Das Lernen am Arbeitsplatz hat in der Weiterbildung gegenüber anderen Formen jedoch noch Nachrang; in den neuen Bundesländern spielt es eine größere Rolle als in den alten [vgl. BSW 1992, S. 40].
Das Ergebnis stellt sich im einzelnen wie folgt dar:

Formen der beruflichen Weiterbildung	*Teilnahmequote 1988–1991 in Prozent*		
[BSW 1882, S.40]	*Bundesgebiet*	*West*	*Ost*
Berufsbezogene Fachmessen/ Kongresse	18 %	18 %	15 %
Kurzzeitige Veranstaltungen, wie z. B. Vorträge und Halbtags- seminare	30 %	29 %	31 %
Betriebliche Maßnahmen der Lernförderung am Arbeitsplatz, und zwar			
Einweisung am Arbeitsplatz	13 %	12 %	20 %
Qualitätszirkel, Werkstatt- zirkel, Lernstatt	3 %	3 %	3 %
Teilnahmequote Arbeitsplatznahes Lernen	28 %	27 %	35 %
Teinahmequote »Andere Formen . . . « Gesamt	47 %	45 %	53 %

Tabelle 3   Formen beruflicher Weiterbildung [nach: BSW 1992]

Auch nach einer *Erhebung des Instituts der Deutschen Wirtschaft* [IW] aus dem Jahr 1989 kann angenommen werden, daß Weiterbildung in Lehrveranstaltungen das Lernen am Arbeitsplatz weit überwiegt [Gesamtmetall 1992, S. 14] (siehe Tabelle 4 auf S. 53).
Eine *Untersuchung des IW zu den »Kosten und Strukturen betrieblicher Weiterbildung«* [vgl. Weiß 1990] hat sich auf Grundlage einer Erhebung in Produktionsbetrieben mit dem Bezugsjahr 1987 um eine Quantifizierung des arbeitsplatznahen Lernens bemüht.[5]

---

[5] Zur Aktualisierung der Ergebnisse wird diese Erhebung vom IW derzeit neu durchgeführt.

Weiterbildungszeiten im Vergleich (in Stunden pro Beschäftigtem pro Jahr)				
	Lernen am Arbeitsplatz	Lehrveranstaltung	Informationsveranstaltung	Umschulungen
Metall-, Elektroindustrie	1,5	12,7	0,9	0,4
Sonstiges produzierendes Gewerbe	1,9	11,2	0,9	0.5

Tabelle 4   Weiterbildungszeiten im Vergleich [nach: Weiß 1990]

Auch hier hat sich ergeben, daß das Lernen am Arbeitsplatz unter dem Kriterium des zeitlichen Aufwands gleich nach der Weiterbildung in Seminarform folgt. Es wurde die quantitative Bedeutung an der Teilnehmerzahl, der Teilnehmerstundenzahl und den Kosten gemessen. In einer Gesamtheit von 1505 befragten Unternehmen entfielen 15,5 % der Teilnehmer und 24,5 % der Teilnehmerstunden auf *organisierte* Formen des arbeitsplatznahen Lernens (Einarbeitung, Instruktion, Coaching, Lernen mit interaktiven Medien, arbeitsplatzbezogene Lerngruppen wie z. B. Qualitätszirkel). Nicht organisiertes und nicht intentionales Lernen wurde wegen der benannten Abgrenzungs- und Beobachtungsprobleme nicht erfaßt. Die Untersuchung des IW gibt auch erste differenzierende Hinweise auf den großen Umfang arbeitsplatznaher Lernformen in kleinen und mittleren Unternehmen und auf die zunehmende technisch und organisatorisch implementierte Integration von Arbeiten und Lernen in Großunternehmen.

Es ist allerdings anzumerken, daß die Untersuchung des IW anders als die Erhebung im Rahmen des BSW unter Lernen am Arbeitsplatz auch kurzfristige Anlern- und Einarbeitungsmaßnahmen ebenso wie Unterweisungen durch Vorgesetzte und Arbeitskollegen subsumiert. In der Ausdifferenzierung nach einzelnen Typen ergibt sich, daß diese Lernformen gegenüber den im BSW ausgewiesenen Formen (etwa der Arbeit mit Lernprogrammen, dem Lernen in Qualitätszirkeln etc.) eine quantitativ weit überwiegende Rolle spielen. Auch hier ist das Abgrenzungsproblem zwischen Qualifizierung, Information und Anweisung deutlich erkennbar.

Weiterhin ist anzumerken, daß nach Aussagen der IW-Studie selbst arbeitsplatznahes Lernen wesentlich zeitaufwendiger ist als arbeitsplatzfernes; es wird von einem Verhältnis von 5:1 ausgegangen. Bei Anwendung von nicht ergebnis-, sondern aufwandsbezogenen Gewichtungskriterien können sich so die Relationen von Erhebungen zugunsten des arbeitsplatznahen Lernens verschieben.

Die IW-Untersuchung hat zwischen Teilnehmergruppen an arbeitsplatznahen Lernprozessen unterschieden und festgestellt, daß sich die sonst zu beobachtende stärkere Beteiligung der bereits Hochqualifizierten an der Weiterbildung [vgl. Faulstich 1990, S. 155 f.; Baethge 1990, S. 85] hier relativiert. Un- und Angelernte und Facharbeiter nehmen häufiger an arbeitsplatznaher Weiterbildung teil als an anderen Formen von Weiterbildung; Fach- und Führungskräfte sind weniger oft beteiligt. Diese Differenz kommt sicher nicht zuletzt auf Grundlage bislang üblicher betrieblicher Personalpolitiken zustande [vgl. Abschnitt 6.2.]: dezidierte Weiterbildung in Seminaren wird vor allem für die Bezieher höherer Einkommen angeboten; es ist allerdings zu fragen, ob nicht auch für Fach- und Führungskräfte in Zukunft vermehrt Weiterbildung am Arbeitsplatz angeboten werden wird; die Methode des *Coaching* jedenfalls, die in der Regel dem Kreis der Höherqualifizierten vorbehalten ist, gewinnt in vielen Unternehmen an Bedeutung.

Erhebliche Verbesserungen der Datenlage zur arbeitsplatznahen Weiterbildung können aus der Auswertung derzeit durchgeführten EG-weiten Erhebung des EG-Programmes FORCE zum betrieblichen Weiterbildungsverhalten erwartet werden. Diese Erhebung, die in Deutschland von BIBB und Statistischem Bundesamt getragen wird, hat einen Schwerpunkt in der repräsentativen Erfassung von intentionalen Weiterbildungsmaßnahmen »on the job«.

Erste Ergebnisse aus der Vorerhebung (schriftliche Befragung von 16 000 Unternehmen in Deutschland mit mehr als zehn Mitarbeitern im Dezember 1993; Rücklauf: 9300) weisen auf eine wachsende Bedeutung neuer, nicht lehrgangsgebundener Weiterbildungsformen hin. 56 % der Unternehmen setzen danach arbeitsplatznahe Weiterbildung ein. Dabei spielen die Unterweisung durch Vorgesetzte und die betriebliche Einarbeitung die mit weitem Abstand größte Rolle. In der berufspädagogischen Diskussion zentrale Methoden arbeitsplatznaher Weiterbildung wie Qualitätszirkel, Austauschprogramme, Job Rotation und Lernstatt finden nur in 2 % bis 5 % der befragten Unternehmen Anwendung.[6]

---

[6] Ähnliche Ergebnisse hat die Auswertung des Mikrozensus vom Dezember 1989 in Österreich erbracht: Etwa ein Drittel der Beschäftigten, die Fragen zur betrieblichen Weiterbildung beantwortet haben, wurde im Betrieb vorwiegend durch Einarbeitung und Übung an ihren Arbeitsplätzen qualifiziert [vgl. Zeidler 1991, S. 689]. Die Bedeutung dieser Weiterbildungsformen hat damit auch in Österreich

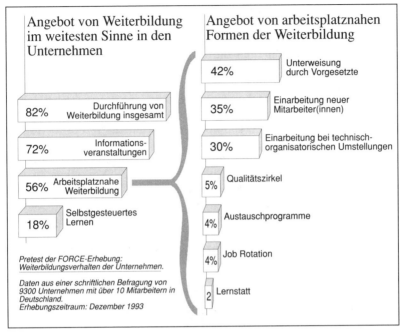

| Angebot von Weiterbildung im weitesten Sinne in den Unternehmen | Angebot von arbeitsplatznahen Formen der Weiterbildung |

Grafik 5   FORCE-Vorerhebung: Weiterbildungsverhalten der Unternehmen
[BIBB 1994]

Auch bei der FORCE-Vorerhebung ist in Rechnung zu stellen, daß große Unschärfen bei der Abgrenzung von Lern- und Arbeitsprozessen bestehen. Für die Hauptuntersuchung sind daher Kontrollinstrumente vorgesehen, die die Zuverlässigkeit der Abgrenzung verbessern sollen. Diese Erhebungen lassen sich um eine Untersuchung aus der Perspektive der Arbeitstätigen selbst ergänzen. Im Rahmen eines Forschungsprojektes des BIBB zur *»Qualifizierung in den ersten Berufsjahren«* wurde eine Reihe vorhandener Datenquellen mit Bezugsjahren von 1985 bis 1989 einer Reanalyse unterzogen, um den Umfang und die Art arbeitsplatznaher Qualifizierung in der ersten Einarbeitungsphase von Erwerbstätigen nach Abschluß der Berufsausbildung näher zu bestimmen [vgl. Kloas 1991]. Beschäftigte verschiedener Berufsaltersstufen

---

im Vergleich zu Ergebnissen vorangegangener Befragungen stark zugenommen. Außerhalb weniger großer Unternehmen werden jedoch moderne berufspädagogische Verfahren arbeitsplatznaher Weiterbildung noch selten genutzt [vgl. Kailer, Scheff 1993].

mit abgeschlossener Ausbildung im dualen System wurden danach gefragt, wo sie nach eigener Einschätzung die für ihre Tätigkeit notwendigen Qualifikationen hauptsächlich erworben haben.
87 % der Befragten hielten die arbeitsplatznahe Weiterbildung vor dem Besuch von Kursen und Lehrgängen für die wichtigste Qualifizierungsform der ersten Berufsjahre. Eine im Rahmen des Forschungsprojektes durchgeführte Sonderauswertung der Repräsentativbefragung des BIBB und des IAB zur beruflichen Qualifizierung in den Jahren 1985 und 1986 ergab, daß immerhin 23 % der befragten Erwerbstätigen davon ausgehen, daß sie das, was sie für ihre Berufstätigkeit wissen und können müssen, weitgehend in dieser Tätigkeit selbst gelernt haben [vgl. Kloas 1991, S. 335 f.]. Vor allem in den ersten Berufsjahren sinkt der Anteil der Beschäftigten, die dem im dualen System erworbenen Berufswissen das höchste Gewicht zumessen, stark ab. Auf der anderen Seite steigt der Anteil derer, die der Qualifizierung in der Arbeitstätigkeit das höchste Gewicht beimessen, stark an [vgl. näher und differenzierend für einzelne Berufsgruppen: Kloas, Puhlmann 1992].

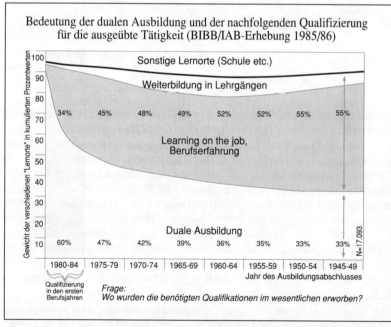

Grafik 6   Bedeutung von Lernorten für die aktuelle Qualifikation
[Kloas, Puhlmann 1992]

Die Qualifizierung während der Arbeitstätigkeit erfolgt danach nicht kontinuierlich, sondern vor allem in der ersten Berufsjahren. Dem Lernen im Arbeitsprozeß kommt dabei nach dieser Untersuchung wesentlich höhere Bedeutung zu als der lehrgangsförmigen Weiterbildung – wenn auch in der Untersuchung von vornherein nicht unterschieden wird zwischen funktionalen und intentionalen Lernprozessen am Arbeitsplatz. Die Lernunterstützung durch andere halten 50 % der Befragten, das eigenständige Lernen am Arbeitsplatz 30 % für ausschlaggebend [vgl. Kloas, Puhlmann 1992, S. 310].

Aus einer *Reihe von empirischen Untersuchungen zur beruflichen Weiterbildung* mit ganz anderen Schwerpunkten lassen sich Aussagen zum Umfang der arbeitsplatznahen Weiterbildung in speziellen Bereichen ableiten.

☐ So ergab eine Repräsentativbefragung des Bundesinstituts für berufliche Bildung [BIBB] und des Instituts für Arbeitsmarkt- und Berufsforschung [IAB] Mitte der achtziger Jahre, daß nur 44 % der betrieblichen Anwender programmgesteuerter Arbeitsmittel entsprechende Weiterbildungskurse absolviert hatten. 20 % hatten die nötigen Qualifikationen durch Anlernen oder Selbstlernen am Arbeitsplatz erworben [vgl. Koch, R., 1987].

☐ Eine Untersuchung des BIBB auf Grundlage einer mündlichen Befragung von über einhundert Betrieben zur Weiterbildungsteilnahme im gewerblichen Bereich im Bezugszeitraum 1982 bis 1983 ergab vor allen Einschätzungen zu den betrieblichen Aufwendungen und Kosten des Anlernens am Arbeitsplatz [vgl. Bardeleben et al. 1986].

Eine Vielzahl anderer Untersuchungen enthält auf ähnliche Weise Angaben zur arbeitsplatznahen Weiterbildung. Problematisch ist jedoch die Vergleichbarkeit der Ergebnisse wegen der Disparität der Erhebungsmethoden.

Im Fortgang dieses Buches sind quantitative Einschätzungen und Trendaussagen nur unter den oben genannten Vorbehalten zu verstehen. Angesichts der beschriebenen Erhebungsprobleme erscheint es angebracht, solche Einschätzungen auf Plausibilitätsebene aus Analysen der inhaltlichen Veränderungen der betrieblichen Weiterbildung abzuleiten, und sich weniger auf die vorliegenden empirischen Untersuchungen zu beziehen.

Die zitierten empirischen Erhebungen werden wegen ihrer voraussichtlich geringen Zuverlässigkeit im Detail hier nicht in eingehenderer Weise interpretiert und verwertet. Sie gelten allerdings durchaus als Belege für die folgenden grundlegenden Annahmen:

☐ Die betriebliche Weiterbildung am Arbeitsplatz oder in der Nähe des Arbeitsplatzes hat in den vergangenen Jahren an Gewicht gewonnen. Ihre Bedeutung wird weiterhin zunehmen, wenn auch die Weiterbildung in Lehrgangsform nach wie vor überwiegt.

☐ Organisatorisch und konzeptionell elaborierte Formen arbeitsplatznaher Weiterbildung sind eher in Groß- als in Klein- und Mittelbetrieben anzutreffen. Dort überwiegen informelle Arten des Lernens am Arbeitsplatz.

☐ Fach- und Führungskräfte sind an betrieblicher Weiterbildung insgesamt weit überwiegend beteiligt. Dies relativiert sich bei arbeitsplatznahen Weiterbildungsformen, an denen weniger Qualifizierte häufiger teilnehmen.

☐ Lernprozesse am Arbeitsplatz vollziehen sich vor allem in den ersten Berufsjahren nach Erwerb der Erstausbildungsabschlusses.

Bezieht man die Ergebnisse des BIBB-Projekts zur »Qualifizierung in den ersten Berufsjahren« auf die Erhebungen von BSW und IW, kann man feststellen, daß der hohen Bedeutung des Lernens am Arbeitsplatz für die Arbeitstätigen ein nur geringer Umfang pädagogischer Unterstützung des Lernens am Arbeitsplatz gegenübersteht. Obgleich der Qualifikation am Arbeitsplatz nach Einschätzung der Beschäftigten ein ähnliches Gewicht zukommt wie der dualen Erstausbildung, vollzieht sie sich weitgehend in funktionalen Prozessen, frei von betriebspädagogischen Interventionen. Damit ist offenkundig, daß nicht erst intentionale pädagogische Maßnahmen Lernen am Arbeitsplatz initiicren. Es findet auch ohne sie statt. Es ist jedoch zu fragen, inwieweit die Lernwirksamkeit des Arbeitsplatzes durch pädagogische Hilfestellungen erhöht werden kann, die Lernprozesse unterstützen und anleiten.

3.4.3. Betriebliche Probleme mit arbeitsplatznaher Weiterbildung

Obwohl der alleinige Einsatz tradierter Formen lehrgangsförmiger Weiterbildung in vielen Unternehmen auf Skepsis stößt, wird ein noch immer nur geringer Umfang der Anwendung arbeitsplatznaher und handlungsorientierter Qualifizierungskonzepte in der betrieblichen Weiterbildung konstatiert:

☐ »Während in der Erstausbildung – Berufsausbildung im Rahmen des dualen Systems – der Arbeitsplatz als Lernort eine ganz wesentliche und selbstverständliche Rolle spielt, ist dies in der betrieblichen Weiterbildung nicht der Fall.« [Münch 1990, S. 146]

☐ »In der betrieblichen Weiterbildung wurde die Lernortfrage und die

Frage nach der Bedeutung des Lernens am Arbeitsplatz bisher kaum gestellt [...]. Betriebliche Weiterbildung [...] wurde bisher vor allem in Seminaren und anderen mehr unterrichtlichen Veranstaltungsformen außerhalb des Hauses durchgeführt. [...] Der Lernort Arbeitsplatz war in diesem Zusammenhang nicht existent.« [IW 1990, S. 140]

☐ »Obwohl man eigentlich davon ausgehen kann, daß der Anwendungsbezug in der Weiterbildung viel direkter ist als in der Erstausbildung, finden in der Erstausbildung die handlungsorientierten Ansätze weit mehr Beachtung.« [Koch, J., 1992 a]

Tatsächlich überwiegen in der betrieblichen Weiterbildung nach wie vor seminaristische Lernformen. Als Gründe für den geringen Umfang des Einsatzes arbeitsplatznaher und handlungsorientierter Weiterbildungsformen können angeführt werden:

☐ In der Erstausbildung spielt berufliche Praxis eher die Rolle des Beispiels als in der Weiterbildung; Handlungsorientierung bezieht sich hingegen in der Weiterbildung mehr auf wirkliche statt nachgestellte Arbeitsaufgaben. Dadurch können konzeptionell nicht immer antizipierbare Interferenzen mit dem Lernumfeld auftreten. Die *Zuverlässigkeit* des Erfolges arbeitsplatznaher Weiterbildung scheint daher geringer zu sein als die arbeitsplatzferner.

☐ Die Entwicklung, Erprobung und Umsetzung handlungsorientierter Lernformen ist wesentlich *aufwendiger* als die konventioneller Methoden, da vielfältige Wechselwirkungen mit der Berufspraxis mitbedacht werden müssen. Isolierte und sequentiell geplante Vermittlungsformen erlauben eine einfachere und daher kostengünstigere konzeptionelle Vorbereitung. Es verwundert daher nicht, daß Modellversuche zur arbeitsplatznahen bzw. handlungsorientierten Weiterbildung bisher fast nur in Großbetrieben durchgeführt wurden [vgl. Koch, J., 1992 a].

☐ Die Wissensvermittlung selbst ist bei handlungsorientierten Lernformen nicht in gleicher Weise *abgrenzbar* wie bei herkömmlichen Weiterbildungsformen; sie genügt nicht dem Anspruch, in kurzer Zeit möglichst viel zu vermitteln. Anders als im relativen »Schonraum« der Erstausbildung ist dieser Anspruch aber in der Weiterbildung von seiten der Betriebe virulent. Auch sind Probleme der Evaluierung von Lernerfolgen, des betrieblichen »Bildungscontrolling« und der Zertifizierung von Qualifikationen weniger einfach zu lösen.

☐ Nicht abgegrenzte Weiterbildungsformen eignen sich weniger für betrieblich geschätzte *Nebenfunktionen* wie etwa solche der Personalselektion, der Gratifizierung von Leistungen oder der Hierarchisierung. Soweit betriebliche Weiterbildung überwiegend als *Aufstiegs-Weiterbildung* verstanden wird, ist der Lernort Arbeitsplatz nur sehr bedingt geeignet [vgl. IW 1990, S. 140]. Eine Ausnahme bilden übliche Trainee-Programme für Nachwuchs-Führungskräfte in größeren Unternehmen, bei denen Lernen in wechselnden Arbeitstätigkeiten mit Verfahren der Personalbeurteilung verbunden wird.

☐ Die Zählebigkeit der *Trennung von funktionalen Zuweisungen* von Kompetenzen und Aufgaben an die Produktionsabteilungen bzw. an die Bildungs- oder Personalentwicklungsabteilung der Unternehmen behindert Fortschritte bei der Integration von Arbeiten und Lernen.

Bei der Würdigung all dieser – meist aus dokumentierten Einzelfallbeobachtungen erschlossenen – Faktoren ist relativierend zu beachten, daß gerade im Bereich der betrieblichen Weiterbildung viele Neuentwicklungen quasi informell eingeführt werden. In der beruflichen Erstausbildung besteht durch die Normierungen der Ausbildungsordnungen eine höhere Standardisierung als in der freieren, auf aktuelle betriebliche Bedarfe bezogenen Weiterbildung. Neue didaktische Methoden für die Erstausbildung stehen daher unter größerem Begründungszwang als Innovationen in der Weiterbildung. Sie erfahren in der Regel eine stärkere Formalisierung und Evaluierung und werden besser dokumentiert. Die Fachöffentlichkeit beachtet sie daher mehr als oft partikulare, betriebsinterne Ansätze handlungsorientierten Lernens in der beruflichen Weiterbildung.

3.4.4. Betriebliche Gründe für den Einsatz arbeitsplatznaher Weiterbildung

Trotz der benannten organisatorischen und methodischen Probleme beim Einsatz arbeitsplatznaher Weiterbildung gewinnt diese Lernform in Fachzeitschriften und auf Kongressen für betriebliche Weiterbildungs- und Personalentwicklungsfachleute zunehmend mehr Beachtung. Auch wenn die breite praktische Implementation arbeitsorientierter Weiterbildungsformen sich bis heute noch auf Einarbeitungen und das Training repetitiver Teilaufgaben im industriellen Produktionsprozeß beschränkt, werden in vielen Unternehmen im Zuge von internen Umstrukturierungen weitergehende Anwendungen solcher Lernformen diskutiert, konzipiert und stellenweise erprobt und eingesetzt [vgl. Schlaffke, Weiß 1991, S. 134].

Betriebliche Weiterbildungspraktiker erwarten daher eine neue

Gewichtung der Weiterbildungsformen:»Das klassische Seminar als Lernort wird an Bedeutung verlieren; beratende und begleitende Qualifizierungsprozesse in der Arbeitsaufgabe, im Adressatenumfeld werden in den Vordergrund treten« [Windschild 1992, S. 19].
Vor einer detaillierten Behandlung der *pädagogischen Aspekte* arbeitsplatznahen Lernens sollen die Momente dargestellt werden, die dessen Attraktivität *aus betrieblicher Sicht* begründen.
Zunächst können unmittelbar *organisatorische und betriebswirtschaftliche Vorteile* genannt werden, die mit dem Lernprozeß selbst nichts weiter zu tun haben:

☐ Arbeitsplatzferne Weiterbildung bringt hohe *Kosten* mit sich. Diese Kosten bestehen weniger in Aufwendungen für die Weiterbildung selbst als in Kosten der Personalfreistellung – es wird dafür ein Anteil von 60 % bis 70 % der gesamten Weiterbildungskosten geschätzt [vgl. Weiß 1990, S. 156]. Die Verbindung von Lernen und Arbeiten soll eine Reduzierung von diesen Bildungskosten mit sich bringen [vgl. Münch 1990, S. 146]. Viele Großbetriebe erwarten zusätzlich auch eine Verringerung der Kosten des innerbetrieblichen Weiterbildungswesens, wenn ohnehin vorhandene Arbeitsmittel als Lernmittel und Fach- und Führungskräfte als Lehrer eingesetzt werden [vgl. Franke 1982]. Kostenaspekte im unproduktiven Bereich gewinnen gerade in wirtschaftlichen Krisen besondere Bedeutung.
☐ Auch *organisatorische Probleme* der Freistellung von Teilnehmern behindern die Durchführung von Lehrgängen [vgl. Weiß 1990, S. 88]. Das Lernen am Arbeitsplatz soll insofern zur organisatorischen Effektivierung beitragen. Eine Parallelität von Arbeiten und Weiterbildung ermöglicht zudem erst die gemeinsame gleichzeitige Qualifizierung ganzer Abteilungen, die gerade bei der Einführung neuer Arbeitstechnologien, Produkte oder Organisationsregeln oft angestrebt wird.
☐ In großem Umfang werden in neuerer Zeit in der produzierenden Industrie neue Formen der *Gruppenarbeit* eingeführt, die zur Flexibilisierung der Produktion, zur Verkürzung von Durchlaufzeiten und zur Reduktion fixer Kosten beitragen sollen. Der damit verbundene häufige Wechsel der Arbeitenden zwischen Arbeitsplätzen und die Funktionsanreicherung der einzelnen Arbeitsplätze setzen Informations- und Lernmöglichkeiten im Arbeitsprozeß voraus.
☐ Im Zuge der Einführung neuerer Verfahren der *Qualitätssicherung,* die nicht mehr ausschließlich auf einer Kontrolle der Endprodukte beruhen, sondern die den Prozeß der Produktion bzw. Leistungserbringung selbst evaluieren (wie z. B. in ISO 9000 bis ISO 9004 nie-

dergelegt), werden Kontrollkompetenzen an die Arbeitsplätze zurückverlegt. Entsprechende Lern- und Informationsmöglichkeiten am Arbeitsplatz gelten als Voraussetzung des Einsatzes solcher Qualitätssicherungssysteme [vgl. DIN 1992, S. 14 f.].

Betriebliche Vorteilskalküle beim Einsatz von Formen arbeitsplatznaher Weiterbildung gehen auch von einer *besseren Anwendbarkeit des Gelernten* aus; als Grundlagen für diese Annahme werden genannt:

☐ Arbeitsplatznahe Weiterbildung verspricht die *Transferprobleme* zu reduzieren, die arbeitsplatzferne, in Lehrgängen durchgeführte Weiterbildung fast zwangsläufig mit sich bringt [vgl. hier Abschnitt 3.1.], und den Anwendungsbezug des Gelernten zu verbessern: »Niemand kennt die Probleme an einem Arbeitsplatz besser als der, der dort arbeitet« [Debener et al. 1992, S. 14; vgl. auch: Münch 1990]. Zudem wird erwartet, daß sich eine Entsprechung zwischen den qualifikatorischen Notwendigkeiten des Arbeitsplatzes und den Lerninhalten durch deren enge Verbindung gleichsam selbsttätig herstellt: das heißt, daß weder Überflüssiges gelernt noch Notwendiges ausgelassen wird.

☐ *Technischer Wandel:* Als wesentliches Argument für den Lernort Arbeitsplatz führt der Leiter der Zentralabteilung Ausbildung bei der AEG Aktiengesellschaft an: »Die sich ständig wandelnde Technik in den Betriebsabteilungen und die daraus resultierenden Veränderungen an den Arbeitsplätzen sind zwingende Bestimmungsgrößen [für Lernen am Arbeitsplatz]« [Müller 1992, S. 16; vgl. auch Czycholl 1992, S. 23; Heidack 1987, S. 11]. Mit der Forderung nach kontinuierlichem und lebenslangem Lernen sind ausschließlich verschulte Weiterbildungsformen nicht mehr angemessen. Lernformen mit unmittelbarem Anwendungsbezug gewinnen an Bedeutung [vgl. Abschnitt 3.1.].

☐ Die in vielen Berufen von den Unternehmen und ihren Verbänden beklagte *Praxisferne der Erstausbildung bzw. die Zergliederung der betrieblichen Arbeitsteilung* und die daraus folgende Spezialisierung von betrieblichen Berufsanforderungen führt zu hoher Intensität der betrieblichen Weiterbildung in den ersten Berufsjahren. Diese Weiterbildung geschieht weitgehend en passant am Arbeitsplatz: »Das Gewicht der informellen Weiterbildung scheint immer dann besonders groß zu sein, wenn die Ausbildung wenig zum Erwerb der entsprechenden Qualifikationen beiträgt und umgekehrt« [Kloas et al. 1990, S. 43; vgl. auch Heidack 1987, S. 12].

Schließlich fällt auch eine Reihe von Argumenten, die auf die *didaktischen Qualitäten* arbeitsplatznahen Lernens abheben, wie man sie

Ergebnissen betriebspädagogischer Untersuchungen und Modellprojekte entnimmt:

☐ Die *Kontinuität des Lernens* ist durch Lernen am Arbeitsplatz besser gewährleistet als durch punktuelle Weiterbildungslehrgänge von meist kurzer Dauer [vgl. Wollert 1990, S. 684].

☐ Die *Förderung von Schlüsselqualifikationen* nimmt in den betrieblichen Weiterbildungsabteilungen inzwischen hohen Rang ein. Es wird erwartet, daß die Entwicklung fachübergreifender beruflicher Handlungsfähigkeit durch die Weiterbildung vor Ort in besonderem Maße gefördert wird. Anders als in künstlichen Lernsituationen sind Umfeldbedingungen wie soziale und arbeitsorganisatorische Komponenten, Störgrößen etc. präsent und können im Lernprozeß berücksichtigt werden.

☐ In vielen Betrieben gilt die schlichte Regel: Es wird »stets dann am besten gelernt [...], wenn man das zu Erlernende benötigt« [Schmiel 1976, S. 142] und der Nutzen der Lernanstrengungen auch unmittelbar erfahren wird. Es wird vermutet, daß Lernen am Arbeitsplatz *besser motiviert* als Lernen in Lehrgängen. Auch in einem aus betrieblicher Sicht erstellten Gutachten für das Bundesministerium für Bildung und Wissenschaft wird aus der am Arbeitsplatz möglichen »Prägung und Ausrichtung der individuellen Handlungsstrukturen auf eine möglichst effiziente Bewältigung verschiedener Arbeitsaufgaben« gefolgert, daß der Lernort Arbeitsplatz »eine sinnstiftende Funktion hat, die sich positiv auf die Motivation der Lernenden auswirken kann« [Siehlmann et al. 1991, S. 7].

☐ Vor allem bei *niedrig qualifizierten und lernungewohnten Teilnehmern* mit selten erfolgreichen Schulkarrieren stoßen seminaristische Lehrformen oft auf Vorbehalte. Die Gruppe war in den vergangenen Jahren der »Fachkräftelücke« ein wichtiger Adressat betrieblicher Weiterbildungsmaßnahmen. Arbeitsplatznahe Lernformen sollten zum Abbau von Lernbarrieren beitragen [vgl. Hiery 1992; Schmidt, Severing, Stahl 1991].

In Abwägung der betrieblich benannten Probleme und Vorteile arbeitsplatznaher Weiterbildung kann zusammengefaßt werden, daß betriebliche Vorteile vor allem in Form von Zielbestimmungen gefaßt werden, während Nachteile auf noch ungelöste Umsetzungsprobleme zurückgeführt werden. Es kann insofern erwartet werden, daß die Unternehmen den Einsatz von Weiterbildungsmaßnahmen am Arbeitsplatz intensivieren werden, soweit ihnen Verfahren der erfolgreichen Implementierung solcher Weiterbildungsformen aufgezeigt werden.
Auch die durch elaborierte Methoden unterstützte Trendwende in der betrieblichen Erstausbildung hin zum »Lernen in der Ernstsituation«

und die damit gemachten positiven Erfahrungen vieler Betriebe [vgl. Dehnbostel 1993 a] können entsprechende Veränderungen in der Weiterbildung nach sich ziehen [vgl. Schlaffke, Weiß 1991, S. 134], zumal in der Weiterbildung einige Probleme des arbeitsplatznahen Lernens nicht in gleicher Schärfe auftreten wie in der Erstausbildung. So kann z. B. die Kenntnis einer grundlegenden Systematik der Fachinhalte in der Regel bereits unterstellt werden und es kann auf Berufserfahrungen zurückgegriffen werden.

4. THEORIEN ZUM VERHÄLTNIS VON ARBEITEN UND LERNEN

4.0.	Einführung	67
4.1.	Theorien der Reformpädagogik zum Verhältnis von Arbeiten und Lernen.	68
4.2.	Theorien und Konzepte zu »Schlüsselqualifikationen«	70
4.2.1.	Theoretische Grundlagen	70
4.2.2.	Zum Verhältnis von Schlüsselqualifikationen und arbeitsorientiertem Lernen	77
4.3.	Handlungsregulationstheorie	79
4.3.1.	Theoretische Grundlagen	79
4.3.2.	Die Handlungsregulationstheorie als Modell für intentionale Formen arbeitsplatznahen Lernens	88
4.4.	Zusammenfassung	91

4.0. Einführung

Veränderungen von Methoden der betrieblichen Weiterbildung begründen sich aus Theorien über Lernprozesse. Wegen der Komplexität menschlicher Lernprozesse setzt die Entwicklung von Methoden eine Modellbildung voraus, die diese Komplexität angemessen, das heißt: operationalisierbar, reduziert. Lernmodelle, die zur Begründung von Methoden der Verknüpfung von Arbeit und Qualifizierung tauglich sein sollen, haben sich insofern auf den Zusammenhang zwischen Handeln und Lernen zu beziehen. Sie sind auf einem Abstraktionsniveau zu entwickeln, das die Eigenarten von Arbeit in industrialisierten Arbeitsprozessen nicht verschwinden läßt, und das es erlaubt, Konsequenzen für die betriebliche Bildungspraxis zu ziehen.

Das Kriterium für die Auswahl und Behandlung einzelner Theorien zum Verhältnis von Handeln und Lernen in diesem Kapitel ist daher weder deren theoriegeschichtliche Entwicklung noch gar die Vollständigkeit der Darstellung, sondern die pragmatische Frage nach dem Beitrag der jeweiligen Theorie zur pädagogischen Gestaltung des Verhältnisses von Lernen und Arbeiten im Betrieb.

Die betriebliche Arbeitspädagogik, resp. Betriebspädagogik [zum Begriff vgl. Schelten 1991 a, S. 10 ff.], die sich weitgehend als anwendungsorientierte Wissenschaft versteht [vgl. Sommer 1990], stellt sich als Konglomerat von empirisch-nomologischen Theorien, normativen Zielbegründungen, handlungsorientierten Modellen und praktisch orientierten pädagogischen Konzepten und Methoden dar. Oft genug entstehen nicht aus betriebspädagogischen Theorien neue Methoden, sondern führt umgekehrt die zunächst theoretisch unbekümmerte Anwendung von Methoden (z. B. der Leittextmethode) oder die Formulierung von Zielvorgaben (z. B. Bedarfsfeststellungen von Schlüsselqualifikationen) zur nachträglichen Theoriebildung der wissenschaftlichen Berufs- oder Betriebspädagogik.

Die berufspädagogischen Ansätze zum Verhältnis von Arbeiten und Lernen repräsentierten insofern keine geschlossene wissenschaftliche Entwicklung. Sie sind nicht einmal alle Theorien im eigentlichen Sinne, sondern haben zum Teil den Charakter von Modellen oder Begründungen pädagogischer Zielvorstellungen.

Kriterium der Auswahl von Ansätzen für die Darstellung ist hier ihre jeweilige praktische Wirksamkeit für die Gestaltung von arbeitsplatznahen Lernprozessen. Von daher kommt unter der Vielzahl von pädagogischen oder pädagogischpsychologischen Lerntheorien für das Lernen im Prozeß der Arbeit den beiden folgenden Ansätzen besonderes Gewicht zu:

☐ Konzepten und Theorien zu »Schlüsselqualifikationen«;
☐ der Handlungsregulationstheorie.

Diese beiden Ansätze haben in den beiden letzten Jahrzehnten wie keine anderen auf die Gestaltung betrieblicher Qualifizierung gewirkt; sie sind von praktisch arbeitenden Betriebspädagogen rezipiert und in zahlreichen Modellversuchen für pädagogisches Handeln operationalisiert worden. Sie werden daher besonders behandelt und auf Aussagen und Implikationen zum arbeitsplatznahen Lernen untersucht.

In historischer Perspektive spielen die geisteswissenschaftlichen Berufsbildungstheorie, namentlich die Reformpädagogik, und Theorien der sozialistischen Pädagogik eine Rolle bei der Herausbildung des heutigen Systems der beruflichen Bildung. Die Arbeitspädagogik KERSCHENSTEINERS wird erwähnt – weniger um ihre historischen Rolle in bezug auf die Entwicklung von Formen der Verbindung von Arbeiten und Lernen zu würdigen, als um die deutliche Differenz der Ausgangspunkte und Zielperspektiven der klassischen Arbeitspädagogik zu heutigen Ansätzen zu zeigen.

Behavioristische Lernmodelle kommen nicht zur Sprache, obwohl sie als der Arbeitsorganisation des Taylorismus kongeniale Ansätze bis in die siebziger Jahre die theoretische Grundlage für Methoden der Drillqualifikation und des Geläufigkeitstrainings abgegeben haben. Diese ihre Leistung im Bereich der arbeitsplatznahen Weiterbildung wird nach seiten der praktischen Konseqenzen in Abschnitt 6.2.2. behandelt. Die theoretische Legitimation bleibt hier außer Betracht.

4.1. Theorien der Reformpädagogik zum Verhältnis von Arbeiten und Lernen

Die in diesem Buch diskutierten betriebspädagogischen Konzepte des Verhältnisses von Arbeiten und Lernen sind mit Beginn der sechziger Jahre auf der Basis einer die Soziologie, Psychologie und Pädagogik integrierenden Sozialwissenschaft entstanden. Mit klassischen bildungstheoretisch orientierten pädagogischen Theorien sind sie nicht vergleichbar. Gleichwohl lassen sich Berührungspunkte und gemeinsame Fragestellungen feststellen. Im vorliegenden Abschnitt über geisteswissenschaftliche Berufsbildungstheorie sollen anhand des reformpädagogischen Ansatzes von KERSCHENSTEINER Differenz und Identität mit den Konzepten moderner Berufspädagogik in aller Kürze dargestellt werden.

KERSCHENSTEINERS Konzeption der Arbeitsschule suggeriert vom

Begriff her eine Identität mit modernen handlungsorientierten Ansätzen der Berufspädagogik. Es ist zu fragen, inwieweit diese Indentät tatsächlich besteht. Während bei KERSCHENSTEINER und anderen geisteswissenschaftlichen orientierten Pädagogen das Bildungsproblem im Mittelpunkt berufserzieherischer Überlegungen steht, thematisiert die moderne Berufspädagogik mehr das »Ausbildungsproblem im engeren Sinne« [Müllges 1967, S. 159]. In der geisteswissenschaftlichen Pädagogik ist der Beruf Mittel der Bildung, nicht umgekehrt. Sie bezieht daher ihre Belege aus oft idealisierenden Vorstellungen von handwerklicher Berufstätigkeit [vgl. Menck 1989, S. 29]. Der von KERSCHENSTEINER und anderen formulierten Berufsbildungstheorie muß deshalb auch eine gewisse Ferne gegenüber industriellen Arbeitsprozessen zugesprochen werden. Von deutschen sozialistischen Pädagogen wurde dieser Mangel bereits in den zwanziger Jahren formuliert [vgl. Siemsen 1926; Barschak 1929].

Der heutigen berufspädagogischen Kritik an der geringen pädagogischen Fundierung eines Großteils der betrieblichen Aus- und Weiterbildungspraxis liegt in der Regel nicht eine Rückerinnerung an Forderungen Reformpädagogik zugrunde. Denn in dieser Kritik ist der Ausgangspunkt nicht ein an umfassender menschlicher Bildung orientierter Bildungsbegriff, sondern eine Vorstellung von Berufserziehung, die für die berufliche Wirklichkeit notwendige Qualifikationen und Fertigkeiten adäquat vermitteln will. Gerade am Begriff der Qualifikation wird diese prinzipielle Differenz von geisteswissenschaftlicher Pädagogik und moderner Berufspädagogik deutlich. Erst in neueren Diskussionen über den Begriff der »Ganzheitlichkeit« in der beruflichen Bildung werden Bezüge auf klassische pädagogische Konzepte des allseitig gebildeten Menschen wiederhergestellt – so etwa von LIPSMEIER.

Auch die moderne Berufspädagogik mit ihrer Domäne der Vermittlung beruflich anwendbarer Qualifikationen muß eine Antwort darauf finden, welcher Begriff von Bildung ihrer Zielsetzung zugrunde liegt. Als Beispiel hierfür kann die Diskussion über die adäquate Vermittlung von Schlüsselqualifikationen genannt werden [vgl. Abschnitt 4.2.]. Diese Diskussion läßt stellenweise Berührungspunkte z. B. mit der Konzeption der Arbeitsschule bei KERSCHENSTEINER erkennen. Für KERSCHENSTEINER war selbsttätige Arbeit das wichtigste pädagogische Moment der beruflichen Bildung. Diese Idee über das Ineinandergreifen von Lernen und Selbsttätigkeit liegt auch den im weiteren noch zu thematisierenden modernen handlungsorientierten Ansätzen über das Verhältnis von Arbeiten und Lernen zugrunde.

Besonders in der Methode des Projektlernens werden einige der Ansätze der Reformpädagogik wieder aufgegriffen. Die in projektorientierten Weiterbildungsverfahren eingesetzten Methoden sind damit nicht eigentlich neu. Als Verdienst der modernen Berufspädagogik kann allerdings gelten, handlungsorientierte Methoden aus der bloß schulischen Ausbildung in die betriebliche Aus- und Weiterbildung eingeführt zu haben [vgl. Bunk, Stentzel 1990, S. 179].

Insgesamt ist jedoch festzuhalten, daß die reformpädagogische Konzeption der Arbeitsschule vielleicht manche Verfahrensweisen, nicht aber ihre Ausgangspunkte und Ziele mit denen der modernen Berufspädagogik teilt. Diese hat sich, von wenigen Ausnahmen abgesehen, der *Nützlichkeit* beruflichen Wissens verschrieben und verfügt daher über vergleichsweise technokratische Maßstäbe an ihre Theorien und Methoden. Es mag als Mangel der modernen Disziplin aufgefaßt werden, daß sie sich kaum noch mit gesellschaftspolitischen Zielen der Verknüpfung von Arbeiten und Lernen befaßt; Enthaltsamkeit in diesen Fragen scheint aber die Kehrseite der allgemeinen Akzeptanz des Faches zu sein.

4.2. Theorien und Konzepte zu »Schlüsselqualifikationen«

4.2.1. Theoretische Grundlagen

In den letzten Jahren sind Veröffentlichungen zum Thema »Schlüsselqualifikationen in der betrieblichen Aus- und Weiterbildung« in der Bundesrepublik in großer Zahl erschienen. Die Mehrzahl dieser Beiträge nimmt ihren Ausgangspunkt von Problemen mit einer beruflichen und betrieblichen Bildung, die nach Auffassung von Personalverantwortlichen in den Unternehmen und von Arbeitsmarktexperten nicht mehr den qualifikatorischen Anforderungen und dem raschen Wandel neuer Technologien genügt. Die wenigsten Publikationen jedoch zeigen Umsetzungsmöglichkeiten von Begriffen und Definitionen von Schlüsselqualifikationen in konkrete betriebliche Bildungsstrategien; viele begnügen sich gar mit der Erstellung langer Kataloge von Schlüsselqualifikationen, deren gemeinsamer Nenner nur noch darin besteht, daß es sich nicht um fachliche Qualifikationen handelt (vgl. den für Schlüsselqualifikationen oft benutzten Topos »extrafunktionale Qualifikationen«).

Um genauer bestimmen zu können, ob solche Versäumnisse sich einer noch ungenügenden analytischen Klarheit des Begriffes »Schlüsselqualifikation« verdanken, oder ob äußere Ursachen vorliegen: mangelnde Durchsetzungskraft pädagogischer Konzepte in den Unternehmen etwa oder die Zählebigkeit einmal durchgesetzter konventioneller, nur fachlich elaborierter Bildungskonzepte, soll die berufspädagogische Diskussion von Schlüsselqualifikationen kurz nachgezeichnet werden.

MERTENS, damals Direktor des Instituts für Arbeitsmarkt- und Berufsforschung der Bundesanstalt für Arbeit, hat Mitte der siebziger Jahre den Begriff der Schlüsselqualifikation nach dem Scheitern prospektiver bildungsökonomischer Ansätze in die berufspädagogische Diskussion eingeführt. Dem Prognosedefizit der arbeitsmarktbezogenen Bildungsplanung [vgl. Stooß 1990; Lutz 1991, S. 28] sollte mit der Erweiterung der beruflichen Bildung um universal verwendbare, übergreifende Qualifikationselemente begegnet werden. Die »wirtschaftliche und gesellschaftliche Verwendbarkeit von Bildung« [Mertens 1974, S. 206] sollte durch eine erhöhte Substituierbarkeit der in Aus- und Weiterbildung erworbenen Qualifikationen verbessert werden, und so »die immanente Elastizität im Verhältnis zwischen Bildungs- und Beschäftigungssystem« verbessert werden [Arnold 1991 a, S. 73]. Zunächst auf der Suche »nach den optimalen, gemeinsamen Dritten verschiedenartiger und sich wandelnder Qualifikationsanforderungen auf dem Arbeitsmarkt« [Mertens 1974, S. 215] und nicht unter dem Gesichtspunkt den neuen Technologien angepaßter Qualifikationen entwarf MERTENS das Konzept der Schlüsselqualifikation. Trotz der Resonanz, die dieses Konzept in der Berufspädagogik und sogar weit über diese hinaus gefunden hat, ist daran zu erinnern, daß es nicht aus einer Analyse beruflicher Qualifikation und ihrer Rolle im Arbeitsprozeß, sondern durchaus teleologisch aus arbeitsmarktpolitischen Zielsetzungen entstanden ist. Die durch den Einsatz neuer Technologien ausgelösten Veränderungen der qualifikatorischen Anforderungen von Arbeitsplätzen fallen aus dieser Perspektive zunächst nur durch ihre geringe Prognostizierbarkeit und durch ihre Intensität und Geschwindigkeit auf, die fachliches Know-how immer schneller veralten lassen [vgl. Staudt 1990, S. 52]. Bis heute trägt die Diskussion dieses Erbe darin, daß sie vor allem von Fragen nach Zielen und Zwecken von Schlüsselqualifikationen statt nach ihren Eigenarten bestimmt ist.

MERTENS hat als Typen von Schlüsselqualifikationen *Breitenelemente, Basiselemente, Horizontalqualifikationen* und *Vintage-Faktoren* genannt [Mertens 1974, S. 196 ff.], deren Merkmale sich tabellarisch wie folgt darstellen lassen:

Typen von Bildungselementen	Merkmale
Basisqualifikation	Logisches, kritisches, strukturierendes, konzeptionelles, dizisionistisches und kontextuelles Denken. Analytisches, kooperatives und kreatives Vorgehen.
Horizontalqualifikation	Wissen über das Wesen von Information, Gewinnung von Informationen, Verstehen und Verarbeiten von Informationen.
Breitenelemente	Breitenelemente sind dadurch gekennzeichnet, daß sie über breite Bereiche von Tätigkeiten praktischen Anforderungen im Arbeitsprozeß entsprechen [vgl. Mertens 1974, S. 42]
Vintage-Faktoren	Bildungselemente, die der Aufhebung von Differenzen des Bildungsstandes von Jüngeren und Älteren dienen. Solche Differenzen entstehen notwendig aus dem Wandel der Anforderungen einerseits und dem verschiedenen bildungsbiographischen Abstand der Generationen von ihrer Erstausbildung andererseits.

Tabelle 5   Typen von Bildungselementen [nach: Mertens 1974]

Diese Ziele sind zwischen abstrakt-persönlichkeitsbildenden Zielen wie »Mündigkeit« und »Mobilität« und fachlichen Lernzielen der Aus- und Weiterbildung einzuordnen; konkretisiert werden sie in Auflistungen wie »Fähigkeit zu lebenslangem Lernen und zum Wechsel sozialer Rollen, Distanzierung durch Theoretisierung, Kreativität [...]; Planungsfähigkeit; Befähigung zur Kommunikation, Dekodierungsfähigkeit, Fähigkeit hinzuzulernen, Zeit einzuteilen, sich Ziele zu setzen, Fähigkeit zur Zusammenarbeit, zur Ausdauer, zur Konzentration, zur Genauigkeit, zur rationalen Austragung von Konflikten, zur Mitverantwortlichkeit, zur Verminderung von Entfremdung, Leistungsfremde« etc. [Mertens 1974, S. 217]. Schlüsselqualifikationen werden definiert als »gemeinsames Drittes von Einzelfähigkeiten«. Durch Abstraktion von den Besonderheiten einzelner Fächer werden übergeordnete Qualifikationen bestimmt, deutlich etwa in Kategorien wie »kritisches Denken«, »analytisches Vorgehen« oder »logisches Denken«.

Vor allem in frühen Arbeiten zum Thema werden Begründungs- und pädagogische Umsetzungsfragen kaum getrennt [vgl. Arnold 1991 a, S. 70]. Das erscheint verständlich, insofern Schlüsselqualifikationen weitgehend noch als »vorrangig zu erwerbende Qualifikationen« [Middenford 1991, S. 152] galten, auf die dann fachliche Qualifikationen aufzubauen hätten. In der Diskussion hat dies häufig zu der Auffassung geführt, daß Schlüsselqualifikationen abstrakt, ohne Bezug auf konkrete, d. h. fachliche Inhalte zu vermitteln seien. So wurden Umsetzungskonzepte vorgestellt, die getrennt von jeder Fachqualifikation Schlüsselqualifikationen vermitteln sollten – von MERTENS etwa mit einer Zuordnung [Mertens 1974, S. 41], die sich in folgender Weise tabellarisch darstellen läßt:

Ziel	Konkretisierung	Umsetzungsfach
Kritisches Denken	Argumentations- und Diskussionsfähigkeit	Dialektik
Analytisches Vorgehen	Analytische Verfahrenstechniken	Linguistik, analytische Geometrie, Netzplantechnik
Logisches Denken		Formale Logik

Tabelle 6   Umsetzung von Schlüsselqualifikationen [Grundlage: Mertens 1974]

Vor allem ausgehend von Problemen praktisch arbeitender Berufspädagogen bei der Realisierung von Bildungskonzepten zur Förderung von Schlüsselqualifikationen wurde bald deutlich, daß die unmittelbare Ableitung von Unterrichtsfächern aus den jeweiligen Schlüsselqualifikationen nicht haltbar ist. Die Ausdifferenzierung von übergreifenden Kompetenzen hilft kaum bei »dem unmittelbaren Problem, die Mitarbeiter durch flankierende Schulungsmaßnahmen auf ihre künftigen dispositiven Aufgaben vorzubereiten. Die analytische Trennung verleitet nur dazu, daß solche in analytischen Begrifflichkeiten angesprochene Kompetenzen in Einzelkursen vermittelt werden« [Schlund 1991, S. 85], wie z. B. nachgerade üblich geworden im Bereich des Führungskräftetrainings [vgl. zu Konsequenzen in der betrieblichen Ausbildung: Frackmann 1991].

WITTWER weist darauf hin, daß eine solche Vermittlung notwendig scheitern muß: »Schlüsselqualifikationen sind keine eigenständigen Qualifikationen, die man alleine erwerben und anwenden kann. Sie werden erst bedeutsam durch den Erwerb bzw. bei der Anwendung von Fachqualifikationen« [Wittwer 1989, S. 28]. Schlüsselqualifikationen sollten daher en passant im Prozeß des Erlernens fachspezifischer Inhalte vermittelt werden.

Die Fortführung der wissenschaftlichen Diskussion zum Konzept der Schlüsselqualifikationen galt allerdings weniger ihrer didaktischen Operationalisierung für eine berufs- oder betriebspädagogische Umsetzung, als der weiteren Präzisierung und Differenzierung der

Definitionen von Schlüsselqualifikationen. Diese Präzisierung bezog sich zunehmend weniger auf Probleme der Arbeitsmarktprognostik als auf Anforderungsveränderungen in der Arbeitswelt durch den Einsatz neuer Technologien und neuer Organisationsformen in Richtung auf verstärkte Funktionsintegration und Intellektualisierung [Kern, Schumann 1984, S. 19], und auf daraus folgende neue Zielbestimmungen für die berufliche Bildung [Elbers 1975, S. 28].

Die Kategorisierung von Schlüsselqualifikationen folgt in Abweichung von den von MERTENS entwickelten Typen heute weitgehend der Gliederung in »Sachkompetenz«, »Sozialkompetenz« und »Selbstkompetenz« [vgl. u. a. Reetz 1989, S. 9] oder entsprechend den Formulierungen des Deutschen Bildungsrates in »berufsspezifische Fachkompetenz, übergreifende Methodenkompetenz und Sozialkompetenz«.

Unter diese Kategorien von Schlüsselqualifikationen werden umfangreiche Enumerationen mehr oder weniger differenzierter Einzelqualifikationen und auch tradierter Arbeitstugenden subsumiert. Weder für den Grad der Ausdifferenzierung noch für die Zuordnung sind exakt begründbare Kriterien entwickelt worden; die Diskussion darum erscheint daher ebenso langwierig wie unergiebig.[7]

Das Konzept der Schlüsselqualifikation kann – und wird inzwischen teilweise auch [Reetz 1989; Zabeck 1989; Koch, C. 1992] – wegen seiner mangelhaften theoretischen Fundierung einer Kritik unterzogen. Darüber hinaus kann sich eine inhaltliche Kritik darauf gründen, daß mit diesem Konzept die Verantwortung für die Entsprechung von Bildungsbedarf und individueller Qualifikation einseitig in die Verantwortung des lernenden Individuums gelegt wird.

Tatsächlich erweist sich das Vorhandensein von Qualifikation »immer erst und immer wieder neu in der Beziehung zu konkreten Arbeitsanforderungen, also durch ›Einsetzbarkeit‹ der Person und damit durch Verwertbarkeit ihres Leistungspotentials« [Reetz 1989, S. 4]. Insofern muß es problematisch erscheinen, den relationalen Qualifikationsbegriff gänzlich auf die Seite des Individuums zu beziehen und eine schlüssel-qualifizierte Persönlichkeit zu idealisieren, deren wesentliche Eigenschaft darin besteht, jeder akuten beruflichen Anforderung gerecht werden zu können. In dieser Sicht erscheint der Begriff der Schlüsselqualifikation als teleologisch konstruierte Größe: abstrakte

---

[7] Zur Veranschaulichung der bestehenden Kriterienlosigkeit sei auf eine lange Liste von fachübergreifenden Qualifikationen verwiesen, die BRATER mit betrieblichen Ausbildern in einem Modellversuch zur kaufmännischen Ausbildung am Arbeitsplatz katalogisiert hat. In dieser Liste sind Persönlichkeitsmerkmale, Interessen, abstrakt-fachliche Kenntnisse, Tätigkeiten, Fertigkeiten und Fähigkeiten bunt gemischt [vgl.: Brater, Büchele 1991, S. 284 ff.].

Metaqualifikationen, die alle besonderen Kenntnisse, Fähigkeiten und Fertigkeiten in sich aufheben, müssen gerade in Zeiten schnellen technischen und organisatorischen Wandels in der Arbeitswelt attraktiv erscheinen. Hier drückt sich ein betrieblicher und arbeitsmarktpolitischer Bedarf nach einem Universalarbeiter aus, der über allseitig transferierbare, prozeßunabhängige Qualifikation verfügt, und der dadurch nicht immer neu mit Weiterbildungsleistungen versorgt werden muß. Der Terminus Schlüsselqualifikation durchlief daher »eine Karriere, wie sie selten einem pädagogischen Begriff widerfährt« [Reetz 1989, S. 3]. Nicht nur in der Neuordnung der Metall- und Elektroberufe und in zahllosen Lehrplänen der beruflichen Weiterbildung, sondern auch außerhalb der betrieblichen und beruflichen Bildung wurde der Begriff der Schlüsselqualifikation aufgegriffen und in Curricula eingebracht.

Beschreibungen eines noch so virulenten Bedarfes aber sind kein Ersatz für die Eingrenzung, empirische Untersuchung und theoretische Analyse des Gegenstandes »Schlüsselqualifikation«. Insofern kann ein Versäumnis der Berufs- und Wirtschaftspädagogik festgehalten werden, die das Thema Schlüsselqualifikation eher zurückhaltend aufgearbeitet haben und der Versuchung nicht immer widerstanden, die Sache aus dem Bedürfnis nach ihr zu bestimmen. Einzelne konstruktiv-kritische Anmerkungen [etwa: Boehm et al. 1984, S. 158 f.] gingen unter in der breiten Akzeptanz des Begriffes in der praktisch-pädagogischen Öffentlichkeit.

Dieser pragmatische Bedarf – und nicht Untersuchungen zur Struktur individueller Qualifikationen – ist so der theoretische Ausgangspunkt der meisten Publikationen in diesem Feld. Sie gliedern sich, Ausnahmen ausgenommen, wie folgt:

1. Wegen schnellen Wandels der Arbeitsanforderungen sind übergreifende Qualifikationen notwendig. 2. Diese müssen abstrakt sein und konkrete Qualifikationen als Potentiale beinhalten. Die Realisierung dieser Potentiale muß dem Individuum selbständig gelingen (eine Meta-Meta-Qualifikation!). *3. Fachinhalte bewährter Curricula lassen sich mit Ergänzungen als exemplarische Anwendungen von übergreifenden Qualifikationskategorien verstehen.*

Als allgemeines Verhältnis kann gelten: Um so konkreter Schlüsselqualifikationen auf ihre pädagogische Umsetzung bezogen werden, um so mehr scheinen sie mit Fachqualifikationen zusammenzufallen. Um so mehr sie als abstrakte Kategorien ausgedrückt werden, um so weniger gelingt ihre pädagogische Operationalisierung [vgl. aus schulischer Sicht: Beck 1993]. Viele Curricula behelfen sich in diesem Dilemma, indem sie Schlüsselqualifikationen zwar erwähnen, ihre Verknüpfung mit Lerninhalten aber von vornherein unterlassen, d. h. der Findigkeit des Ausbilders überlassen

[vgl. Reetz 1989, S. 26]. Will man die Notwendigkeit fachübergreifender Weiterbildungsinhalte nicht bezweifeln, zeigt sich an der Schwierigkeit des konzeptionellen Transfers, daß eine eigentliche, analytische Theorie der Schlüsselqualifikation noch fehlt.[8]
Es kann als Mangel des Schlüsselqualifikations-Konzeptes festgehalten werden, daß es eine nur formale Kategorienbildung vornimmt und die Rückführung von Schlüsselqualifikationen auf bestimmbare Lernprozesse unterläßt. Daraus folgt ein unverbundenes Nebeneinander von Fach- und Schlüsselqualifikationen, oder gar ein »Verlust des Fachlichen« [Arnold 1988, S. 87] in vielen Theorien und praktischen Umsetzungen.[9]
Sein Verdienst ist es jedoch gewesen, die Aufmerksamkeit darauf gelenkt zu haben, daß mit der fachlichen Bildung auch Persönlichkeitsbildung erfolgt, und daß diese ein unabdingbares Element beruflicher Aus- und Weiterbildung darstellt. Berufliche Handlungskompetenz wird kaum noch irgendwo allein als Summe aller fachlichen Fähigkeiten und Fertigkeiten beschrieben, sondern darüber hinaus gefaßt als »die Fähigkeit und Bereitschaft des Menschen, in beruflichen Situationen sach- und fachgerecht, persönlich durchdacht und in gesellschaftlicher Verantwortung zu handeln, d. h. anstehende Probleme zielorientiert auf der Basis angeeigneter Handlungsschemata selbständig zu lösen, die gefundenen Lösungen zu bewerten und das Repertoire seiner Handlungsschemata weiterzuentwickeln« [Bader 1990]. Nach BADERS Bestimmung umschließt berufliche Handlungskompetenz die

---

[8] ZABECK hingegen entnimmt den ungelösten Problemen des pädagogischen Transfers, daß »die Vision des Didaktischen Reduktionismus«, die er im Konzept der Schlüsselqualifikationen auffindet, endgültig gescheitert sei, weil die Rückübersetzung elementarer Qualifikationen in komplexe Anwendungssituationen nicht gelingen könne [vgl. Zabeck 1989, S. 79]. Es ist jedoch problematisch, Schlüsselqualifikationen als bloße Vereinfachungen komplexer Qualifikationen aufzufassen. Zumindest dem Anspruch nach sind sie methodischer Zusatz, keine Reduktion fachlicher Qualifikationen. Es ist daher zunächst nach der Natur dieses Zusatzes zu fragen, ehe Fragen der Vermittlung überhaupt diskutiert werden können.

[9] Eine zunächst konsequentere Kritik des Schlüsselqualifikations-Konzeptes trägt KOCH vor: Sie vergleicht das Konzept mit dem pädagogischen Ideal des Nürnberger Trichters. Hier wie dort werde eine grundlegende Identität aller Gegenstände unterstellt, die den Zugriff auf sie mit einem Universalschlüssel ermögliche. Allgemeine Qualifikationen jedoch entsprächen nicht der Disparität der Gegenstände. Mit diesem Argument lehnt sie jedoch nicht, wie vielleicht zu erwarten, das Konzept der Schlüsselqualifikationen insgesamt ab, sondern wendet es konstruktiv an: Zur Vermittlung von Schlüsselqualifikationen seien neue, ganzheitliche Methoden zu entwickeln, die die Einordnung fachlicher Gegenstände in übergeordnete Zusammenhänge und selbständiges Lernen erlauben [vgl. Koch, C., 1992].

Schlüsselqualifikationen Fachkompetenz, Humankompetenz und Sozialkompetenz.

4.2.2. Zum Verhältnis von Schlüsselqualifikationen und arbeitsorientiertem Lernen

MERTENS hat die These formuliert, daß berufliche Qualifikationen um so schneller untauglich werden, je arbeitsplatznäher sie erworben worden sind, genauer, »daß das Obsoleszenztempo von Bildungsinhalten positiv mit ihrer Praxisnähe und negativ mit ihrem Abstraktionsniveau korreliert« [Mertens 1974, S. 39]. Dies würde in letzter Konsequenz bedeuten, daß Schlüsselqualifikationen am Arbeitsplatz nicht erworben werden, sondern dort lediglich fachlich spezialisierte Detailkenntnisse vermittelt werden können. In der neueren Diskussion wird die Entgegensetzung von »hohem Abstraktionsniveau« und »Praxisnähe« nicht mehr in gleicher Weise vertreten. In Anknüpfung an MERTENS wird jedoch vielfach davon ausgegangen, daß arbeitsplatzintegriertes Lernen, aber auch arbeitsplatznahes Lernen, die vorgängige Vermittlung von Schlüsselqualifikationen immer voraussetze, und dabei in besonderem Maße die Vermittlung der Fähigkeit, bestimmte Handlungen jeweils situationsgerecht neu zu aktualisieren. Für Ausbildung und Lernen am Arbeitsplatz bedeutet dies, daß sie nicht mehr »als Beistellehre nach der klassischen Vier-Stufen-Methode (Vorbereiten, Vormachen, Nachahmen, Üben) erfolgen« [Schlottau 1992, S. 40] können. Gefordert sind die im Begriff der Schlüsselqualifikationen zusammengefaßten ganzheitlichen Qualifikationen, die sowohl theorie- als auch praxisbezogene Inhalte sowie fachliche und fachübergreifende Kompetenzen umfassen. Eine besondere Bedeutung erhält dabei die Fähigkeit zum selbständigen Handeln. Schlüsselqualifikationen werden so zur »Grundlage für selbständiges Arbeiten«, sie sind notwendig, um »Elementarqualifikationen und Spezialqualifikationen sinnvoll einsetzen und anwenden zu können« [REFA 1991, S. 264; vgl. auch: IW 1990, S. 132]. Individuen lernen im Prozeß der Aneignung von Schlüsselqualifikationen, »sich mit der Situation handelnd auseinanderzusetzen, sie zu gestalten, zu bewältigen« [Reetz 1989]. Die so erreichte »Handlungsfähigkeit« ist dann gegeben, wenn erlernte Qualifikationen situationsgerecht angewendet werden können, also handlungsorientiert gelernt wurde. Handlungsorientiertes Lernen ist aber nicht gleichzusetzen mit der Form praxisorientierter Ausbildung. Es kann definiert werden als die »kognitive Steuerung von Arbeitstätigkeiten [...], die systematisch angeleitet und gefördert werden« [Koch, J., 1992 a, S. 80].

Auf der anderen Seite läßt sich aber auch die These formulieren, daß Schlüsselqualifikationen weniger eine Voraussetzung des Lernen am Arbeitsplatz seien, als sie erst durch diese Art von Lernen gebildet würden:

»Im Zusammenhang mit der Entwicklung von neuen Techniken wird immer wieder die Bedeutung der außerfachlichen und extrafunktionalen Qualifikationen betont, deren Förderung zur Bewältigung der gestiegenen Verhaltensanforderungen unerläßlich sei. Diese Fähigkeiten lassen sich nicht kurzfristig in Kursen entwickeln. Sie müssen vielmehr langfristig im Vollzug der betrieblichen Aufgaben ausgebildet werden.« [Göbel, Schlaffke 1987, S. 54]

»Schlüsselqualifikationen wie Systemdenken und Zusammenhangsverständnis werden [...] im realen Arbeitshandeln erworben.« [Dehnbostel 1993 a, S. 4; vgl. auch: Herz et al. 1990]

Die Diskussion darum, ob die Entwicklung von Schlüsselqualifikationen eine Voraussetzung oder eine Folge des Lernens im Arbeitsprozeß sind, zeigt, daß eine Differenzierung des Begriffs »Schlüsselqualifikation« aus der Perspektive von Konzepten arbeitsplatznahen Lernens notwendig ist.

Einerseits kann die These vertreten werden, daß alle jene Metaqualifikationen, die zum selbständigen Lernen befähigen, gegeben sein müssen, wenn im Arbeitsprozeß gelernt werden soll. Fähigkeiten, wie sie bei Brater, Büchele unter »Erkenntnis- und Denkleistungen« aufgezählt sind, mögen durch erfolgreiches Lernen noch verstärkt werden; sie sind jedoch nicht durch Lernen am Arbeitsplatz initiierbar, weil sie vorausgesetztes Mittel der Strukturierung von Erfahrungen sind. Neben rein lernmethodischen Kompetenzen werden auch arbeitsorganisatorische Kompetenzen Voraussetzung sein, um eine doppelte Zielsetzung, Lernen und Arbeiten, koordiniert verfolgen zu können. Es ist auch keineswegs offenkundig, daß »Systemdenken und Zusammenhangsverständnis« erst im Arbeitsprozeß erworben werden«, wie Dehnbostel annimmt. Zumindest die Bereitschaft und Fähigkeit zum geistigen Nachvollzug von Vernetzungen und Abhängigkeiten scheint eher Voraussetzung als Wirkung arbeitsplatznahen Lernens zu sein. Solange das Blickfeld der Lernenden sich auf den partikularen Arbeitsplatz begrenzt, kann nicht erwartet werden, daß Lernprozesse stattfinden, die die Zusammenhänge der eigenen Arbeit erschließen.

Andererseits erscheint evident, daß alle Schlüsselqualifikationen, die den sozialen Bereich betreffen, nur in sozialen, interaktiven Prozessen erworben werden können, das heißt in bezug auf berufliche Sozialkompetenzen: durch Lernen im interaktiven Arbeitsprozeß.

Es ist festzustellen, daß verallgemeinernde Schlußfolgerungen über das Voraussetzungsverhältnis von arbeitsplatznahem Lernen und

Schlüsselqualifikationen nur in bezug auf einzelne, genau bestimmte fachübergreifende Qualifikationen gezogen werden können, und auch da nur unter Berücksichtigung der objektiven Ausgestaltung von Arbeitsplätzen, die zur Förderung von Schlüsselqualifikationen keineswegs immer beitragen.

Als Instrumentarium zur weiteren Untersuchung von intentionalen Lernprozessen am Arbeitsplatz taugen Konzepte zu Schlüsselqualifikationen insofern nur sehr bedingt. Sie begründen die Erweiterung der Perspektive über die arbeitsplatznahe Vermittlung bloß fachlicher Anwendungskenntnisse hinaus und weisen damit dem Lernen am Arbeitsplatz einen berufspädagogisch beachtenswerten Rang zu; sie helfen jedoch wenig bei der Analyse des Vermittlungsprozesses und der Beschreibung seiner Voraussetzungen.

4.3. Handlungsregulationstheorie

4.3.1. Theoretische Grundlagen

Mit der Entwicklung selbständigen Handelns im Prozeß des arbeitsorientierten Lernens beschäftigen sich Handlungstheorien aus dem Bereich der pädagogischen Psychologie. Grundlegende Konzepte dazu sind in arbeitspychologischen Instituten der ehemaligen DDR bereits zu Beginn der siebziger Jahre zur Effektivierung der Aus- und Weiterbildung von Facharbeitern in gewerblich-technischen Berufen entwickelt worden. Aufbauend auf der Beobachtung und Analyse von Handlungsabläufen von Produktionsfacharbeitern [Skell 1972] wurden kognitive Trainingsverfahren entwickelt, erprobt und in der betrieblichen Praxis eingesetzt [Rühle et al. 1980]. Die auf Grundlage von Arbeiten der sowjetischen Psychologie [Rubinstein 1964] in Verbindung mit Ansätzen der amerikanischen Kognitionspsychologie [Miller et al. 1960] vor allem von HACKER und SKELL in der DDR begründete *Handlungsregulationstheorie* hat allerdings nicht nur Anwendungen in der beruflichen Bildung gefunden, sondern auch die berufspädagogische Theorie der siebziger Jahre in der Bundesrepublik beeinflußt.

Die relativ bruchlose Übernahme und Fortentwicklung von Ansätzen der Arbeitspsychologie der ehemaligen DDR in der bundesdeutschen Berufspädagogik weist einmal mehr darauf hin, daß die Umfeldbedingungen der Arbeitswelt und des beruflichen Lernens am Arbeitsplatz weniger durch grundlegende Differenzen der gesellschaftlichen Systeme affiziert sind als vielmehr Identitäten aus der Eigenart industrieller

Arbeitsprozesse heraus bestehen. Zwar tritt die Handlungsregulations-theorie in Gegensatz zu tayloristisch orientierten Ansätzen der Arbeits-psychologie, begründet diesen Gegensatz jedoch vor allem damit, daß der Taylorismus den technologisch induzierten Veränderungen der Arbeitsplätze nicht mehr gerecht wird:

»Generell muß festgestellt werden, daß die Arbeitspsychologie zur Frage der Arbeitsveränderungen im ›technischen Wandel‹ schweigt. [...] Die bestehende Arbeitswissenschaft scheint so sehr ein Kind des Taylorismus, daß sie langfristig ihre Fähigkeit verlieren dürfte, ›technische Lösungen‹ für Fragen der betrieblichen Praxis anbieten zu können.« [Volpert 1973 a, S. 240]

Auch wenn die Handlungsregulationstheorie auf den Abbau restriktiver Arbeitssituationen und partialisierter Handlungssysteme drängt [Volpert 1973b], ließen ihre Vertreter sowohl aus der Bundesrepublik wie aus der ehemaligen DDR doch außerhalb der jeweiligen Vorworte ihrer Veröffentlichungen weitgehend offen, ob bzw. welche Veränderungen des gesellschaftlichen Systems für diesen Abbau notwendig sind [vgl. Hoyos 1974, S. 14].

Trotz ihrer Kritik an affirmativen Praktizismen herkömmlicher Arbeitspsychologie haben die Vertreter der Handlungsregulationstheorie stets Wert auf deren Anwendbarkeit in der betrieblichen Arbeitswelt gelegt und daher die Theorie entlang einer ganzen Reihe von Modellversuchen zum Lernen im Betrieb fortentwickelt:

☐ In der DDR wurden eingehende Untersuchungen von Fallbeispielen vornehmlich aus dem Bereich einfacher industrieller Produktions- und Montagearbeiten vorgenommen: so etwa über »Denkleistungen bei der Planung und praktischen Durchführung von Produktionsarbeiten in der Berufsausbildung«, über »intellektuelle Prozesse in ihrem Einfluß auf die Genese von Tätigkeitsstrukturen – dargestellt am Beispiel der Fertigung von Drehteilen« oder über das »Erlernen motorischer Arbeitshandlungen auf der Grundlage von Sprechimpulsen – dargestellt an einer Anlernmethodik für das Aufstecken von Kuoxamseide in einem Kunstseidenwerk« [Skell 1972].

☐ VOLPERT hat in der Bundesrepublik auf Grundlage der Handlungsregulationstheorie Methoden der Handlungsstrukturanalyse entwickelt, die als Voraussetzungen für die Erstellung von Qualifikationskonzepten dienen können [Volpert 1974], und hat diese Methoden später im Arbeitsanalyseverfahren VERA in bezug auf Produktionsarbeiten operationalisiert.

☐ Einen Schwerpunkt fanden Anwendungen der Handlungsregulationstheorie in Westdeutschland insbesondere bei empirischen Forschungen über gewerbliche Frauenarbeitsplätze [Lappe 1981; Moldaschl 1991] sowie in Analysen des SOFI, Göttingen, zum Verhältnis von Produktion und Qualifikation [Mickler et al. 1977]. Im Rahmen von Längsschnittuntersuchungen des Max-Planck-Instituts für Bildungsforschung wurde die Bedeutung von Lern- und Arbeitsprozessen für die Persönlichkeitsentwicklung junger Facharbeiter untersucht und wurden Konzepte sprachgestützten Lernens auf Basis der Handlungsregulationstheorie entwickelt [vgl. Hoff et al. 1982; Hoff et al. 1991]. In neuerer Zeit ist eine starke Belebung des Interesses an der Handlungsregulationstheorie zu beobachten – dieser Ansatz gehört zu den wenigen, die die »Abwicklung« der Wissenschaft der DDR überlebt haben; er erfährt sogar neue Anwendungen und Erweiterungen.

Die Handlungsregulationstheorie eignet sich als theoretische Grundlage berufspädagogischer Konzepte insofern gut, als ihr Gegenstand die Entwicklung von Handlungskompetenz und ihr Ausgangspunkt die einzelne praktische Handlung selbst ist.

Zunächst können als Axiome der Theorie folgende Begriffe vom Handeln festgehalten werden [vgl. mit anderer Akzentsetzung auch: Höpfner 1992]:

☐ In seiner Tätigkeit setzt sich der Mensch mit der Umwelt auseinander, die er nach seinen Zielen verändert. Das zielgerichtete Handeln ist daher der elementare Gegenstand der Analyse der menschlichen Psyche.

☐ Der Mensch wirkt durch sein Handeln auf seine Umgebung ein und verändert sie. Diesen Veränderungen muß er sich durch kontinuierlich angepaßtes Handeln immer wieder neu stellen.

☐ Handeln ist in gesellschaftliche Zusammenhänge eingebunden. Es ist weder allein durch Denken des handelnden Subjekts noch durch sein Reagieren auf äußere Sachbedingungen bestimmt.

☐ Handlungen sind hierarchisch-sequentiell organisiert und daher nicht nur in ihren Einzelelementen, sondern auch als Prozeß zu verstehen. Einzelne Handlungen lassen sich immer als Teile größerer Handlungsgefüge bestimmen.

Der Gegenstand der Untersuchung der Handlungsregulationstheorie ist zunächst die einzelne Handlung in der Arbeitstätigkeit, die als Einheit von Wahrnehmung, gedanklicher Verarbeitung und motorischer Verrichtung aufgefaßt wird. Partikulare Handlungen sind voneinander durch ihre je verschiedenen *Ziele* abgrenzbar; als Ziel gilt das prospektive Ergebnis der Handlung. Die bewußte Vorstellung des Resultats der Handlung ist dieser damit vorausgesetzt.

SKELL unterscheidet bei Arbeitshandlungen deren *zyklische Vollständigkeit* von ihrer *hierarchischen Vollständigkeit* [vgl. Skell 1993, S. 261 f.]. Die zyklische Vollständigkeit ist gegeben, wenn Planen, Durchführen und Kontrollieren als Elemente der Handlung selbst zusammengeführt sind und nicht etwa in der betrieblichen Arbeitsteilung auf verschiedene Positionen aufgegliedert sind, so daß manuellmotorische Tätigkeiten auf der einen Seite Funktionen der »Kopfarbeit« und der kontrollierenden Aufsicht auf der anderen Seite gegenüberstehen. Der Begriff der hierarchischen Vollständigkeit bezieht sich darauf, daß verschiedene psychische Regulationsebenen, die aufeinander aufbauen, aktiviert werden.

Im Vollzug wird die Handlung auf ihr Ziel hin kontinuierlich reguliert. Über die Bildung von Zielen und untergliederten Teilzielen finden Abstimmungsprozesse während der Planung, Ausführung und Ergebniskontrolle einer Handlung statt. Die Handlung wird als Vergleichs-Veränderungs-Rückkopplungs-Einheit *(VVR-Einheit)* [Hacker 1973] gefaßt. Abstimmungen beziehen sich auf alle Dimensionen der Handlung; es werden hier die *sensumotorische Ebene,* die *perzeptiv-begriffliche Ebene* und die *intellektuelle Ebene* unterschieden [Hacker 1973; Aebli 1980, S. 26].

Im Unterschied zu Ansätzen der amerikanischen Kognitionspsychologie wird von einer hierarchisch-sequentiellen Verkettung einzelner Handlungseinheiten ausgegangen. Anders als im kybernetischen TOTE-Modell (Test-Operation-Test-Exit) von MILLER, GALANTER und PRIBRAM [Miller et al. 1960] muß damit das Handlungsergebnis bei Beginn einer Handlungssequenz nicht feststehen.

Die Pole des Handlungsregulationsprozesses bestehen zum einen in der Vorstellung bzw. Wahrnehmung und der gedanklichen Verarbeitung der geplanten oder gerade vollzogenen Handlung und zum anderen in »operativen Abbildsystemen (OAS)« [Hacker 1973, S. 92] – Gedächtnisrepräsentationen des Arbeitsprozesses, die in der Tradition konstruktivistischer Lerntheorien beschrieben werden. Operative Abbildsysteme dienen zuerst der gedanklichen Vorbereitung einer Handlung durch *Probehandeln* und dann der simultanen Regulation der Handlung während ihrer tatsächlichen Ausführung. Am vorgängigen Abbild der Handlung ist die wirkliche Handlung orientiert.

HACKER gibt das Beispiel eines Anlagenbedieners in einem Industriebetrieb: Dieser »weiß um die in der Anlage ablaufenden Prozesse, hat Vorstellungen vom Aufbau der inneren, dem Blick unzugänglichen Teile der Anlage, er kennt zahlreiche Signale, die ihm eingriffsrelevante Zustände des Prozesses anzeigen, er verfügt über die erforderlichen Maßnahmen, erkennt mögliche Folgezustände bestimmter Handlungen, ihre Bedingungen, Zeitparameter sowie Eintrittswahrscheinlich-

keiten – kurzum, er hat ein mehr oder weniger differenziertes, an-
schaulich-vorstellungsmäßiges oder abstrakt-gedankliches, klar be-
wußtes und verbalisierbares oder randbewußt und sprachfern gegebe-
nes Bild von den Zuständen und von den Verläufen der Anlage, seinem
Arbeitsprozeß und den Rahmenbedingungen« [Hacker 1973, S. 93].
An diesem Bild richtet der Anlagenbediener sein Handeln aus, und dieses Bild korrigiert, variiert und ergänzt er nach seinen Interpretationen
der tatsächlichen Ergebnisse seines Handelns.

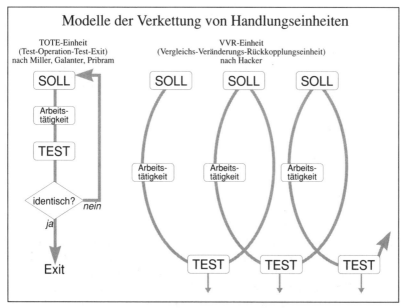

Grafik 7   Verkettung von Handlungseinheiten im TOTE- und im
VVR-Modell [nach: BIBB 1991, I, S. 35 f.]

Die operativen Abbildsysteme lassen sich verallgemeinernd wie folgt
beschreiben:

☐ Sie sind schematisch und sehen vom jeweils Besonderen und Aktuellen einer Handlung und ihrer Begleitumstände ab. Sie vereinfachen die Handlung auf ihre essentiellen Bestandteile [Hacker 1973,
S. 94].

☐ Nur diejenigen Umfeldbedingungen werden in das Abbildsystem
aufgenommen, die für den Erfolg der Arbeitshandlung von Bedeutung sind.

☐ Aus den Erfahrungen aus bisherigen Handlungen werden Regeln in bezug auf zukünftige Handlungen abgeleitet, die das Abbildsystem fortlaufend neu formen – es entstehen Hypothesen und Erwartungen über zukünftige Zustände von Arbeitsergebnissen und -bedingungen; die Abbildsysteme sind nicht im Sinne von Widerspiegelungstheorien zu fassen, sondern als dynamische Elemente im Handlungsprozeß.

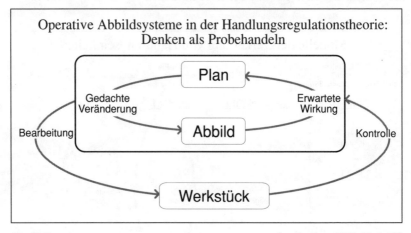

Operative Abbildsysteme in der Handlungsregulationstheorie:
Denken als Probehandeln

Grafik 8   [nach: BIBB 1991, II, S. 70]

Auf die Bedeutung der Verbalisierung der Abbildsysteme nicht nur für die Verständigung mehrerer Handelnder, sondern auch als Grundlage für Lernprozesse ist vielfach hingewiesen worden [Hacker 1973, S. 162 und S. 188; Witzgall, Wöcherl 1989, S. 27; Hacker, Skell 1993, S. 272 ff.]. Die Verbalisierung gilt der Handlungsregulationstheorie in der Tradition der sowjetischen Tätigkeitspsychologie als Mittel der Bewußtmachung handlungsbedeutsamer Sachverhalte und ihrer Abstraktion von belanglosen Umfeldbedingungen. Sie beugt einer vorschnellen psychologischen Automatisierung von Handlungssequenzen vor. Vergleichende Untersuchungen ergaben, daß »mit verstärkter Beteiligung des inneren Sprechens im Falle von Arbeitsproblemen [..] die Zuverlässigkeit der Arbeitsbewältigung [ansteigt]« [Hacker 1973, S. 184]. Die (innere) Verbalisierung von Handlungen bzw. Abbildsystemen ist jedoch zum Vollzug einer Handlung in der Regel nicht notwendig. Die Fähigkeit und Bereitschaft zum inneren Sprechen ist daher in Lernprozessen in besonderer Weise zu fördern, wenn auf die damit ermöglichte Intellektualisierung von Handlungsfolgen Wert gelegt wird. LAPPE verweist in diesem Zusammenhang darauf, daß gerade bei an- und ungelernten Produktionsarbeitern beobachtet werden kann, daß sie Erklärungen ihrer Tätigkeit auf Zeigehandlungen und sehr verkürzte Hinweise beschränken, was Lernprozesse bei neuen Anforderungen und Störfällen stark behindert [Lappe 1992, S. 24]. Die Regulationsvorgänge variieren nach den Handlungselementen, auf die sie sich beziehen:

☐ Auf der *sensumotorischen Ebene* werden Handlungen durch bewegungsorientierende Abbilder gelenkt. Diese müssen nicht unbedingt ins Bewußtsein der Handelnden gelangen – sie tun es in der Regel nur, wenn sich nicht regulierbare Abweichungen von Abbild und tatsächlicher motorischer Handlung ergeben.

☐ Wahrnehmungen und Vorstellungen, in verschiedenem Maße gedanklich verarbeitet, bilden das Regulativ auf der *perzeptivbegrifflichen Regulationsebene*. Operationsfolgen werden hier situationsgerecht modifiziert; eine bewußte Wahrnehmung situativer Besonderheiten ist daher Voraussetzung.

☐ Die oberste und immer klar bewußte Ebene der Handlungsregulation bildet die *intellektuelle Regulation*. Durch intellektuelle Analyse entstehen verbalisierbare und komplexe begriffliche Abbildsysteme. Die intellektuelle Regulation verlangt den Handelnden Beurteilungen und Entscheidungen ab. Kognitive Leistungen bestehen hier in der Verarbeitung handlungregulativer Signale zur Beurteilung von Arbeitsprozessen und deren Resultaten. Sie erlauben Entscheidungen zur Ermittlung der zweckmäßigsten Arbeitsalternativen (Verfahrenswahl) und zur individuellen Organisation und Planung der Tätigkeit. Zentrales Element der intellektuellen Regulation ist das Entscheidungsverhalten der Handelnden an den Stellen des Arbeitsprozesses, die eine individuelle Verfahrenswahl ermöglichen [Hacker 1973, S. 234].

Eine noch darüber hinausgehende Differenzierung der Handlungsebenen mit jeweils entsprechenden Regulationsvorgängen hat VOLPERT mit seinem *5-Ebenen-Modell der Regulationserfordernisse* vorgenommen [Volpert 1983]. Diese Ebenen werden durch Typen von Handlungen gebildet, die jeweils verschiedene Regulationsanforderungen an den Handelnden stellen: In loser Anlehnung an eine Systematisierung von MOLDASCHL und WEBER [Moldaschl, Weber 1986] können diese Typen wie in Tabelle 7 auf S. 86/87 dargestellt charakterisiert werden. VOLPERT betont, daß die Abgrenzung der Ebenen der begrifflichen Bestimmung dient. In wirklichen Handlungen geschehen Veränderungen der Ziele, das Fallenlassen von Zielen, Sprünge in der Wahl der Mittel oder im zeitlichen Fortgang von Handlungen; die typisierten Handlungshierarchien (bei VOLPERT: »zyklische Einheiten«) werden keineswegs notwendig in der dargestellten Linearität eingehalten.

Ebene #	Regulation	Merkmale
1	Sensumotorische Regulation (Handlungsausführung)	**Einzelbewegung oder Bewegungssequenz** Bewußte Auslösung, nach Habitualisierung automatischer Ablauf, bewußte Wahrnehmung des Handlungsergebnisses. Variationen des Umfelds können nur in begrenztem Umfang in den Ablauf aufgenommen werden; sonst Übergang zu Ebene 2.
2	Handlungsplanung	**Neuartige Verknüpfung von Bewegungssequenzen nach Ebene 1** Vor Beginn der physischen Handlung antizipatorische Planung: Verknüpfungsmöglichkeiten von Bewegungssequenzen werden geistig erprobt, und eine zielgemäß erscheinende Variante wird ausgewählt. In der Planungsphase ist die Handlung bis hin zu Zielerreichung festlegbar; dazwischentretende Umstände werden nicht erwartet; sonst Übergang zu Ebene 3.
3	Teilzielplanung	**Komplexere Handlung, die eine Untergliederung in Teilziele und Teilhandlungen erfordert** Die Handlung wird nicht detailliert geplant, sondern zunächst in Teilziele abnehmender Konkretheit zerlegt. Für das erste zu erreichende Teilziel wird ein Handlungsprogramm nach Ebene 2, Handlungsplanung, erstellt. Während der Ausführung der Teilhandlung werden darauf folgende Teilziele einer Korrektur durch die Umstände und Ergebnisse vorhergehender Teilhandlungen unterworfen. Dies wiederholt sich bis zur Erreichung des Ziels der Gesamthandlung [vgl. näher Dunckel 1986, S. 541, zum Verhältnis von Teilziel und Gesamtziel]. Die Teilziele der Ebene 3 hängen direkt und linear voneinander ab; sonst Übergang zu Ebene 4.

Ebene #	Regulation	Merkmale
4	Bereichsplanung	**Koordination mehrerer Handlungsbereiche**
		Handlungen werden von mehreren Handlungsbereichen affiziert, wenn ihre Teilziele bzw. Teilhandlungen nicht unmittelbar auseinander folgen. Umgekehrt bedeutet das: Die Handlungsbereiche selbst haben unterschiedliche Gesamtziele. Wenn in einer Handlung verschiedene und möglicherweise auseinanderstrebende Gesamtziele berücksichtigt werden müssen, sind Koordinationsleistungen erforderlich, die sich nicht aus den Teilhandlungen ergeben. (Als Beispiel kann dienen: die Tätigkeit eines Instandhalters, dessen Reparaturen Konsequenzen für die Fertigung haben und vice versa [vgl. Moldaschl, Weber 1986].)
		Der Koordinierung sind festgefügte Handlungsbereiche jedoch vorausgesetzt; sonst Übergang zu Ebene 5.
5	Erschließungs-planung	**Schaffung neuer Handlungsbereiche**
		Das Gesamtziel der Handlung ist zu Beginn der Handlungsplanung noch nicht festgelegt. Es bestehen noch diffuse Zielvorstellungen, die erst durch Schaffung und Erprobung neuer Handlungsmöglichkeiten konkretisiert werden. Durch das antizipatorische Erproben von Teilzielplanungen werden neue Handlungsschemata entwickelt. In industriellen Arbeitsprozessen selbst ist diese Handlungsebene kaum anzutreffen. Meist ist sie noch jenseits der Arbeitsvorbereitung ausgelagert in Bereiche arbeitstechnologischer und -organisatorischer Entwicklung.

Tabelle 7   Ebenen der Handlungsregulation [nach: Volpert 1983]

4.3.2. Die Handlungsregulationstheorie als Modell für intentionale Formen arbeitsplatznahen Lernens

Die dargestellten Modelle der Handlungsregulation beziehen sich auf Handeln und Lernen schlechthin; sie grenzen ihren Gegenstand keineswegs auf Arbeits- und Lernprozesse in Berufsbildung und Betrieb ein, gleichwohl man ihnen ihre Herkunft aus diesem Bereich durchaus anmerkt. SKELL, wie andere, bezieht die Handlungsregulationstheorie auch auf produktionsferne Bereiche (etwa Sport, künstlerische Tätigkeiten, Sprachenlernen und Gebrauch von Fremdsprachen) [Skell 1992]; RESCH wendet sie sogar auf geistige Tätigkeiten an, die er als »Planung für andere« faßt [Resch 1988, S. 16], und bei denen er deshalb gerade den auch dort auffindbaren, aber kaum wesentlichen Elementen unmittelbar praktischen Handelns (z. B. Schreiben von Notizen, Bedienung von EDV-Geräten) besondere Bedeutung beimißt.

Die Bemühungen um eine nachträgliche Universalisierung der Handlungsregulationstheorie über den Bereich des produktiven Arbeitshandelns hinaus, die nicht zuletzt dem akademischen Geltungsbeweis ihrer Grundannahmen zur Natur des Handelns dienen, mögen teilweise mit Analogieverfahren hergeholt erscheinen. Sie mindern jedoch nicht den Wert der Handlungsregulationstheorie als Modell für das Verhältnis von Arbeiten und Lernen. Hier hat sie sich als taugliche Grundlage für eine Vielzahl von praktisch-didaktischen Konzepten und methodischen Kriterien für Lernprozesse im Betrieb erwiesen.

Diese Tauglichkeit ist vor allem darin begründet, daß die Handlungsregulationstheorie nicht, wie viele ihrer Vorgänger, das Verhältnis von Arbeiten und Lernen nur zu einem Moment des psychischen oder beobachtbar-praktischen Geschehens hin auflösen, wie das – der Name ist jeweils Programm – die Motivations-, Wahrnehmungs- oder Denkpsychologie bzw. behavioristische Ansätze tun, welche sich nur auf das äußere, beobachtbare, und damit zum *Verhalten* gewordene Handeln beziehen. Auch wenn die Integration von Teilaspekten des Handelns in der Handlungsregulationstheorie noch nicht in theoretisch konsistenter und geschlossener Form vorliegt und ihr Bezug auf Phänomene außerhalb der Arbeitswelt nicht immer gelungen erscheint, bietet sie doch am ehesten Grundlagen für praktische betriebspädagogische Umsetzungen:

»Theoretische Ansätze, die einzelne Teilaspekte des psychischen Geschehens herausheben und verabsolutieren wie behavioristische Theorien [...] oder introspektionistisch/mentalistische (die sich nur auf die inneren, geistigen Vorgänge beziehen und das tatsächliche Verhalten, das Tätigsein, vernachlässigen) werden in ihrer Unzulänglichkeit deutlich. Handlungstheoretische Konzepte versprechen hier eine Inte-

gration. Sie versuchen, sowohl die Kluft zwischen Denken und Handeln zu überwinden als auch Teilaspekte des psychischen Geschehens (z. B. Denken, Fühlen, Verhalten usw.) zu verbinden.« [Dunckel 1986, S. 535] Die Mehrzahl der *kritischen Stellungnahmen* zur Handlungsregulationstheorie hält dieser entgegen, womit sie sich *nicht* befaßt. So wird darauf hingewiesen, daß innerhalb des Modells der Handlungsregulation unterschiedliche individuelle Lernvoraussetzungen oder mangelhafte Lernpotentiale ökonomisch rationalisierter Arbeitsplätze keine Beachtung finden würden [vgl. Klein 1992] und daß Momente des Interesses, der Motivation oder des Lernhabitus ausgeklammert würden [vgl. Frackmann 1992, S. 44].
In der Tat behandelt die Handlungsregulationstheorie nur den Lernprozeß selbst, und nicht dessen Voraussetzungen. Es lassen sich jedoch eine Reihe von Schlußfolgerungen auf die Beschaffenheit von lernfreundlichen Arbeitsplätzen aus den Modellen des Handlungslernens ableiten [vgl. Hacker 1973:»Zehn Leitsätze«; und: Schelten 1991 a, S. 62 f.]; insofern erscheint die Kritik, die wirklichen Arbeitsplätze würden zuwenig auf ihre Lerneignung untersucht, unangemessen: Die Theorie bietet gerade hier Kriterien und Instrumente auch zur kritischen Sichtung der Arbeitswelt an.
Schwerer wiegt, daß die Handlungsregulationstheorie von individuellen Lernvoraussetzungen absieht. Diese spielen bereits auf der kognitiven Ebene eine entscheidende Rolle:»Falsche Abbilder der Realität, fehlende Kenntnisse über fehlende Vorsignale oder allgemein ein unzureichendes Wissen über die handlungsbezogenen Bedingungen und Konsequenzen [...] haben zur Folge, daß das Individuum selbst keine optimalen Regulationsstrukturen und Aktionsprogramme entwickeln kann« [Greif 1983, S. 165]. Auf dieser Ebene sind sie – ähnlich wie objektive Lernbedingungen – noch innerhalb des Modells der Handlungsregulation zu erfassen. Die Handlungsregulationstheorie abstrahiert jedoch von vornherein davon, wie es zu Bildung von Handlungszielen kommt. Sie setzt definierte Ziele voraus und befaßt sich mit der»Ausführungsregulation« zur Erreichung dieser Ziele. Soweit sie sich überhaupt mit Quellen der Lernmotivation befaßt, findet sie diese nur in den Arbeitätigkeiten selbst auf:»Lernmotive sind keine unerläßlichen Voraussetzungen, die vor allem Lernen zunächst einmal gegeben sein müßten! Die unerläßliche Voraussetzung für ein erfolgreiches Lernen sind vielmehr anspruchsvolle, vollständige Tätigkeiten mit eigenem Motivationspotential. [...] Die Gesamtheit aller wirksamen Motive bildet sich in der Tätigkeit« [Hacker, Skell 1993, S. 188 f.]. Weil die Handlungsregulationstheorie Fragen der Zielbildung ausgrenzt, kann sie auch nicht verfolgen, ob verschiedene Gründe der

Zielbildung und daraus folgende Motivationsstrukturen wesentliche Wirkungen auf die Regulation bei der Ausführung einer Handlung haben. Zahlreiche Untersuchungen der Betriebssoziologie belegen, daß die mangelhafte Ausführung von Tätigkeiten keineswegs nur aus pädagogisch behebbaren Fehlern der Handlungsregulation herrühren kann, sondern ebenso aus motivationalen Wirkungen fremdbestimmter Arbeit [Kern, Schumann 1984; Stahl 1984; vgl. auch: Baitsch, Frei 1980, S. 42]. Ohne Berücksichtigung der individuellen Zugänge zum beruflichen Lernen folgt aus der Handlungsregulationstheorie eine »Rückkehr zur reinen Ausbildungsmethodik« [Hentke 1989]. Eine interessante Verknüpfung zur Behebung dieses Mangels könnte hier auch mit Habitualisierungskonzepten hergestellt werden, wie sie u. a. BOURDIEU formuliert hat. Auch in diesen Konzepten ist das Handeln der Individuen Ausgangspunkt; es wird jedoch nicht allein auf die Bildung kognitiver Erklärungsmuster bezogen, sondern auf die Generierung einer »Handlungsgrammatik«, die auch Persönlichkeit, Geschmack, Gewohnheiten, Interessen etc. beinhaltet. Der Begriff des dritten oder beruflichen Habitus bei BOURDIEU kann so als individuelle Widerspiegelung betrieblicher, beruflicher oder allgemein lebensweltlicher Kultur verstanden werden [vgl. Bourdieu 1982], und so als Erweiterung des Begriffs der operativen Abbildsysteme dazu beitragen, die Reichweite der Handlungsregulationstheorie auf Habitus, Interesse und Motivation der Arbeitenden auszudehnen. In diesem Zusammenhang hat KÖSEL erste Konzepte zu einer ganzheitlichen Lernkultur am Arbeitsplatz entwickelt [Kösel 1991, S. 175 f.], und FRACKMANN forschungsstrategische Vorüberlegungen angestellt [Frackmann 1992, S. 44]. Die Einbeziehung von Ergebnissen der Habitualisierungstheorie erscheint auch interessant, weil erst sie einen pädagogisch angemessenen Umgang mit unterschiedlichen individuellbiografischen und sozialen Dispositionen der Lernenden eröffnet [vgl. in bezug auf die Allgemeine Pädagogik: Liebau 1987, S. 144 ff.]. Solange handlungsorientierte Konzepte der betrieblichen Weiterbildung Lern- und Arbeitsprozesse verknüpfen wollen, dabei aber den Umgang mit interindividuell verschiedenen Zugängen zum Lernen und Arbeiten aus ihrem Bereich ausklammern, werden ihre Erfolge notwendig begrenzt sein – und wird eine Renaissance von Begabungstheorien zur beruflichen Bildung eine bloß technische Methodenlehre ergänzen.

Auch die der Theorie immanente enge Verknüpfung von Denkprozessen und Arbeitstätigkeit wird einer Kritik unterzogen. So sieht HÖPFNER das Verhältnis von Denken und Handeln dadurch unzulässig eingeschränkt, daß Denken in der Handlungsregulationstheorie nur der Vorbereitung von Handlungen dient [vgl. Höpfner 1991]. Ein Begriff gilt ausschließlich »als Werkzeug und Abkömmling des Handelns«

[Aebli 1980, S. 97]. Neben dem Problem, daß Lernprozesse, die den individuellen Handlungsraum nicht unmittelbar betreffen – etwa Bereiche der politischen und gesellschaftlichen Bildung oder der Umweltbildung – mit den Kategorien der Handlungsregulation nicht zu beschreiben sind, stellt sich das allgemeinere Problem, daß verborgene Zusammenhänge eines Gegenstandes durch an Handeln geknüpftes Denken allein überhaupt nicht erschließbar sind. Dieser Einwand aber entwertet das Modell der Handlungsregulationstheorie nicht, sondern weist ihm seinen Platz im System der Lerntheorien zu: nicht als Modell des Lernens per se, oder des in Schule und Universität üblichen Lernens, sondern als *Modell des Lernens in Arbeitsprozessen.*

Mit der Technologisierung der Produktion und der Verringerung unmittelbar manueller zugunsten steuernder Tätigkeiten im Produktionsprozeß gewinnt die Handlungsregulationstheorie an Bedeutung: Sie stellt betriebliches Lernen in der Produktion weniger in den Zusammenhang bewegungsorientierter als kognitiv orientierter Tätigkeiten. Sie befaßt sich damit mit einer *Voraussetzung* der Erstellung von Lernkonzepten für den Arbeitsplatz. Die Untersuchung von Denk- und Handlungsstrukturen in der Arbeitstätigkeit geht der Entwicklung von Lernverfahren am Arbeitsplatz voraus.

Als allgemeine Konsequenz für betriebspädagogische Konzepte läßt sich aus dem Modell der Handlungsregulation ableiten: Weder ist das nur praktische Tun im Sinne eines motorischen Trainings noch das nur intellektuelle Verstehen in Maßnahmen arbeitsplatznaher Weiterbildung zu fördern. Die Kombination, die Ausführung einer Handlung mitsamt ihrer geistigen Durchdringung, ist das Mittel arbeitsorientierter praktischer Betriebspädagogik. Daraus lassen sich erste Folgerungen für die Eingrenzung anwendbarer *Methoden* ziehen: rein lehrgangsförmige Weiterbildungsverfahren und Formen des bloßen Vormachens/Nachmachens oder des Arbeitsdrills werden in der Regel für die Anforderungen moderner, funktionsintegrierter Arbeitsplätze nicht ausreichend vorbereiten. Es sind Weiterbildungsmethoden erforderlich, die praktisches Handeln und kognitives Verstehen am Arbeitsplatz integrieren.

4.4. Zusammenfassung

Lernmodelle der *Handlungsregulationstheorie* können sowohl als theoretisches Instrument bei der Erstellung von Konzepten arbeitsplatznahen Lernens dienen wie auch als Maßstab bei der Beurteilung der Lerneignung gegebener Arbeitsplätze. Die Theorie ist vor allem im

Hinblick auf industrielle Produktionstätigkeiten in vielen Anwendungen ausreichend operationalisiert und differenziert worden, um auch praktisch wirkenden Betriebspädagogen als Hilfsmittel dienen zu können.

Als Mangel der Handlungsregulationstheorie kann jedoch festgehalten werden, daß das zugrundeliegende kybernetische Handlungsmodell nicht geeignet ist, der partikularen Handlung äußerliche Faktoren – etwa Persönlichkeit, Motivation oder Interesse des Handelnden – zu berücksichtigen. Durch den engen Bezug von Qualifikationen auf bestimmte Handlungen kann dieses Modell auch das Zustandekommen fachübergreifender, methodischer Kompetenzen nicht erklären.

Lernprozesse werden im Modell der Handlungsregulationstheorie als Einheit von Planung, Ausführung und Kontrolle einer Tätigkeit abgebildet. In diesem Zusammenhang steigt die Lerneignung von Arbeitsplätzen unmittelbar mit der Integration dieser Funktionen. *Behavioristische Ansätze* sehen dies genau umgekehrt: Die Zerlegung von Lernaufgaben in mechanisch erlernbare Teilelemente erscheint ihnen als Mittel, Lernerfolge zu garantieren. In der Arbeitspädagogik entsprechen behavioristische Lernmodelle einer taylorisierten Produktionsweise, die Arbeitsaufgaben in kleinste, repetitiv ausführbare Arbeitsschritte zerlegt und die insbesondere die Funktionen der Planung, Ausführung und Kontrolle auf verschiedene Positionen in der Betriebshierarchie verteilt. Behavioristische Lerntheorien scheinen daher in der Arbeitswelt nur da anwendbar, wo es um Lernen eigentlich nicht geht, sondern um Training und Drill von in ihren Zusammenhängen unverstandenen Tätigkeiten.

Die Diskussion um *Schlüsselqualifikationen* in der betrieblichen Bildung hat es weitgehend versäumt, Schlüsselqualifikationen theoretisch auf Lernprozesse zu beziehen und zu analysieren, wie solche Schlüsselqualifikationen erlernt werden. Sie hat aber eine Zielrichtung für betriebliche Lernprozesse begründet, die auf die Selbständigkeit, Flexibilität und soziale Kompetenz der Lernenden abhebt. Lernziele leiten sich damit nicht mehr allein aus den konkreten Arbeitsanforderungen des einzelnen Arbeitsplatzes ab; diese sind vielmehr zugleich Exempel übergreifender extrafunktionaler Qualifikationen.

Als Vorgabe einer Zielperspektive sind Ansätze zu Schlüsselqualifikationen gerade im Bereich des arbeitsplatznahen Lernens unentbehrlich; verhindert die Beachtung ihrer Postulate doch, daß Weiterbildungsmaßnahmen sich im Anlernen unmittelbarer fachlicher Arbeitsanforderungen erschöpfen. Die in angelsächsischen Ländern üblichen betrieblichen Anlernqualifizierungen zeigen, daß die Versuchung naheliegt, Lernen am Arbeitsplatz aus ökonomischen Gründen auf unmittelbare Arbeitsanforderungen zu reduzieren. Flexibilität, Eigenverantwortung und Mobilität der Arbeitenden werden auf diese Weise eher behindert als gefördert. Den Konzepten von Schlüsselqualifikationen kommt daher im Kontext arbeitsplatznahen Lernens besondere Bedeutung zu. Sie dienen auch der Ergänzung des Lernmodells der Handlungsregulationstheorie um eine Zielperspektive; vor allem in deren frühen Anwendungen wird nämlich von nur fachlich bestimmten und begrenzten Lernzielen ausgegangen. Es stehen allerdings noch Untersuchungen aus, die den Erwerb von Schlüsselqualifikationen beim Lernen am Arbeitsplatz zum Gegenstand haben, und die damit eine verläßliche Ausgangsbasis für entsprechende betriebspädagogische Umsetzungen schaffen.

5. METHODEN ARBEITSPLATZNAHER WEITERBILDUNG

5.0.	Einführung	97
5.1.	Zum Verhältnis von Methoden und Zielen arbeitsplatznaher Weiterbildung	99
5.2.	Betrieblich eingesetzte Verfahren des Lernens am Arbeitsplatz	101
5.3.	Traditionelle Methoden des Lernens am Arbeitsplatz	105
5.3.1.	Darstellung traditioneller Methoden	105
5.3.2.	Verwendung traditioneller Methoden in der arbeitsplatznahen Weiterbildung	107
5.4.	Handlungsorientierte Methoden des Lernens im Betrieb	111
5.4.1.	Darstellung handlungsorientierter betrieblicher Lernmethoden	112
5.4.1.1.	Die Projektmethode	112
5.4.1.2.	Die Leittextmethode	113
5.4.2.	Die Verwendung handlungsorientierter Lernmethoden in der arbeitsplatznahen Weiterbildung	119
5.5.	Dezentrale Konzepte des Lernens im Betrieb	125
5.5.1.	Darstellung dezentraler Qualifizierungskonzepte	125
5.5.1.1	Qualitätszirkel	126

95

5.5.1.2   Lernstatt-Konzepte   128

5.5.1.3   Lerninseln   129

5.5.1.4   Lernen am Arbeitsplatz durch Erkunden und
           Präsentieren; Job-Rotation-Programme zur
           Qualifizierung   132

5.5.2.   Dezentrale Qualifizierungskonzepte in der
           betrieblichen Weiterbildung   133

5.6.   Methoden der Integration von Lernen und Arbeiten
           an Einzel-Arbeitsplätzen   138

5.6.1.   Arbeitsplatz-integrierte Weiterbildung am einzelnen
           Arbeitsplatz mit konventionellen Lernmedien   139

5.6.2.   Der Beitrag computergestützter Lerntechnologien
           zum Lernen am Arbeitsplatz   142

5.7.   Vergleichende Darstellung arbeitsplatznaher
           Qualifizierungsmethoden   157

5.8.   Das Verhältnis von Lernen am Arbeitsplatz und
           anderen Lernformen   159

5.0. Einführung

Der Bedarf an berufsübergreifenden Schlüsselqualifikationen macht es nötig, neue Formen in der Vermittlung von Bildungsinhalten zu entwickeln. Die Vermittlung berufsübergreifender Fähigkeiten erfolgt implizit mit der Vermittlung berufsspezifischer Inhalte. Damit bekommt der Einsatz von Methoden der beruflichen Weiterbildung einen neuen Stellenwert. Sie dienen nicht mehr ausschließlich der Weitergabe fachlicher Berufsbildungsinhalte, sondern sollen beim Teilnehmer eine Reihe abstrakter Lern- und Sozialkompetenzen entstehen lassen. Im Vergleich zu konventionellen Formen der Berufsbildung werden damit die Methoden ebenso bedeutend wie die Berufsbildungsinhalte selbst. Während das traditionelle betriebliche Lernen im Vormachen und Nachahmen bestand, müssen jetzt durch die Anwendung geeigneter Methoden entsprechende Lernsituationen geschaffen werden, in denen sich die Teilnehmer berufsübergreifende Schlüsselqualifikationen aneignen können.

In der gewerblich-technischen Erstausbildung werden solche Methoden seit Jahren entwickelt und vor allem in Großbetrieben eingesetzt. Der Ausbilder und Trainer erhält in dieser Aufgabenbestimmung des Lernprozesses eine neue Funktion, die mit den Begriffen »Berater«, »Gestalter«, »Begleiter« oder »Moderator« umschrieben werden kann. In dieser Funktion wählt der Ausbilder die neuen Formen der Projektausbildung, Leittextausbildung und Teamausbildung.

In der handlungsorientierten Erstausbildung werden Projekte pädagogisch so gestaltet, daß sie alle wesentlichen Lernziele enthalten und darüber hinaus die Systematik des Lernstoffes möglichst weitgehend abbilden. In der Weiterbildung am Arbeitsplatz ergeben sich die Arbeitsaufgaben aus den Notwendigkeiten des Arbeitsprozesses. Sie sind in der Regel nicht unter didaktischen Gesichtspunkten selektierbar und nur begrenzt gestaltbar. Wenn also an realen Arbeitsaufgaben gelernt werden soll, muß die pädagogische Leistung in der *Darstellung* und, wo notwendig und möglich, in der *Umstrukturierung* der vorgegebenen Arbeitsaufgaben liegen.

Das heißt:

☐ Die Arbeitsaufgaben und -abläufe müssen dem Arbeitenden so präsentiert werden, daß ein verstehender Zugang möglich ist.

☐ Wenn auch selten die Arbeitsaufgaben selbst, so sind doch die Arbeitsumgebungen didaktisch gestaltbar – es kommt daher auf die Bereitstellung von medialen, methodischen, organisatorischen und kommunikativen Hilfsmitteln des Lernens am Arbeitsplatz an.

Methoden haben in dieser Bestimmung die Funktion, den Arbeitsprozeß mit arbeitsplatznahen Weiterbildungsformen kompatibel zu machen. [10] Weil nicht vorausgesetzt werden kann, daß Arbeitsvorgänge für sich ausreichende qualifikatorische Potentiale beinhalten, sind durch pädagogische Interventionen Methoden einzuführen, die Lernen am Arbeitsplatz erst ermöglichen. Sie bilden eine Brücke zwischen individuellen, personalen Lernvoraussetzungen auf der einen Seite und den im Arbeitsprozeß gegebenen Lernmöglichkeiten auf der anderen Seite.

Als »Methoden« gelten in diesem Verständnis nicht nur elaborierte berufspädagogisch abgesicherte Verfahrensweisen. Als Methode der arbeitsplatznahen Weiterbildung wird hier bereits angesehen, wenn beispielsweise automatisch ablaufende Arbeitsprozesse durch Verlangsamung observativem Lernen zugänglich gemacht werden, oder wenn Kommunikationskanäle mehrerer im Arbeitsprozeß isolierter Lernender eingerichtet werden – kurz: alle pädagogisch orientierten Modifikationen des Arbeitsprozesses.

Gerade lernpsychologische Untersuchungen über die Bedingungen arbeitsimmanenter Qualifizierung ohne pädagogische Interventionen zeigen, welche Vielzahl von arbeitsseitigen Bedingungen gegeben sein muß, um selbsttätige Lernprozesse auszulösen und aufrechtzuerhalten [vgl. Abschnitt 6.1.]. Methoden sind *das* Mittel des Betriebspädagogen, Qualifizierungsprozesse auch mit solchen Arbeitsprozessen zu verbinden, die für sich allein nur geringe Lerneignung aufweisen.

Handlungsorientierte Ansätze aus der Erstausbildung sind von dieser Aufgabenstellung her nicht ohne weiteres in den Bereich der arbeitsplatznahen beruflichen Weiterbildung übertragbar. Das Arsenal der berufspädagogischen Mittel stellt sich dort anders dar: es werden zwar möglicherweise gleiche Methoden eingesetzt wie in der Lehrwerkstatt oder der Berufsschule, diese müssen sich aber unter den wenig elastischen Bedingungen des Arbeitsprozesses bewähren.

Die Methoden der handlungsorientierten beruflichen Erstausbildung können so unter den Kriterien durchgesehen werden, welche ihrer Elemente auch für die Weiterbildung am Arbeitsplatz einsetzbar sind oder wie sie für einen Einsatz am Arbeitsplatz zu modifizieren sind. Soweit man nicht unterstellt, daß die Arbeitsprozesse selbst durch Anforderungen aus betriebspädagogischer Sicht nicht veränderbar sind, kann zudem diskutiert werden, wie Arbeitsplätze anders zu organisieren sind, um solche Methoden verwendbar zu machen.

---

[10] Methoden erfüllen weitere Aufgaben, so besonders die, die Wissensvermittlung an unterschiedliche persönliche Voraussetzungen der Lernenden zu adaptieren. Diese Funktionen bleiben hier außer Betracht.

In grafischer Veranschaulichung läßt sich diese Funktion in folgender Weise skizzieren:

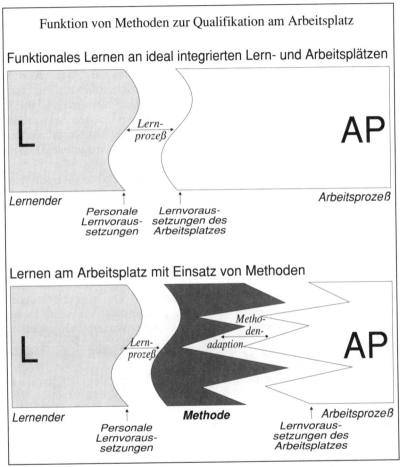

Grafik 9   Funktion von Methoden zur Qualifikation am Arbeitsplatz

5.1. Zum Verhältnis von Methoden und Zielen arbeitsplatznaher Weiterbildung

Der Konzeptionierung bzw. Auswahl von Methoden ist eine Entscheidung über Lernziele und Lerninhalte vorausgesetzt (vgl. WENIGERS Grundsatz vom didaktischen Primat [Weniger 1960, S. 62]). Die Methode wird dabei nicht nur von den fachinhaltlichen Komponenten von Lernzielen bestimmt, sondern auch von Zielen, die Verhaltensänderungen und Persönlichkeitsentwicklungen der Lernenden umschreiben.

Dieses Verhältnis läßt sich exemplarisch beschreiben: »So wird zum Beispiel in einer Taxonomie des kognitiven Verhaltensbereiches der Lernende wohl kaum durch den Vortrag auf die Stufe der Anwendung, des Transfers oder gar auf die Stufe des Problemlösens, der Entwicklung eigener Strategien gelangen, sondern wahrscheinlich auf der Stufe des Wissens, der bloßen Informationsaufnahme verharren« [Bunk, Stentzel 1990, S. 190]. Eine auf die verschiedenen Ebenen des Verhältnisses von Lernzielen und Methoden der betrieblichen Qualifizierung eingehende Darstellung haben HACKER und SKELL vorgelegt [Hacker, Skell 1993, Kapitel 9–16].

Auch mit der Entwicklung und dem Einsatz handlungsorientierter Lernformen wird sowohl von Theoretikern der Betriebspädagogik wie von Weiterbildungspraktikern im Betrieb ein ganzes Arsenal von Lernzielen verknüpft. Gerade diese Ziele beziehen sich nicht nur auf fachinhaltliche und fachdidaktische Aspekte, sondern vor allem auf Aspekte der Herausbildung überfachlicher Kompetenzen und Verhaltensmuster [vgl. u. a. Arnold 1991 a, S. 117 f.].

Noch ohne weitere Systematisierung lassen sich folgende Zieldimensionen handlungsorientierten Lernens aufzählen, die in verschiedener Gewichtung und Ausprägung regelmäßig genannt werden, wenn es um die Begründung von Konzepten arbeitsplatznaher Weiterbildung geht:

☐ Geläufigkeitstraining, physiologische Gewöhnung [vgl. Münch 1990, S. 147 f.];

☐ Verbesserung der fachlichen Didaktik und daher der Fachqualifikation;

☐ Motivationale Aspekte; Identifikation mit der Lern- bzw. Arbeitsaufgabe; [Siehlmann et al. 1991, S. 7; Franke, Kleinschmidt 1987, S. 83].

☐ Förderung der Selbständigkeit der Lernenden, Entwicklung flexibler Problemlösungskompetenzen [Rosenstiel 1987; Münch 1990, S. 147]

☐ Interaktive Aspekte: Kooperation und Kommunikation innerhalb der Lern- und Arbeitsgruppen [Heidack 1989; Schelten 1991 b];

☐ Förderung der Intellektualisierung beruflicher Erfahrungen [Hakker, Skell 1993];

☐ Gesellschaftspolitische Aspekte: Aktive Auseinandersetzung auch mit gesellschaftlichen Prozessen außerhalb des beruflichen Umfeldes.

Die Elemente dieses Katalogs sind untereinander nicht unbedingt komensurabel, sondern leiten sich aus disparaten Zielsystemen ab. Wo bei den einen die Vermittlung der zur unmittelbaren Arbeitsverrichtung notwendigen Kenntnisse und Fertigkeiten im Vordergrund steht, geht es den anderen um Wirkungen auf zukünftiges Lernen und Arbeiten und dritten noch darüber hinaus um gesellschaftspolitische Implikationen handlungsorientierten Lernens im Betrieb.

Bei den im folgenden behandelten Methoden des Lernens am Arbeitsplatz wird die Eignung für besondere Lernziele und Lernzielkombinationen zwar angedeutet, aber nicht eingehend zum Gegenstand gemacht; die besondere Eignung einzelner Methoden für einzelne Lernziele hängt von einer solchen Vielzahl weiterer Faktoren ab, daß sie letztlich nur im konkreten Anwendungsfall zu beurteilen ist. Es wird jedoch die These vertreten, daß die neuen Methoden in besonderer Weise der Entwicklung beruflicher Handlungskompetenz dienen, wie sie BADER beschreibt als »die Fähigkeit und Bereitschaft des Menschen, in beruflichen Situationen sach- und fachgerecht, persönlich durchdacht und in gesellschaftlicher Verantwortung zu handeln, d. h. anstehende Probleme zielorientiert auf der Basis angeeigneter Handlungsschemata selbständig zu lösen, die gefundenen Lösungen zu bewerten und das Repertoire seiner Handlungsschemata weiterzuentwickeln« [Bader 1990].

5.2. Betrieblich eingesetzte Verfahren des Lernens am Arbeitsplatz

MÜNCH hat in einer »Phänomenologie und Begrifflichkeit des Lernortes Arbeitsplatz in der betrieblichen Weiterbildung« eine Reihe von gebräuchlichen Formen intentionalen, arbeitsplatznahen Lernens aufgelistet. Er zählt auf:
Einweisen und Einarbeiten; Lerngang (gemeint sind Arbeitsplatzerkundungen); tätigkeitsbezogene Qualifizierung; Training am Arbeitsplatz; arbeitsplatzspezifische Weiterbildung; Lernen im Qualitätszirkel und in der Lernstatt; selbstorganisierte Weiterbildung von Facharbeitern und Gesellen; kooperative Selbstqualifikation als interaktives Lernen am Arbeitsplatz; Verhaltenstraining am Arbeitsplatz; theoretische Schulung begleitendes Praxistraining; Trainee-Programme mit »Arbeitsplatz-Ringtausch«; Aufstiegsweiterbildung am Arbeitsplatz; Schulungsraum in Produktionsnähe; angeleitete/überwachte Dienstausübung; kombinierte Unterweisung; duale Weiterbildung; Lernen am CAD-Arbeitsplatz [vgl. Münch 1990, S. 150 ff.].
Diese Liste ist wenig systematisch, zeigt aber gerade darin, daß arbeits-

platznahe Weiterbildung in unterschiedlichsten pragmatisch orientierten Varianten durchgeführt wird. Angesichts dieser Vielfalt sollen einige methodische Ansätze hervorgehoben werden, die für das Lernen am Arbeitsplatz über den Einzelfall hinaus besondere Bedeutung gewonnen haben. Teilweise werden die dargestellten Methoden nicht ausschließlich im Bereich des arbeitsplatznahen Lernens verwendet, und weitgehend auch außerhalb der betrieblichen Weiterbildung. Sie eint aber, daß sie über das Stadium der bloßen Erprobung hinaus gelangt sind und im Bereich der betrieblichen Bildung regelmäßig eingesetzt werden.

SIEHLMANN führt in vergleichbarem Zusammenhang folgende Formen arbeitsplatznaher Weiterbildung an: »Unterweisung, Mitarbeitergespräch, Lernstatt, Lernprogramme, Lernschleifen/-inseln, Projekte« [Siehlmann et al. 1991]. Hier wird davon insofern abgewichen, als Mitarbeitergespräch und Unterweisung eher dem Bereich der Personalführung als dem der Weiterbildung zugerechnet werden; soweit sie der Weiterbildung dienen, werden sie hier der Subsumtionskategorie »Traditionelle Methoden der Arbeitsunterweisung am Arbeitsplatz« zugeordnet. Wegen ihrer Bedeutung für handlungsorientierte Lernformen im allgemeinen wird die Leittextmethode ebenso aufgenommen wie Formen der Betriebserkundung oder des Arbeitsplatztausches.

STENTZEL und BUNK haben darauf hingewiesen, daß die Kategorisierung des unüberschaubar großen Repertoires von Methoden der betrieblichen Weiterbildung entlang verschiedener plausibler Kriterien erfolgen kann, wie z. B. dem Grad der Fremd- und Selbstinstruktion, dem Grad der Aktivität der Lernenden etc. [vgl. Bunk, Stentzel 1990, S. 183 f.]. HACKER und SKELL schlagen eine komplexe Kategorisierung entlang der drei Dimension »Prozesse kognitiver und tätigkeitsfördernder Art«, »Grad der Eigenaktivität des Lernenden« und »Anteil der Kooperation mit anderen Lernenden« vor [vgl. Hacker, Skell 1993, S. 217 ff.].

Der Ansatz der *aufgabenorientierten Qualifizierung* bestimmt die eingesetzten Methoden aus der Art der zu erlernenden Arbeitsaufgabe. WITZGALL unterscheidet dabei algorithmische Aufgaben von heuristischen Aufgaben. Ersteren ordnet er ablauforientierte Qualifizierungsverfahren zu, letzteren regelorientierte [vgl. Witzgall 1994, S. 13].

Auch im Zusammenhang dieses Buches erscheint eine Einteilung nach der Art der Verknüpfung der Methode mit dem Arbeitsprozeß sinnvoll.

Aufgabentyp	Trainingstyp	Methoden	Medien
Algorithmisch	ablauforientiert	Sprachgestütztes Training aufgabenrelevanter Arbeitsabläufe (Bezug: Einzelaufgabe)	Lernkarten zur Unterstützung einer bildhaft-begrifflichen »Doppel-Codierung«[11]
Heuristisch	regelorientiert	Erarbeitung und Vermittlung von Regeln zum Umgang mit Situationen und Problemen	Regelwerke zur Selbststeuerung problemorientierten Verhaltens
Gemischt, mit höheren Kenntnisanforderungen	verfahrensorientiert	Sprach- und regelgestütztes Training effizienter Arbeitsverfahren (Bezug: Aufgabenklassen)	Verfahrensvorschriften, Regelwerke und Wissensspeicher

Tabelle 8   Zuordnung von Aufgabentypen und Methoden [Witzgall 1994, S. 13]

Als Methoden werden hier jedoch die in Betrieben tatsächlich eingesetzten Verfahren gefaßt, und nicht deren pädagogisch oder lernpsychologisch zerlegte einzelne Elemente (z. B. Beobachtung, Regelnutzung, Verbalisierung etc.). Damit ergibt sich für die Darstellung von Verfahren arbeitsplatznahen Lernens folgendes Schema, das sich in der Gliederung der nächsten Abschnitte abbildet:

Verfahren arbeitsplatznaher betrieblicher Weiterbildung	
Traditionelle Methoden der Arbeitsunterweisung am Arbeitsplatz	Beistellehre 4-Stufen-Methode; Vormachen/Nachmachen Analytische Arbeitsunterweisung
Handlungsorientierte Formen des betrieblichen Lernens	Projektlernen Leittextmethode
Gruppenorientierte, dezentrale Weiterbildungskonzepte	Qualitätszirkel Lernstatt; Lerninseln Erkunden und Präsentieren Job-Rotation
Individuelle arbeitsplatzintegrierte Weiterbildung	. . . mit konventionellen Methoden: Einarbeitung Training am Arbeitsplatz Selbstqualifikation am Arbeitsplatz mit computergestützten Lerntechnologien

Tabelle 9   Verfahren arbeitsplatznaher betrieblicher Weiterbildung

---

[11] Zur näheren Beschreibung dieses Lernmediums siehe die Beschreibung des Modellversuchs »Weiterbildung von un- und angelernten Fachkräften in kleinen und mittleren Betrieben der Region Bergische Großstädte« [vgl. S. 157].

Zur Kategorisierung von Methoden der arbeitsplatznahen Weiterbildung entlang der Dimensionen der Verknüpfung von Arbeiten und Lernen läßt sich aus dem vorne vorgestellten Modell [vgl. Abschnitt 2.2.] ein geeignetes Polaritätsprofil ableiten. Empirisch vorgefundene Methoden können entlang der Kategorien dieses Schemas skaliert und auf zwar vergröbernde, aber einfache und anschauliche Weise verglichen werden.

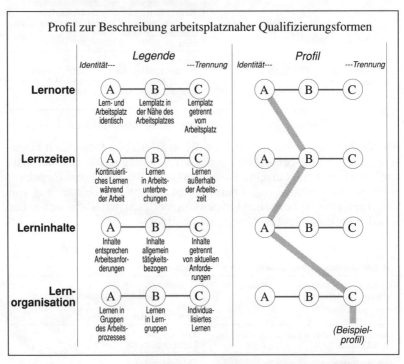

Profil zur Beschreibung arbeitsplatznaher Qualifizierungsformen

| Grafik 10 | Profil zur Beschreibung arbeitsplatznaher Qualifizierung |

Es könnte interessant sein, zu erproben, ob ein solches Polaritätsprofil – oder besser eine differenziertere Ausgabe davon – auch dazu dienen kann, als Hilfsmittel der betrieblichen Bildungspraxis die verschiedenen Faktoren arbeitsplatznaher Weiterbildung *abgleichbar* zu machen. Dazu müßte es um komplementäre Profile ergänzt werden, die die dem Arbeitsplatz selbst inhärenten Potentiale funktionalen Lernens, die arbeitsorganisatorisch gegebenen pädagogischen Handlungsspielräume und die teilnehmerseitigen, subjektiven Lernvoraussetzungen beschreiben. Durch den Vergleich solcher Profile könnte es auf im Betrieb praktizierbare Weise möglich sein, Lernmöglichkeiten am konkreten, einzelnen Arbeitsplatz zu bestimmen, und erste Anhaltspunkte für Inhalte und Verfahrensweisen jeweils notwendiger pädagogischer Interventionen zu erkennen. Dieser Ansatz wird jedoch hier nicht weiter verfolgt.

Die folgende Darstellung typisiert in einem ersten Schritt empirisch auffindbare Methoden arbeitsplatznahen Lernens und behandelt in einem zweiten Schritt deren Eignung für den Bereich der intentionalen arbeitsplatznahen Weiterbildung im Betrieb. Als Grundlage dieser Beurteilung wird die jeweilige Methode in bezug gesetzt zu den Erfordernissen, die sich aus der Handlungsregulationstheorie und aus Konzepten zu Schlüsselqualifikationen ableiten lassen [vgl. Abschnitte 4.2.2. und 4.3.2.]. Schwerpunkt der Darstellung ist der Bezug der jeweiligen Methode auf die Verbindung von Arbeiten und Lernen; umfassende Erläuterungen zur allgemeinen betrieblichen Verwendung oder zu besonderen Varianten können gemäß den jeweils gegeben Literaturverweisen aufgefunden werden. Vergleichende Beurteilungen auf Grundlage empirischer Forschungen zur Wirksamkeit von Methoden arbeitsplatznaher Weiterbildung unterbleiben: nicht nur, weil entsprechende Befunde für die betriebliche Weiterbildung kaum vorliegen [vgl. Münch 1990, S. 168; Bunk, Stentzel 1990, S. 186], sondern auch, weil die Vielzahl wirksamer Variablen es kaum erlaubt, die Effizienz von Methoden der betrieblichen Qualifikation außerhalb des Kontextes ihrer jeweiligen Verwendung zu bemessen.

Am Ende dieses Abschnitts wird die Kombination arbeitsplatznaher Weiterbildungsformen mit Formen der Weiterbildung in Seminaren und Lehrgängen gesondert behandelt.

5.3. Traditionelle Methoden des Lernens am Arbeitsplatz

5.3.1. Darstellung traditioneller Methoden

Eine herkömmliche Methode der Arbeitsunterweisung am Arbeitsplatz ist die *Beistellehre* mit ihrem Prinzip des »Lernen durch Tun«. Das Beistellverfahren ist durch das »Absehen« des Auszubildenden, der einem bereits ausgelernten Arbeiter beigestellt ist, charakterisiert. Der Lernende wird einer Arbeitskraft mit vorbildlicher Arbeitsweise »beigestellt«. Durch die Beobachtung der Arbeitsabläufe und begleitende verbale Erläuterungen des Arbeitenden über die vollzogenen Arbeitsschritte soll sich der Lernende die zur eigenständigen Ausübung der

Tätigkeit notwendigen Kenntnisse und Fertigkeiten aneignen [vgl. Schelten 1991 a, S. 69].

In modernen Varianten des Beistellverfahrens können Arbeitstätigkeit und Lernen zeitlich und örtlich durch technische Mittel, etwa durch Video- und Kommunikationstechniken, zeitlich und/oder örtlich entkoppelt werden. Die Beobachtungsvorgänge selbst sind durch diese Mittel in gewissem Umfang steuerbar. Durch die Regie einer Videoaufnahme und Darstellungsoptionen bei der Wiedergabe (Wiederholung, Zeitlupe etc.) kann etwa die Anschaulichkeit von Vorgängen verbessert werden [vgl. Hacker, Skell 1993, S. 225 ff.].

Während die Beistellehre Eigenaktivitäten der Lernenden nicht einschließt, ergänzt die Methode des *Vormachen/Nachmachen* das Beobachten und ggf. Erläutern von Arbeitsvorrichtungen durch eigene, geführte Tätigkeiten des Lernenden. Das nachahmende Üben des Lernenden beruht auf der Einnerung an die Phase des Vormachens.

Eine Formalisierung der Methode des Vormachen/Nachmachen liegt mit der *Vier-Stufen-Methode* vor. Bei dieser Methode, die mit den Formalstufen des Unterrichts (Vorbereitung, Einarbeitung, Zusammenfassung und Anwendung) verwandt ist, erfolgt das Erlernen von Arbeitstätigkeiten in vier Schritten. Auf eine Vorbereitungsstufe folgt die Vorführungsstufe und an die Nachvollzugsstufe schließt sich die Abschlußstufe an. Der Tätigkeitsfolge des Ausbilders – Erklären, Vormachen, Korrigieren und Bewerten – stehen auf seiten des Lernenden gegenüber: Zuhören, Zuschauen, Nachmachen, Üben.

Die Unterweisung erfolgt entlang einer Unterweisungsgliederung, die den Arbeits- und Lernprozeß nach Arbeitsschritten, Begründungen für diese Arbeitsschritte und Lernzielen unterteilt [vgl. REFA 1975, S. 119 ff.].

Die *analytische Arbeitsunterweisung* als weitere traditionelle Methode gilt als Fortentwicklung der Vier-Stufen-Methode und beruht im Unterschied zu dieser auf einer spezifischen Analyse der Fertigkeiten und Kenntnisse des bereits erfahrenen Arbeitenden, aus der die Unterweisungsgliederung abgeleitet wird: »Bei der analytischen Arbeitsunterweisung wird gegenüber der Vier-Stufen-Methode noch weitaus systematischer, gegliederter und geplanter vorgegangen. Hinter der analytischen Methode, und dies dürfte das eigentliche Erfolgsrezept dieser Unterweisung sein, steht eine ausgesprochen detaillierte und fundierte Analyse der Arbeit und der besten Arbeitsmethode. Von dieser Methode ausgehend wird die Unterweisung gestaltet« [Schelten 1991 a, S. 105]. Obgleich die analytische Arbeitsunterweisung zunächst zur Einarbeitung an- und ungelernter Arbeiter diente, erwies sie sich auch bei der Vermittlung von Kenntnissen für komplexe Arbeitstätigkeiten als anwendbar [vgl. Schurer 1984, S. 331 f.].

Abfolge der Vier-Stufen-Methode

Stufe	Aktionen	Erläuterungen
1: Vorbereitung	Voraussetzungen schaffen; Einstimmung der Lernenden	Die Lernsituation soll entkrampft und der Lernende auf die zu erwerbende Arbeitstätigkeit eingestellt werden.
2: Vorführung	Überblick geben; Details vorführen; Zügig vorführen	Der Lernende soll die Arbeit verstehen lernen und soweit mit ihr vertraut gemacht werden, daß ein erster Versuch auch gelingen wird. Die Leitfragen der begleitenden Erläuterungen sind:»Was?«,»Wie?«, »Warum so?«.
3: Nachvollzug	Versuchen lassen, erste Vorstellung gewinnen lassen; Nachvollzug im Detail Zügiger Nachvollzug	Parallel zu den Phasen der Vorführung wird der Lernende aktiv. Er soll die Arbeit so zu bewätligen lernen, daß er dann selbständig weiterlernen kann. Beim Nachvollzug soll der Lernende seine Arbeitsschritte erklären.
4: Abschluß, Übung	Selbständig üben lassen; Helfer zuteilen; Fortschritte ermitteln; Übung anerkennen, förmlich beenden	Der Lernende gelangt durch Übung zur sicheren Ausführung bzw. Beherrschung der Arbeitstätigkeit. Er soll entlang seiner Übungen weitgehend eigenständig weiterlernen. Dem Lernenden sind Rückmeldungen über seine Fortschritte zu geben.

Tabelle 10   Abfolge der Vier-Stufen-Methode [vereinfacht nach: Schelten 1991 a, S. 87, S. 90 f.]

5.3.2. Verwendung traditioneller Methoden in der arbeitsplatznahen Weiterbildung

Traditionelle Methoden des Lernens am Arbeitsplatz werden im Rahmen der betrieblichen Erstausbildung sehr weitgehend eingesetzt; insbesondere in kleineren und handwerklichen Betrieben dominieren sie in der Ausbildung [vgl. BMBW 1993]. Im Bereich der betrieblichen Weiterbildung ist ihre Verbreitung und Anwendung bisher wenig erforscht; die Abgrenzung zu nur funktionalen Lernprozessen ist bei diesen Formen der Qualifizierung schwierig. Mit der fortschreitenden Systematisierung und Pädagogisierung des beruflichen Lernens rücken zwar elaborierte »intentionale Lehr-Lern-Prozesse in den Vordergrund« [Kloas, Puhlmann 1991, S. 5], an denen gemessen insbesondere die Beistellehre als »vorpädagogisches Verfahren« [Schelten 1991 a, S. 78] der Arbeitsunterweisung gilt. Es kann jedoch vermutet werden, daß auch in der betrieblichen Weiterbildung der Beistellmethode und der Methode des Vormachen/Nachmachen hohes Gewicht zukommen, da der pädagogische und organisatorische Aufwand für diese Art der Weiterbildung am Arbeitsplatz als relativ gering einzuschätzen ist. Insbesondere in der Phase der Einarbeitung an neuen Arbeitsplätzen spielen diese Methoden eine große Rolle [vgl. Kloas 1991, S. 335 f.].

Gemessen an den in Abschnitt 4. behandelten lerntheoretischen Ansätzen weisen traditionelle Methoden des Lernens am Arbeitsplatz aber einige Mängel auf:

Die *Beistellmethode* schließt die Eigenaktivität des Lernenden aus. Dieser entwickelt ein operatives Abbild der zu erlernenden Tätigkeit nur durch observatives Lernen. Dieses Abbild kann daher keine Elemente enthalten, die sich aus dem Erlebnis der eigenen Tätigkeit ergeben, etwa in bezug auf motorische Anforderungen. So gilt, was HAKKER und SKELL als zum Erlernen von Tätigkeiten durch Beobachtung formuliert haben, gerade für die Beistellmethode: »Sehen kann man [...] auch bei aufmerksamer, wiederholter Beobachtung nur den äußeren Ablauf der Bewegungen. Die Tatsache, daß Bewegung[en] aufgrund wahrnehmungsmäßig erfaßbarer Signale und durch Gedanken und Vorstellungen des Handelnden reguliert werden müssen, verweist auf eine enge Kopplung von praktischer Ausführung und Beobachtung mit weiteren Methoden des gedanklich-vostellungsmäßig und sprachlich gestützten Lernens« [Hacker, Skell 1993, S. 222].

Soweit der Vorführende seine Tätigkeit ausreichend verbalisiert, kann der Lernende sie kognitiv nachvollziehen. In dem Maße, in dem dies unterbleibt, ist ein gravierender pädagogischer Mangel feststellbar: »Bei diesem Verfahren lernt [der Lernende], wenn überhaupt, nur spät das Wesentliche. Er lernt die Arbeit allein in der zufälligen Form kennen, in der sie von dem beobachteten Könner gerade ausgeführt wird. Der Lernende gewinnt nur ein optisches Bild der zu erwerbenden Arbeitstätigkeit: Die verbale Beschreibung und damit gedankliche Ordnung der Verrichtungen fehlt. Eine Ausbildung erfolgt ungeplant, unsystematisch. Der Arbeitende lernt allein und nebenbei, durch ein ›Stehlen mit dem Auge‹ « [Schelten 1991 a, S. 69]. Oder, vulgo: »Wie der Meister flucht und spuckt, hat der Lehrling schließlich abgeguckt.«

Als Bestandteil jeder anderen handlungsorientierten Aus- und Weiterbildungsmethode hat observatives Lernen hohe Bedeutung. Die unmittelbare Veranschaulichung von Verrichtungen birgt eine in der Regel höhere Lerneffizienz als ihre nur verbale Beschreibung oder in anderer Weise medial vermittelte Darstellung [vgl. Hacker, Skell 1993, S. 220 ff.]. Die Beschränkungen der Beistellehre ergeben sich aus der Isolierung des Lernens durch Beobachtung als selbständige Methode.

Anders als beim Beistellverfahren liegt bei der Methode des *Vormachen/Nachmachen* und bei der *Vier-Stufen-Methode* der Unterweisung ein geplantes Vormachen vor, an das Eigenaktivitäten des Lernenden anschließen. Gemessen an den Anforderungen handlungsregulatorischen Lernens erlauben diese Methoden daher dem Lernenden, ein operatives Abbild entlang seiner eigenen Handlungsvollzüge aufzubauen. Diese Handlungsvollzüge allerdings orientieren sich unmittelbar an denen des Vormachenden; die Perspektive des Lernenden ist der des Lehrenden untergeordnet, insofern der von der Arbeitstätigkeit her aufgebaute Lehrprozeß im Vordergrund steht. SCHELTEN folgert daraus, daß sich nur eine »Handlungsregulation mit eingeschränkter Reichweite« [Schelten 1991 a, S. 89] aufbauen läßt. Die Vier-Stufen-Methode ist auf die Vermittlung von Arbeitstätigkeiten eingeschränkt, bei denen das Vorführen für das Erlernen der Tätigkeiten ausreicht. Dies gilt für Tätigkeiten auf den Stufen der sensumotorischen Regulation und Handlungsplanung, aber nicht für Arbeiten auf den Stufen der Teilzielplanung und der Koordination mehrerer Handlungsbereiche.

Die *analytische Arbeitsunterweisung* leitet ihre Lernschritte nicht unmittelbar aus dem beobachtbaren Arbeitsverhalten bereits qualifizierter Arbeitender ab, sondern untersucht zuvor die innere Struktur der Tätigkeiten. Lernen vollzieht sich damit nicht mehr am zufälligen Vorbild, das seinerseits nicht notwendig die optimale Strategie zur Ausführung einer Tätigkeit anwendet, sondern entlang einer objektivierten Arbeitsanalyse. Eine unmittelbare Wirkung liegt in einer Verkürzung von Anlernzeiten gegenüber der Vier-Stufen-Methode [vgl. Schelten 1991 a, S. 106, in bezug auf SEYMOUR]. Dieses Ziel wird allerdings durch eine noch rigidere Zerlegung von Arbeitsschritten und noch engere Führung des Lernenden erreicht. Selbstgesteuerte Tätigkeiten treten weiter in den Hintergrund.

Nach SCHELTEN liegt die Stärke der analytischen Arbeitsunterweisung bei der Unterweisung einer sensumotorischen Regulation und Handlungsplanung. Allerdings erlaubt auch sie nur »den Aufbau einer Handlungsregulation in der eingeschränkten Reichweite, wie sie durch den detailliert geplanten Unterweisungsvorgang dieser Methode festgelegt wird« [Schelten 1991 a, S. 107].

Gerade an der analytischen Arbeitsunterweisung wird jedoch ein prinzipielles Problem deutlich: Die genaue Zergliederung und Systematisierung von Lernschritten unterstellt auf der anderen Seite einen kongenial organisierten Arbeitsprozeß, der sich durch zergliederte und fixierte Arbeitsschritte auszeichnet. Nicht zufällig sind wesentliche Anstöße zur Entwicklung dieses Verfahrens von Trainingsprogrammen tayloristisch geprägter amerikanischer Industriebetriebe ausgegangen [vgl. REFA 1975]. Sobald sich die Arbeitsorganisation über tayloristische Formen hinaus entwickelt, vergrößert »die fortschreitende Systematisierung [...] des beruflichen Lernens die Kluft zwischen Lernsituation und beruflicher Realsituation« [Dehnbostel 1992, S. 10].

Die traditionellen Methoden betonen die formalen Ablaufstufen des Lernens. Dies führt zu einer äußerlichen Schematisierung des Lernprozesses, die situativen und lerner-subjektiven Besonderheiten nicht gerecht zu werden vermag. Der individuelle Zugang zum Lerngegenstand wird didaktisch nicht beachtet: Die Stufen-Methoden gehen von der Perspektive des Lehrers aus, nicht von der des Lernenden. Dem entspricht, daß sie sich als »Unterweisungs-Methoden« verstehen [vgl. REFA 1975, S. 110].

Die in der Formalisierung der Unterweisung begründete einfache Implementierbarkeit solcher Methoden hat zu ihrer weiten Verbreitung in der arbeitsplatznahen Weiterbildung beigetragen. Gerade beim Lernen im Arbeitsprozeß erscheint es naheliegend, die Lernmethode an der Abfolge praktischer Arbeitsschritte auszurichten. Es wird dabei übersehen, daß der äußere Phasenablauf von Arbeitstätigkeiten nur selten der Systematik des handlungsrelevanten Wissens entspricht, das zu ihrer Verrichtung notwendig ist.

Allen traditionellen Verfahren des Lernens am Arbeitsplatz ist eigen, daß Handlungen des Lernenden unterbleiben oder restriktiv geführt werden. Diese enge Führung macht eine eigene Handlungsplanung des Lernenden weitgehend überflüssig; eine bloße Orientierung am Vorbild läßt intellektuelle Regulationsvorgänge nicht zustande kommen.

Als Schwäche traditioneller Methoden kann daher festgehalten werden, daß das Erfordernis der Übertragbarkeit des Erlernten auf veränderte Arbeitssituationen nicht berücksichtigt wird. Durch die Bindung des Lernprozesses an die Details individueller Arbeitstätigkeiten kann eine nur eingeschränkte Flexibilität erreicht werden. Auch umfangreiches Erfahrungswissen ist ohne weitgehende kognitive Durchdringung nur schwer transferierbar.

Diesem Ergebnis entspricht, daß sich Methoden der traditionellen Arbeitsunterweisung beim Erlernen einfacher, gleichförmiger Arbeitstätigkeiten durch eine hohe Lerneffizienz auszeichnen: es steht der

Aspekt des Trainings vor dem des intellektuellen Nachvollzugs. Da moderne Arbeitsprozesse aber vielfach komplexe Arbeitstätigkeiten erfordern, müssen diese Methoden durch solche ergänzt bzw. ersetzt werden, die kognitives Lernen und selbständiges Arbeiten ermöglichen. Mit solchen modernen Methoden sollen nicht nur Normen, Pläne und Anweisungen erfüllt werden, sondern auch Improvisationen und individuelle Arbeitsstile geübt werden. Erst in Methoden selbständigen Lernens werden individuelle und soziale Handlungspotentiale in stärkerem Maße aktiviert und entwickelt. Dabei werden dann auch elementare Teilfertigkeiten nicht isoliert vorgemacht, sondern im Kontext komplexer Projekte erworben.

Die traditionellen Methoden sind *fachlich* orientiert: Sie dienen der strikt tätigkeitsbezogenen Vermittlung von Kenntnissen und Fertigkeiten. Schlüsselqualifikationen mögen sich aus der Beobachtung der sozialen und organisatorischen Umfelder der Arbeitstätigkeit und des entsprechenden Verhaltens des Vormachenden als funktionale Wirkung ergeben; die Methoden selbst schließen ihre Vermittlung nicht ein.

Die eingeschränkte Tauglichkeit traditioneller Methoden für die Weiterbildung an komplexen Arbeitsplätzen bezieht sich auf deren Verwendung als selbständige Methoden. Hier wird ihnen von manchen sogar der Rang der pädagogischen Methode abgesprochen [vgl. Schelten 1991 a, S. 78; Schurer 1984, S. 309]. Als Elemente elaborierterer handlungsorientierter Methoden der Betriebspädagogik spielen observatives Lernen und Lernen durch Nachmachen allerdings durchaus eine Rolle in der Vorbereitungsphase selbständiger Eigenaktivitäten.

5.4. Handlungsorientierte Methoden des Lernens im Betrieb

Unter dem Begriff »neue Methoden« werden in der betrieblichen Weiterbildung in Unterscheidung von zu zuvor fast ausschließlich praktizierten Unterweisungs- und Unterrichtsverfahren solche Methoden zusammengefaßt, die die Selbständigkeit und die Eigenaktivität der Lernenden im Lernprozeß besonders fördern [vgl. Bunk, Stentzel 1990, S. 179]. Mit der Verbreitung neuer Technologien, die manuelle einfache Tätigkeiten zugunsten steuernder, komplizierter Tätigkeiten zurückdrängten, wurde in den Betrieben nicht nur ein quantitativ hoher Bedarf an Weiterbildungsmaßnahmen ausgelöst. Es wurde auch die These vertreten, daß in der Aus- und Weiterbildung eine Neufassung der Vermittlungsmethoden notwendig sei. Als Devise galt: »Neue Techniken erfordern neue Methoden!«.

Obwohl in der Bildungspraxis nach wie vor darbietende Verfahren mit hoher Dozentendominanz überwiegen, wurde namentlich die Projektmethode aus der schulischen Ausbildungspraxis adaptiert und die Leittextmethode für den betrieblichen Bildungsbedarf neu entwickelt. Beiden Methoden ist die Steuerung des Lernprozesses durch die Lernenden selbst eigen:

»An die Stelle fachsystematischer Wissensdarstellung durch den Dozenten ist häufig die selbstorganisierte Problemlösegruppe getreten, die einen Experten dann zu Rate zieht, wenn Sie dessen Kompetenz benötigt.« [Selka 1992]

Mit den neuen Ausbildungsmethoden werden folgende Ausbildungsziele verfolgt:

Es sind »vor allem allgemeine Fähigkeiten [...], die mit ihrer [der neuen Methoden, d. V.] Hilfe entwickelt bzw. gefördert werden sollen, z. B. Selbständigkeit, Eigeninitiative, Kooperationsfähigkeit, Lernbereitschaft, jeweils bezogen auf die konkrete berufliche Situation. Mit diesen Fähigkeiten sind bestimmte fachunabhängige Berufsqualifikationen angesprochen, die mehr oder weniger zu entwickeln bislang eher den funktionalen Wirkungen der Ausbildung überlassen wurde, die unter den gegenwärtigen und für die Zukunft erwarteten Produktionsbedingungen jedoch als notwendige Voraussetzungen für die berufliche Bewährung betrachtet werden. In den neuen Ausbildungsordnungen ist deshalb auch der Versuch gemacht worden, sie über die Begriffe ›selbständiges Planen, Ausführen und Kontrollieren‹ explizit als Ausbildungsziele auszuweisen.« [Lemke 1989, S. 88 f.]

5.4.1. Darstellung handlungsorientierter betrieblicher Lernmethoden

5.4.1.1. Die Projektmethode

Kaum eine andere handlungsorientierte pädagogische Methode hat eine solche Verbreitung erlangt wie die Projektmethode. Sie ist in schulischen und außerschulischen Bereichen, in der beruflichen Erstausbildung und in der betrieblichen Weiterbildung in einer derartigen Vielzahl von Varianten entwickelt und erprobt worden, daß es bereits problematisch erscheinen muß, von *der* Projektmethode zu sprechen.

Verengt man den Blick auf den Bereich der betrieblichen Bildung, dann kann man als übergreifende Begriffsbestimmung festhalten: Als *Projekte* werden in der Regel Lernaufgaben bezeichnet, die aus der Berufspraxis entlehnt oder entnommen sind, und die in der Planung und Ausführung von den Lernenden selbständig und in Gruppen bearbeitet werden.

Damit sind mehrere Merkmale betrieblicher Anwendungen der Projektmethode umschrieben:

☐ In Projekten werden reale, der Arbeitswirklichkeit entsprechende Aufgaben bearbeitet. Mit dieser Identität ist zugleich eine Trennung ausgesprochen: Lernprojekte in diesem Verständnis sind nicht in der Arbeitswirklichkeit angesiedelt, sondern analog zu ihr gestaltet. Diese Analogie ist in verschiedenen Ausformungen der Methode verschieden weit angelegt: oft nur im technischen Bereich (Projektarbeit mit produktionsidentischen Maschinen und Werkstücken), manchmal auch im arbeitsorganisatorischen Bereich (Gestaltung von Arbeitsaufträgen, zeitlichen Vergaben etc.) und selten im ökonomischen Bereich (Erstellung marktfähiger Produkte und Leistungen).

☐ Die selbständige Bearbeitung von Projekten schließt die Selbststeuerung des Lernprozesses durch die Lernenden mit ein. Diese entscheiden nicht nur über die praktische Bearbeitung der Projektaufgabe, sondern gestalten auch den damit verbundenen Lernprozeß, so etwa durch den selbstgesteuerten Zugriff auf Lehrer, Fachexperten und Informationsmaterialien.

☐ Projekte werden in Projektgruppen bearbeitet. Obgleich dieses Merkmal die Projektmethode nicht notwendig auszeichnen muß, und mit der *Teammethode* zeitweise die Gruppenorientierung dieser Lernmethode als eigenständige Form proklamiert wurde, wird in der betrieblichen Bildungspraxis im Rahmen der Projektmethode in aller Regel in Gruppen gelernt.

Im Rahmen der Anwendung der Projektmethode ist die Leittextmethode entstanden, die vor allem den Aspekt des selbstgesteuerten Lernens formalisiert und operationalisiert. Sie soll wegen ihrer weiten Verbreitung in der betrieblichen Bildung eingehender behandelt werden.

5.4.1.2. Die Leittextmethode

Etwa seit 1970 werden in Betrieben mit starker Förderung durch das Bundesinstitut für Berufsbildung vorrangig in der Erstausbildung Leittexte entwickelt, eingesetzt und erprobt, zunächst im Rahmen von Ausbildungsprojekten bei Großbetrieben, so bei der Mercedes Benz AG in Gaggenau, bei der Ford-Werke AG in Köln, bei der Stahl-Werke Peine Salzgitter AG und bei der Hoesch AG in Dortmund [vgl. Koch, J., 1984]. Leittexte werden oft in Verbindung mit Projekten verwendet.

Die Projektausbildung war die erste Ausbildungsform, bei der Leittexte systematisch zum selbständigen Planen, Durchführen, Kontrollieren und Auswerten eingesetzt wurden.

Die Leittextmethode hat inzwischen das Stadium der Erprobung verlassen und beachtenswerte Verbreitung im betrieblichen Ausbildungsbereich gefunden: Im Jahr 1991 wurde die Leittextmethode nach Befragungen von Auszubildenden in 8 % der Betriebe eingesetzt (bei Betrieben mit über einhundert Beschäftigten mit einem Anteil von 2,6 % dieser Betriebe sogar als überwiegende Lernmethode). Es wird eine zunehmende Tendenz beobachtet [vgl. BMBW 1993, S. 87].

Ihren Ausgangspunkt hat die Leittextmethode als betriebliche Weiterentwicklung von Verfahren des *Programmierten Unterrichts* [PU] genommen. Erst spät folgten offene Varianten, die sich theoretisch nicht mehr aus behavoristischen Lernmodellen begründeten, sondern aus arbeitspsychologischen Handlungstheorien, so daß heute festgestellt werden kann: »Bei der Leittextmethode handelt es sich [...] um eine gut entwickelte und relativ weit verbreitete Anwendung der Handlungstheorie« [Koch, J., 1992 a].

Obgleich die Leittextmethode in einer Vielzahl von Varianten mit ganz unterschiedlichen praktischen Anforderungen eingesetzt wird, läßt sich eine allen Formen gemeinsame Zielbestimmung festhalten: Mit Leittexten soll im Bereich der beruflichen Bildung der Widerspruch der »Erziehung zur Selbständigkeit« methodisch bewältigt werden; es sollen Anleitungen in einer Weise gegeben werden, die selbständiges Lernen ermöglicht und fördert [vgl. Koch, J., 1992b, S. 29].

Die Leittextmethode konzentriert sich zunächst auf die Entwicklung und Bereitstellung *schriftlicher Materialien* zur Unterstützung der Lernenden. Diese Materialien sind weniger Anleitungstexte, wie der Name »Leittext« suggerieren könnte, als *Leitfragen,* die die selbständige Planung und Ausführung von Arbeiten unterstützen. In neueren Modellversuchen werden umfänglichere Sachinformationen sogar gänzlich aus den Leittexten verbannt. Statt dessen werden Anleitungen gegeben, wie die Lernenden sich aus einschlägigen Quellen die erforderlichen Informationen selbständig beschaffen können (so z. B. im Modellversuch der Telekom »LoLa« [Leittextorientierte Lern- und Arbeitsmethode] zur Ausbildung von Kommunikationselektronikern [vgl. Meerten 1992]).

Mit Leitfragen und gezielten Leitsätzen zur selbständigen Beantwortung will man zugleich eine Individualisierung des Lernens herbeiführen, um unterschiedlichen Lernvoraussetzungen zugleich gerecht werden zu können: »Leittexte sind schriftliche Materialien, die Lernprozesse gezielt und planmäßig strukturieren und die es Aus- und Weiterbildenden in den Betrieben erleichtern, die Zielgruppe individuell zu fördern« [Baethge 1990, S. 394].

Lernleittexte zeichnen sich methodisch durch folgende Aspekte aus [vgl. Weissker 1989, S. 46]:

☐ Praxisnahe und systematische Ausbildung und Weiterbildung werden miteinander verbunden.

☐ Eine individuelle Selbsterarbeitung notwendiger Kenntnisse wird möglich.

☐ Es wird eine systematische Einführung des selbständigen Planens, Durchführens und Kontrollierens von Lern- und Arbeitsschritten unterstützt.

Die Leittextmethode beschränkt sich allerdings nicht auf die Entwicklung von Lernmaterialien. Sie versteht sich als »vollständiges Lehr-Lern-System« [Koch, J., 1992b, S. 30], berührt also die gesamte Organisation des Lernprozesses. In der Regel ergänzt sie sich mit Formen des projektorientierten Lernens in Lehrgangsform.

Die Anwendung der Leittextmethode in der Ausbildung kann als Gliederung folgender sechs Einzelschritte dargestellt werden [zusammengefaßt nach BIBB 1991, III, S. 19 und Hacker, Skell 1993, S. 269 ff.]:

☐ *Informieren:* Der Auszubildende soll in diesem ersten Schritt ein umfassendes Bild vom angestrebten Ergebnis bekommen. Der Auszubildende soll sich die für die anschließende Vorgehensweise benötigten Informationen selbständig erarbeiten. Leitfragen und kurze Zusammenfassungen von beruflichem Spezialwissen (das dem Auszubildenden nicht zugänglich ist) unterstützen ihn dabei. Die Leitfragen können individuell oder im Team erarbeitet werden.

☐ *Planen:* Es wird die Grundlage für die Handlung gelegt, d. h. der Lernende entwickelt seinen Vorgehensplan. Dies kann wiederum im Team oder individuell geschehen, wobei Hilfen durch den Ausbilder stets verfügbar sind. Der Plan umfaßt die Änderungen des Arbeitsgegenstandes, die dazu benötigten Werkzeuge und Maschinen sowie die Umfeldbedingungen und die Wirkungen der Tätigkeit. Möglichst beinhaltet der Plan auch bereits eine Vorgabe für Kriterien der späteren Kontrolle der Tätigkeit.

☐ *Entscheiden:* Es wird festgelegt, ob die vom Auszubildenden eingeschlagenen Lösungswege für eine Ausführung geeignet sind und welche Mittel angewendet werden sollen. In einem Fachgespräch zwischen Auszubildenden und Ausbildern werden die beantworteten Leitfragen und vorgelegten Pläne besprochen. Es wird festgestellt, welches Wissen verfügbar ist, welche Lücken bestehen und welche Fehler in die Überlegungen der Auszubildenden eingegangen sind. Durch weitere gezielte Unterweisungen kann der Ausbilder die aufgedeckten Lücken schließen.

☐ *Ausführen:* Die geplante Arbeitstätigkeit wird möglichst selbständig vom Lernenden ausgeführt. In diesem Abschnitt gewährt der Ausbilder Überwachung und Hilfe, falls der Auszubildende dies benötigt. Es wird besonderer Wert darauf gelegt, dem Auszubildenden Denkimpulse so zu geben, daß sie ihn in seinem handlungsbezogenen Denken aktivieren.

☐ *Kontrollieren:* Die Kontrolle soll hauptsächlich in der Form der Selbstkontrolle durchgeführt werden. Dadurch sollen die Auszubildenden lernen, die Qualität der eigenen Arbeit zu beurteilen, so genau wie nötig zu arbeiten, eigenständig Fehler aufzuspüren und sich eventuell Gedanken über Fehlerursachen zu machen. Es erfolgt aber auch eine Fremdkontrolle durch den Ausbilder.

☐ *Bewerten:* Das Vorgehen, die Kontrollergebnisse und das gefertigte Produkt bilden die Grundlage einer abschließenden Auswertung im Fachgespräch. In dieser Phase der Auswertung sollen Ursachen und Folgeerscheinungen von Lernleistungen herausgefunden werden. Der Auszubildende lernt, Gütemaßstäbe für sein Arbeitshandeln zu entwickeln, sein Handeln zu bewerten und gegebenenfalls zu verbessern.

Die sechs Schritte der Leittextmethode (auf Grundlage der Handlungsregulationstheorie ausgedrückt als »Regelkreis« der »Vollständigen Handlung« [BIBB 1991, III, S. 31]) unterscheiden sich wesentlich von der traditionellen Ausbildung, in der Fertigkeiten vornehmlich durch Nachahmen erlernt wurden.
Die Leittextmethode ermuntert den Lernenden, selbständig das jeweils gestellte Thema zu recherchieren. Mit der Leittextmethode wird die traditionelle Aus- und Weiterbildung jedoch nicht ersetzt; sie wird dort ergänzt, wo es in der betrieblichen Praxis auf Selbständigkeit besonders ankommt. Für viele Ausbildungsinhalte ist diese Methode der Vermittlung weniger geeignet.
»Die Vier-Stufen-Methode, die sich für Ausbilder-gesteuerte Unterweisungen bewährt hat, wird durch die Leittextmethode zur Selbstunterweisung durch die Auszubildenden zweckmäßig ergänzt. Analog zu den technischen Bedienungsanleitungen stellt der Leittext eine Art Lernanleitung dar. Mit Hilfe von Lernleitfragen wird, wie dies bei der Interview-Technik schon lange bekannt ist, das Interesse des Zuhörenden oder des Lesenden auf die nachfolgenden Informationen konzentriert. Damit kann die Merkfähigkeit deutlich gesteigert werden. Das erhöht die Lerneffizienz. Genau dafür interessieren sich zunehmend mehr Betriebe angesichts der ständig wachsenden Fülle an neuen Informationen.« [Weissker 1989]

Vier-Stufen-Methode		Leittextmethode	
Ausbilder lehrt durch...	*Auszubildender lernt durch...*	*Ausbilder lehrt durch...*	*Auszubildender lernt durch...*
Erklären	Zuhören	Entwickeln von Leitfragen > Besprechen von Antworten < >	selbständiges **Informieren**
Vormachen	Zuschauen	Entwickeln von Planungs- hilfen > Besprechen von Vorschlägen < >	selbständiges **Planen**
Korrigieren	**Nachmachen**	Entwickeln von Leitsätzen > Besprechen von Problemen < >	selbständiges **Durchführen**
Bewerten	**Üben**	Entwickeln von Kontrollbögen > Auswerten der Ergebnisse < >	selbständiges **Kontrollieren**

Tabelle 11   Vier-Stufen- und Leittextmethode [nach: Weissker 1989]

Exemplarisch seien einige modellhafte Anwendungen der Leittextmethode in Betrieben einander tabellarisch gegenübergestellt (siehe
Tabelle 12 auf S. 118).

Die Leittextmethode mit ihrer hohen Gewichtung des selbstgesteuerten
Lernens könnte den Fehlschluß nahelegen, daß der Ausbilder überflüssig
werde. Der Steuerung der Ausbildung durch Leittexte sind jedoch durch
den Ausbildungsstand Grenzen gesetzt, an dem sich die vorgegebenen
Entscheidungsspielräume zu orientieren haben. Die eigenständige Suche
nach alternativen Lösungswegen für ein Problem ist zudem auch durch
technisch bedingte Sachgesetzlichkeiten eingeschränkt.

Mit der Leittextmethode erhält der Ausbilder eine neue Rolle. Der
Ausbilder ist jetzt nicht mehr in erster Linie Unterweiser, Vortragender,
Vormacher, Erklärer und Kontrolleur. Sein Eingreifen in das Handeln

Vergleichs-kriterien	Auftragstypenkon-zept der Fa. Hoesch – gewerblich-technisch	Modellversuch von Peine-Salzgitter – kaufmännisch	Modell: Leittextgestützte EDV- Vermittlung
Elemente	☐ Planübersicht für den Ausbilder ☐ Leitfragen ☐ Arbeitsplan ☐ Liste der Arbeitsmittel ☐ Leitsätze ☐ Lernpässe für Teilnehmer	☐ Leittexte für die Funktions-bereiche ☐ Leittexte für die Versetzungsabt. ☐ Leittexte für die Tätigkeitsbereiche ☐ Leittexte für das Lernstudio	☐ Aufgaben-stellungen ☐ Leitfragen ☐ Teilaufgaben ☐ Erklärungen ☐ Übungen ☐ Kontrollfragen
Aufbau der Lern-schritte	☐ Information ☐ Planung ☐ Ausführung ☐ Kontrolle ☐ Bewertung	☐ generelle Orien-tierung ☐ ...zu Struktur und Aufgabe der Abteilung ☐ Ausführung in spezifischen Bereichen ☐ Fiktive Ent-scheidungs-situationen	☐ Aufgabenanalyse ☐ Planung ☐ Durchführung ☐ Kontrolle
Hilfen	☐ Planübersicht ☐ Arbeitsplan ☐ Liste der Arbeitsmittel ☐ Kontrollbogen ☐ Lernpaß	☐ Texte, Erklärungen ☐ Formulare ☐ Fallbeispiele	☐ Leittexte ☐ Handbücher ☐ Lerndisketten
Quelle	*[Hoesch 1986, S. 8 ff.]*	*[Schneider 1986, S. 50]*	*[Stexkes, Bauer 1987]*

Tabelle 12   [Vergleich nach: Bauer 1992, S. 29]

der Auszubildenden soll organisierend, beratend, moderierend und zusammenfassend bewertend erfolgen. Projektberichten zum Einsatz der Leittextmethode ist zu entnehmen, daß für viele Ausbilder diese neue Rolle zunächst ungewohnt ist, da sie in krassem Gegensatz zu ihrer bisherigen Stellung im Ausbildungsprozeß steht.

«[...] bisher haben die Ausbilder ihre Rolle in ihrer Facharbeiter-Berufsausbildung erlernt (auch die heute tätigen Ausbilder), indem sie diese von ihren Ausbildern ›abgeschaut‹ haben. Als ›Leittextausbilder‹ müssen sie diese Rolle ablegen. Sie müssen gänzlich anders mit den Auszubildenden umgehen, anders mit ihnen sprechen, stets für die

Auszubildenden da sein, sich aber auch weitgehend zurückhalten, scheinbar den Auszubildenden die Führung des Ausbildungsprozesses überlassen (aus dem Hintergrund führen). Diese neue Rolle zu verwirklichen, dies wird das Schwierigste beim Einführen des Leittextkonzeptes sein.« [BIBB 1989]

5.4.2. Die Verwendung handlungsorientierter Lernmethoden in der arbeitsplatznahen Weiterbildung

Projektmethode und Leittextmethode kommen überwiegend in der betrieblichen Erstausbildung, weniger in der Weiterbildung zur Anwendung. Wenn man von der These ausgeht, daß die Qualifikationsanforderungen, die Maßstäbe der Erstausbildung sind, in der Weiterbildung in ähnlicher Weise gelten, muß diese Divergenz erstaunen.

Es ist daher zu fragen, inwieweit Projekt- und Leittextmethode für sich Anforderungen an arbeitsplatznahe Weiterbildung erfüllen und wie gut sie sich als Methode in das Umfeld realer Arbeitsplätze einpassen lassen.

Im Unterschied zu traditionellen Verfahren des arbeitsplatznahen Lernens steht bei Projekt- und Leittextmethode die Selbststeuerung des Arbeits- und Lernprozesses im Vordergrund. Wo dort praktische Fertigkeiten geübt und ausgeführt werden, werden hier Elemente der Handlungsplanung und der Ergebniskontrolle mit aufgenommen. Die Lernenden haben die Verfahren zur Lösung der Projektaufgabe (ggf. mit Hilfestellungen durch Dozenten oder durch Leitfragen) selbst zu entwickeln und haben auch selbst zu prüfen, ob das angestrebte Ergebnis tatsächlich erreicht wurde.

Dadurch, daß Planung, Ausführung und Ergebniskontrolle zusammengeführt sind, sind selbständige Regulationen im Sinne der Theorie des Handlungslernens möglich. Der Lernende erhält Rückmeldungen über das Ergebnis seiner Tätigkeit und kann diesen entsprechend nicht nur deren Ausführung, sondern auch die Handlungsplanung modifizieren. Je nach Komplexität des Projektes muß der Lernende Kompetenzen der Bereichsplanung entwickeln, d. h. Teilziele neu setzen, verwerfen und koordinieren. Nur die Ebene der Erschließungsplanung wird mit der Projekt- und der Leittextmethode in der Regel nicht erreicht: es liegt in der Eigenart der betrieblichen Anwendung dieser Methoden, daß das schließlich zu erreichende Ziel in der Regel festgeschrieben ist; Planungs- und Handlungsfreiheiten bestehen nur in bezug auf die Wege der Zielerreichung.

Innerhalb der *Projektmethode* lassen sich einzelne Lernphasen differenzieren und entsprechenden Ebenen der Handlungsregulation gegenüberstellen:

Projektorientiertes Lernen	
Projektphasen	*Handlungsstufen*
Zielsetzung	Grobstrukturierung
Planung	Feinstrukturierung
Generalisierung	Generalisierung
Beurteilung	Flexibilisierung

Tabelle 13   Phasen projektorientierten Lernens [Halfpap 1983, S. 40]

Es kann erwartet werden, daß eine hohe Selbständigkeit der Lernenden erreicht wird, da im Sinne der Handlungsregulationstheorie vollständige Handlungszyklen wesentliches Element der Projektmethode sind.

Der Übertragung der Projektmethode aus der Sphäre der Erstausbildung in die arbeitsplatznahe Weiterbildung stehen jedoch Hindernisse gegenüber: zwar wird auch in den Verwendungen der Projektmethode in der schulischen und betrieblichen Erstausbildung meist entlang realer, nicht pädagogisch gestifteter Projekte gelernt; vielfach werden Projekte nicht nur nach Maßgabe bestimmter Lernziele konstruiert, sondern der Berufswelt entnommen. Bei der Verwendung der Projektmethode in der betrieblichen Weiterbildung am Arbeitsplatz ergibt sich insofern eine Identität: Auch hier sind die Projektaufgaben nicht pädagogisch konstruiert. Mit der Definition von Lernprojekten ist aber in der Regel eine Auskopplung dieser Projekte aus dem Arbeitsprozeß verbunden. In der Erstausbildung mag gerade diese Auskopplung erwünscht sein, um die fachliche Qualifizierung allgemein, d. h. getrennt von partikularen betrieblichen Anwendungen vollziehen zu können. In der betrieblichen Weiterbildung steht jedoch meist der unmittelbare Anwendungsbezug im Vordergrund.

Aus der Perspektive der Produktion wird daher Kritik an der Differenz von Lern- und Produktionsprojekten geäußert. Als Nachteil der Projektmethode wertet das »Betriebliche Bildungswesen« der Mercedes-Benz AG, Gaggenau, daß mit der *Nachbildung* des Arbeitsprozesses in Projekten ein Verlust an Anschaulichkeit, Ganzheitlichkeit und Komplexität der Aufgabenstellung einhergeht. »Die projektorientierte Ausbildung hat sich zu fragen, ob ein Transfer der erworbenen Kompetenzen in die Betriebswirklichkeit möglich ist. Denn: Die Übertragbarkeit des Gelernten ist vom Kontext abhängig, und das Gelernte kann nicht auf unbekannte Lernfelder und Lerngegenstände transferiert werden«

[Bittmann et al. 1992, S. 46]. In der Tat generiert die Projektmethode ein geeignetes Lernumfeld auf Grundlage der Isolierung von Aufgabenstellungen aus dem Arbeitsprozeß. Selbst wenn diese Aufgabenstellungen der Projekte nicht didaktisch aufbereitet und fachlich reduziert sind, geht der Bezug zum Arbeitsprozeß selbst teilweise verloren. Insbesondere jene Faktoren, die unter Gesichtspunkten der bloß fachlichen Qualifikation nur als Randbedingungen zählen – funktionale und hierarchische Beziehungen im Produktionsbereich, physische Arbeitsumgebung, Zusammenhänge des Arbeitsprozesses insgesamt – können in Lernprojekten nur schwer nachgebildet werden. Die Vermittlung von korrespondierenden Schlüsselqualifikationen ist daher erschwert.

Diese Probleme können teilweise umgangen werden, indem Strukturen der betrieblichen Arbeitsorganisation in den Lernprojekten reproduziert werden. So können nicht nur Lernaufgaben, sondern auch die Zusammenarbeit und Zusammensetzung der Gruppe der Lernenden unmittelbar aus der betrieblichen Arbeitsorganisation abgeleitet sein. Insbesondere in Arbeitsumgebungen, die Lernen dicht am Arbeitsplatz nicht zulassen, kann die Projektmethode dadurch Mittel der arbeitsorientierten Weiterbildung sein.

Einige Bestandteile der Projektmethode – das selbständige Lernen und das Lernen in Gruppenzusammenhängen – sind für das Lernen am Arbeitsplatz von hoher Bedeutung. Didaktische und methodische Verfahrensweisen der Projektmethode, die die Selbstorganisation des Lernprozesses oder die Kommunikation der Lernenden unterstützen, können auf unmittelbar arbeitsplatzbezogene Lernformen transferierbar sein:

»Projekte als einmalige, zeitlich befristete Aufgaben mit hoher Komplexität sind […] in besonderer Weise geeignet, einen Bezug zwischen Arbeiten und Lernen herzustellen. Die verbindende Funktion bezieht sich auf die doppelte Orientierung als Lern- und Arbeitsprojekt und auf die zeitliche Abfolge von Arbeitssituationen und Lernsituationen.« [Siehlmann et al. 1991, S. 46]

Die Projektmethode kann insofern auch in der arbeitsplatznahen Weiterbildung in dem Maße höhere Akzeptanz erfahren, in dem ihre Verfahrensweisen auch im regulären Produktionsprozeß als Form betrieblicher Arbeitsorganisation adaptiert werden [vgl. Heeg 1991, S. 142].

Die *Leittextmethode* versteht sich zwar als handlungsorientierte Lernmethode, sie ist jedoch zunächst bezogen auf das Lernen in Lehrgängen und oder in Lernprojekten, nicht auf das unmittelbar arbeitsplatzbezogene Lernen. Daher wurde auch sie in der Vergangenheit nahezu ausschließlich in der *beruflichen Erstausbildung* eingesetzt. Auch die wenigen dokumentierten Verwendungen in der *betrieblichen Weiterbildung* beziehen sich alle auf seminaristische Lernformen oder didaktisch konstruierte Lernprojekte.

Viele Berufspädagogen gehen sogar davon aus, daß die Leittextmethode in der Regel nur beim produktionsfernen Lernen einsetzbar sei: »Die Bedeutung der Leittextmethode dürfte um so mehr zunehmen, wie verstärkt in Großbetrieben die Berufsausbildung aus der Produktion in die Ausbildungswerkstatt verlagert wird. Erlernten die Auszubildenden früher im Arbeitsteam in der Produktion mehr informell, wie eine komplexe Arbeit bewältigt wird, muß dies mehr und mehr in der Ausbildungswerkstatt an erdachten Produktionsaufträgen oder an ausbildungsgerechten Produktionsaufträgen durchgeführt werden. Die Unterweisungsmethode für komplexe Arbeiten ist die Leittextmethode« [Schelten 1991 a, S. 137].

Es ist zu daher zu prüfen, ob die Leittextmethode auch im Bereich der arbeitsplatznahen Weiterbildung eine pädagogische Funktion erfüllen kann, oder ob sie dort ungeeignet ist.

Der Verwendung der Leittextmethode am Arbeitsplatz standen bisher vor allem betriebswirtschaftliche Gründe entgegen:

☐ Das Lernen mit Leittexten beansprucht höheren Zeitaufwand als die Arbeit mit schrittweise instruierenden Lernmaterialien [vgl. BIBB 1991, I, S. 21; Bauer 1989, S. 454; Schelten 1991 a, S. 137].

☐ Leittexte setzen große Verhaltens- und Kommunikationsfreiräume der Lernenden voraus. Restriktive Notwendigkeiten des Arbeitsprozesses erschweren das Lernen mit Leittexten. Insbesondere setzt die Verwendung der Leittextmethode in der arbeitsplatznahen Weiterbildung voraus, daß Planungs- und Kontrollkompetenzen beim Ausführenden der zu erlernenden Tätigkeit liegen.

Zugleich erscheint die pädagogische Attraktivität der Leittextmethode gerade für das Lernen am Arbeitsplatz evident:

Geht man mit der kognitiven Lerntheorie davon aus, daß handlungsorientierte Lernprozesse durch gedankliches Fragen gesteuert werden, sind Leitfragen als äußere Anregung gedanklicher Fragen ein geeignetes Mittel, Lernen am Arbeitsplatz zu fördern. Sie können dazu beitragen, daß Arbeitsprozesse gedanklich nachvollzogen und systematisiert werden. Soweit es um Lernen geht und nicht um bloßes Training unverstandener Verrichtungen, können solche Leitfragen sogar als unerläßlich angesehen werden.

Auch entspricht die Individualisierung des Lernens in der Leittextmethode der Partikularisierung vieler Lernprozesse am Arbeitsplatz. Flexible, selbstgesteuerte Lernformen sind eine Voraussetzung der Integration von Lern- und Arbeitsprozessen an Einzelarbeitsplätzen [vgl. Abschnitt 5.5.2.]. Die Leittextmethode entfernt sich damit nicht von der arbeitsplatzbezogenen Qualifizierung, sondern steuert sie. Dort, wo nur fertige und fest vorgegebene Bearbeitungswege möglich sind, wird die Leittextmethode nicht eingesetzt werden können. Sie eignet sich aber dazu, komplexe Handlungssituationen zu bewältigen, die in der technologisierten Arbeitswelt immer häufiger auftreten. Der Lernende kann so in die Lage versetzt werden, unterschiedlichste Handlungsanforderungen im betrieblichen Alltag zu bewältigen.

Unter diesem Gesichtspunkt müssen die oben erwähnten Einwände gegen den Einsatz der Leittextmethode differenzierter betrachtet werden. Sie beziehen ihre Gültigkeit aus einer Entgegensetzung von Lern- und Arbeitsprozessen, in denen letztere als mechanische Verrichtungen mit möglichst hoher Zeiteffizienz gesehen werden. Selbstverständlich sind Leittexte in tayloristisch geprägten Arbeitsstrukturen nicht einsetzbar. Es kann aber die These formuliert werden, daß mit der Erhöhung der Anforderungen an Kompetenz und Selbständigkeit der Arbeitenden auch die Leittextmethode am Arbeitsplatz anwendbar wird.

Die Leittextmethode macht den Lernprozeß zu einem selbstgesteuerten Akt, und kann damit den Lernenden letztlich sogar von der Verfügbarkeit pädagogisch elaborierter Arbeitsumgebungen emanzipieren. Strategien des zielerreichenden und remedialen Lernens werden in der Anwendung dieser Methode als Metaqualifikation quasi en passant vermittelt [vgl. Koch, J., 1992 b, S. 31; Bauer 1989, S. 455]. Auch entspricht die der Methode eigene Betonung der gedanklichen Arbeitsvorbereitung den Ergebnissen von Untersuchungen bei der Umsetzung der Handlungsregulationstheorie an gewerblichen Arbeitsplätzen [vgl. Abschnitt 4.3.], ebenso wie die Hervorhebung des Lernens in kommunikativen Zusammenhängen mit neueren arbeitsorganisatorischen Umstellungen in Richtung auf Gruppenarbeit korrespondiert.

Anders als bei Leittexten in der Ausbildung ist in der arbeitsplatznahen Weiterbildung zunächst die Arbeitsumgebung in die Leitfragen einzubeziehen: »Bei den Leittexten für Arbeitsplätze kommt es darauf an, Informationen für das Arbeitsumfeld und über die Rahmenbedingungen zu vermitteln. Es soll deshalb auch danach gefragt werden, wie die Abteilung organisiert ist, woher die Arbeitsvorgaben kommen, wo die Produkte hingehen und welche Bedeutung bestimmte Qualifikationsanforderungen haben« [BIBB 1991, I, S. 22].

Es sind allerdings eine Reihe von Umsetzungsproblemen der Leittextmethode für die Weiterbildung am Arbeitsplatz noch nicht in befriedigender Weise gelöst worden. So werden Weiterentwicklungen der

Methode deren Textorientierung zugunsten arbeitsplatzkompatiblerer Medien relativieren müssen [vgl. hierzu auch: Bauer 1989, S. 454]. Sie werden etwa das Problem zu lösen haben, wie die in Leitfragen fixierten sequentiellen Systematiken auf den situativen Lernbedarf am Arbeitsplatz bezogen werden können, und sie werden nicht zuletzt Anknüpfungspunkte an neuere Verfahren der Arbeitsorganisation definieren müssen, um eine bessere Akzeptanz in der arbeitsplatznahen betrieblichen Weiterbildung sicherstellen zu können.[12] Grundsätzlich ist zu bedenken, daß die Leittextmethode nicht für alle Zielgruppen gleichermaßen geeignet ist: Sie verlangt vor allem Leistungen im Umgang mit Texten, die bei »textentwöhnten« Arbeitskräften nicht immer vorausgesetzt werden können.

Zusammenfassend läßt sich damit festhalten: Die vornehmlich in der betrieblichen Erstausbildung verwendeten handlungsorientierten Methoden sind unter rein didaktischen Gesichtspunkten gleichermaßen auch in der arbeitsplatznahen Weiterbildung einsetzbar. Vor allem die hohe Eigenaktivität der Lernenden wie auch die Selbststeuerung des Lernprozesses lassen sie vor den Maßstäben der Handlungsregulationstheorie als geeignet erscheinen. Auch für die Vermittlung von über das Fachliche hinausgehenden Qualifikationen bringen diese Methoden Voraussetzungen mit: wenn man davon ausgeht, daß soziale Schlüsselqualifikationen nur in sozialen Interaktionen erworben werden [vgl. Abschnitt 4.2.2.], kann die Gruppenorientierung dieser Methoden zur Vermittlung solcher Qualifikationen dienen. Methodenkompetenz wird durch die Selbststeuerung innerhalb der Projekt- und der Leittextmethode einerseits vorausgesetzt, andererseits aber auch gefördert.

Hindernisse für eine unmodifizierte Übertragung dieser Methoden in die arbeitsplatznahe Weiterbildung ergeben sich eher aus Interferenzen mit den Anforderungen des Arbeitsprozesses. Beide Methoden sind – dies ist die Kehrseite ihrer ausführlichen pädagogischen Operationalisierung – relativ anspruchsvoll in bezug auf ihre Umfeldbedingungen: sie setzen steuerbare Arbeitsprozesse, geeignete physische

---

[12] Als Element eines Gesamtkonzeptes arbeitsplatznaher Qualifizierung im Bereich der Steuerungstechnik werden Leittexte in einem Modellversuch des Werkes Kassel der Volkswagen AG (»Modellversuch Steuerungstechnik – spangebender Bereich«, Volkswagen AG, Bibb) eingesetzt. Die Probleme der unmittelbaren Integration von Lernen mit Leittexten in den Arbeitsprozeß werden hier durch ein Phasenkonzept umgangen, das die Leittextmethode in anwendungsbezogenen Qualifizierungsmaßnahmen in Technikzentren des Bildungswesens einsetzt, und dann die Lernergebnisse in produktionsintegrierten Qualifizierungen erproben läßt [vgl. Bracht et al. 1992].

Lernumgebungen und zeitliche Freiheiten voraus, die in der betrieblichen Weiterbildung um so weniger gegeben sein werden, um so dichter diese mit dem Arbeitsprozeß verknüpft ist.

5.5. Dezentrale Konzepte des Lernens im Betrieb

5.5.1. Darstellung dezentraler Qualifizierungskonzepte

In vorangegangenen Abschnitt sind Formen handlungsorientierter Qualifizierung behandelt worden, die zwar tätigkeitsbezogen, aber getrennt vom eigentlichen Arbeitsplatz eingesetzt werden; diese Methoden entstanden aus dem Bedürfnis, die Erstausbildung in Lehrwerkstätten und Seminaren stärker auf den Arbeitsprozeß zu beziehen, ohne die räumliche und zeitliche Trennung von Arbeits- und Lernprozeß aufzuheben.

In diesem Abschnitt werden einige betrieblich eingesetzte Lernmethoden zusammengefaßt, die mit dem Arbeitsprozeß unmittelbar verbunden sind. Der Bezug zur laufenden Produktion ist bei diesen Methoden nicht eine mögliche Ergänzung, sondern essentieller Bestandteil. Die Herkunft dieser Lernmethoden ist in den meisten Fällen in der Produktion selbst zu finden; weitgehend sind sie aus Gruppenkonzepten entstanden, die zur technischen und arbeitsorganisatorischen Problemlösung beitragen sollten, und die dazu um qualifikatorische Funktionen erweitert wurden.

Mit Gruppenkonzepten des betrieblichen Lernens werden die klassischen Lernorte Arbeitsplatz und Lehrwerkstatt ergänzt. Lernen vollzieht sich hier an verschiedenen Lernorten, die miteinander kombiniert sind. Man kann von dezentral organisierten Lernorten sprechen, an denen gleichermaßen arbeitsplatznah oder arbeitsplatzgebunden gelernt wird.

Ansätze, Konzepte, Projekte und Modelle, die Lerngruppen enger mit Arbeitsgruppen verknüpfen, sind in der Regel aus dem wirtschaftlichen Bedürfnis nach verstärkter Konkurrenzfähigkeit, Verbesserung der Qualität der Produkte, Senkung des Produktionsausschusses etc. entstanden und trennen oft nicht zwischen Elementen, die der Personalführung, und solchen, die der Weiterbildung dienen:

»Mit Konzepten wie Werkstattzirkeln, Qualitätszirkeln, Lernstätten und Beteiligungsmodellen werden auf unteren betrieblichen Hierarchieebenen temporäre Arbeitsgruppen parallel zur normalen Arbeitsorganisation und -tätigkeit etabliert. Die Inhalte der Gruppensitzungen beziehen sich auf die Erörterung und Lösung arbeitsbezogener Probleme.« [Peters et al. 1990, S. 346]

Die Art und Weise der Organisation besonders der modernen industriellen Gruppenarbeit erlaubt solche Lernformen. Es handelt sich dabei meist um Kleingruppenkonzepte, die die normalen betrieblichen Organisationsstrukturen ergänzen sollen. Die hier vorgestellten Formen der Gruppenarbeit erhalten ihren betriebswirtschaftlichen Stellenwert im Kontext der Diskussionen zur *Lean Production,* die auf neue Formen der Arbeitsorganisation abzielt [vgl. Grün 1993; hier: Abschnitt 6.].

Ihre wesentliche Funktion haben dezentrale Weiterbildungskonzepte darin, daß sie Lernprozesse in Arbeitsgruppen ermöglichen, also genau dort, wo Lernbedarf zur Problemlösung entsteht: »Die Förderung von Kleingruppen (Qualitätszirkel, Lernstatt, Werkstattkreise usw.) holt die Problembewältigung aus den darauf spezialisierten Bereichen in die Gruppe zurück und macht sie zu einer Aufgabe der Betroffenen« [Meyer-Dohm 1991 a, S. 28]. Die Transferproblematik wird dadurch erheblich gemindert.

Erst eine gewisse Abgrenzung ihrer Organisation von der normalen Arbeitsorganisation ermöglicht jedoch systematisches Lernen. Oft werden Lerngruppen daher unterstützt durch methodisch und betriebspädagogisch geschultes Anleitpersonal.

5.5.1.1. Qualitätszirkel

Die Konzeption der Qualitätszirkel wurde in Japan bereits seit den fünfziger Jahren angewandt; in Deutschland wurde sie in den achtziger Jahren übernommen. Etwa seit Anfang der achtziger Jahre beschäftigte sich die westliche Industrie damit, wie durch bessere Produktivität und Qualität der Produkte langfristig Konkurrenzpositionen gegenüber der japanischen Wirtschaft gesichert werden könnten. Gemessen am Enthusiasmus, mit dem damals die neue Konzeption diskutiert wurde, schienen Qualitätszirkel die »Lösung für alle Motivationsprobleme am Arbeitsplatz zu sein« [Engel 1987, S. 65]. Über das Ziel der Qualitätsverbesserung von Produkten und Dienstleistungen hinaus, die den Qualitätszirkeln ihren Namen gegeben haben, werden solche Zirkel in deutschen Unternehmen zur Verbesserung der betrieblichen Zusammenarbeit und zur Förderung der Motivation der Beschäftigten eingesetzt [vgl. Engel 1987, S. 68 f.; Tilch 1993, S. 208].

Qualitätszirkel sind Arbeitsgruppen von etwa drei bis zehn Teilnehmern, die sich unter Anleitung eines Zirkelleiters mit produktionstechnischen bzw. arbeitsplatzbedingten Problemen auseinandersetzen und nach Lösungsmöglichkeiten suchen. Die Teilnehmer sollen dabei den Arbeitsprozeß nicht mehr nur als Ausführende, sondern auch aus der Perspektive von Planung und Kontrolle sehen.

»Es werden Vorgehensweisen bevorzugt, die partnerschaftliches Arbeiten fördern. Gruppenarbeit, unterstützt von Brainstorming und Metaplantechnik, wird daher verstärkt eingesetzt, wobei anstelle der Gruppenarbeit bei geringer Teilnehmerzahl die Partnerarbeit eintritt.«
[Lipsmeier 1984]

Elemente einer Qualitätszirkel-Organisation

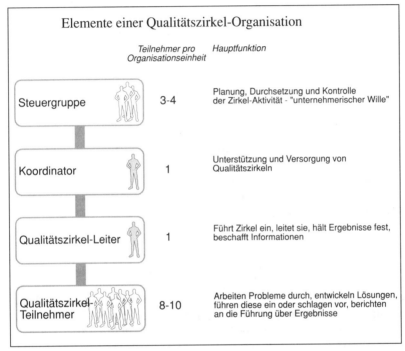

Grafik 11   Elemente von Qualitätszirkeln [nach: Engel 1987, S. 66]

Qualitätszirkel wirken sich insbesondere im Bereich der Kommunikation und der Zusammenarbeit, in der Senkung des Ausschußanteils und der Senkung der Nacharbeitszeiten sowie in Kosteneinsparungen durch verbesserte Arbeitsabläufe und Produktionsverfahren durch Vorschläge der Zirkelteilnehmer aus [vgl. Küchler 1981, S. 9 f.]. Die Arbeit in Qualitätszirkeln trägt bedingt zur Qualifizierung der Mitarbeiter bei. Wenngleich Lerneffekte erzielt werden, so liegen doch nur selten ausgearbeitete Ausbildungsmethoden und Lernkonzepte vor [vgl. Engel 1987, S. 70].
Die Aufgaben von Qualitätszirkeln sind in erster Linie auf Erfordernisse der laufenden Produktion bezogen. Qualifizierungen ergeben sich daher in funktionaler Weise entlang der Notwendigkeiten des Arbeits-

prozesses. Das Konzept der Qualitätszirkel sieht zwar vor, daß etwa Fachexperten und betriebliche Entscheidungsträger bei Bedarf hinzugezogen werden, um Kenntnislücken der Zirkelmitglieder zu kompensieren. Systematischer Weiterbildung dient aber der Zugriff auf solche externen Ressourcen in der Regel nicht.

Durch den direkten Bezug auf Probleme des Arbeitsprozesses werden mit Qualitätszirkeln vor allem die Voraussetzungen funktionalen Lernens verbessert:»Werden einerseits die direkten Weiterbildungsmöglichkeiten [in Qualitätszirkeln, d. V.] als nur gering eingeschätzt, so sind andererseits die [...]›realistischen‹ Ziele alle zu dem weiteren Umkreis einer indirekten Weiterbildung im Sinne eines arbeits- und gestaltungsorientierten Lernens zuzurechnen.«[Tilch 1993, S. 210].

5.5.1.2. Lernstatt-Konzepte

Die Lernstatt-Konzeption – Anfang der siebziger Jahre als pädagogisches Mittel der sprachlichen Qualifikation und der betrieblichen Integration von ausländischen Beschäftigten der unteren Qualifikationsebenen bei der BMW AG und der Hoechst AG entstanden [vgl. Markert 1985] – ist ein weiteres Beispiel für das Lernen in einer betrieblichen Gruppe. Im Unterschied zu Qualitätszirkeln zielen Lernstatt-Gruppen primär auf Lerneffekte ab und sind insofern eine betriebspädagogische Methode des selbständigen Lernens in bezug auf die Anforderungen des Arbeitsplatzes. Das Konzept diente zunächst dazu, ausländischen Beschäftigten betriebsfunktionale Deutschkenntnisse (deutsche Umgangs- und Fachsprache in relativ rudimentärem Wortschatzumfang) zu vermitteln. Es sollte darüber hinaus die fachlichen und sozialen Kompetenzen der Belegschaftsmitglieder fördern und ist insofern explizit von Konzepten der Qualitätszirkel und Werkstattzirkel abzugrenzen. In der betriebspädagogischen Praxis allerdings werden Lernstatt-Konzepte nicht immer diesem Anspruch gerecht und sind oft nichts anderes als Qualitätszirkel.

Lernstatt ist ein aus»Lernen« und»Werkstatt« gebildetes Kunstwort. Lernstatt-Konzepte sind grundsätzlich arbeitsorientiert und beziehen ihre Qualifizierungsinhalte durchgängig auf die betriebliche Erfahrungswelt ihrer Teilnehmer. Auf individuelle Leistungsbeurteilungen wird innerhalb der Lernstatt verzichtet [vgl. Markert 1985, S. 13].

Das Lernstatt-Modell wird organisiert und angeleitet von einer *Lernstatt-Zentrale,* die meist von betriebspädagogisch ausgebildeten Fachleuten geführt wird. Die Lernstatt-Zentrale koordiniert, plant und betreut die einzelnen Lernstätten in den Fachabteilungen. Die eigentlichen Träger der Lernstätten, die *Moderatoren,* sind hingegen keine Weiterbildungsfachleute, sondern stammen unmittelbar aus den

Fachabteilungen. Sie betreuen *Lerngruppen,* die sich aus Beschäftigten der Fachabteilungen zusammensetzen [vgl. Hohmann 1987, S. 54]. Die Einrichtung von Lerngruppen erfolgt zwar unter Zustimmung, aber ohne Beteiligung von Vorgesetzten der Teilnehmer, damit Weiterbildungsprozesse nicht durch Probleme betrieblicher Hierarchien affiziert werden. Die Lerngruppen arbeiten strikt themenzentriert; das heißt, sie rekrutieren ihre Teilnehmer entlang bestimmter betrieblicher Problemstellungen und Anforderungen, und sie lösen sich wieder auf, wenn diese Problemstellungen in ausreichender Weise bearbeitet worden sind. Im Konzept der Lernstatt wird Qualifizierung nicht abgehoben von der betrieblichen Organisation betrieben. Es wird versucht, die Mitarbeiter mit ihren Kenntnissen und Erfahrungen in den Lernprozeß mit einzubeziehen: »Dem zugrundeliegenden pädagogischen Konzept entsprechend ist man davon überzeugt, daß nicht nur die Trainerfachleute über die notwendige Kompetenz verfügen, sondern daß jeder einzelne Teilnehmer Wissen und Fähigkeiten in sich trägt, die abgerufen und entdeckt werden können und an denen alle lernen können« [Hommes 1987, S. 39].

Das Modell der Lernstatt schließt Moderationsleistungen ein: »Da in der Lernstattgruppe nicht mit dem Vorhandensein kommunikativer und prozeßbegleitender Qualifikationen gerechnet werden kann, ist die Vorbereitung von [...] Moderatoren erforderlich. Sie sind Gruppenmitglieder, haben jedoch die zusätzliche spezielle Aufgabe der Moderation und Prozeßbegleitung.« [Selka 1992; zur Moderation als Lehrmethode vgl. Hohmann 1987, S. 55 ff.]. Als Moderatoren werden selten Pädagogen, sondern meistens betriebliche Bezugspersonen der Lernstatteilnehmer eingesetzt [vgl. Markert 1985, S. 14].

Lernstatt-Konzepte benutzen ihrerseits eine Reihe von anderen Verfahren handlungsorientierten Lernens. Lernen innerhalb der Lernstatt kann entweder erfolgen durch handlungsregulatorisches Unterweisen, durch projektorientierte Unterweisungsverfahren oder durch selbstgesteuertes Lernen in Form der Leittextmethode.

5.5.1.3. Lerninseln

Vor allem bei der Qualifizierung für die industrielle Montage und Instandhaltung gibt es Ansätze für ein verknüpftes Nebeneinander von Arbeits- und Lernplätzen, wodurch lernorientiertes Arbeiten und arbeitsorientiertes Lernen ermöglicht werden. Das sogenannte Lerninsel-Konzept ist in Großbetrieben (vor allem in der Automobilindustrie, bekannt geworden in Ausbildungsprojekten der Mercedes Benz AG in Gaggenau und Rastatt) aus Problemen mit der Inkompatibilität einer tradierten, teilweise aber auch bereits projektorientierten Erstausbildung einerseits und neuen Organisationsformen in der Fertigung andererseits entstanden. Umstrukturierungen in der Produktionstechnik, abnehmende Arbeitsteilung und stärkere Planungs- und Kontrollfunktionen auf unteren Hierarchieebenen entsprachen nicht mehr den nur berufsbezogenen, spezialisierten und arbeitsplatzfernen Ausbildungsgängen in Lehrwerkstätten [vgl. Bittmann et al. 1992, S. 45]. Teile der Ausbildung wurden daher direkt in die Produktion verlagert.

Beim Lerninsel-Konzept werden aus der Ablauforganisation der Produktion ausgewählte Produktionsschritte an besondere Arbeitsplätze (Inseln) ausgegliedert. An diesen Inseln werden die Arbeitstätigkeiten von den Beschäftigten unter Anleitung von Ausbildern unter methodisch-didaktischen Kriterien ausgeführt. Über die Organisation dieser »Lerninseln« bzw. betriebspädagogisch geführten Fertigungsinseln wird die Qualifizierung der Beschäftigten in fachlichen, methodischen und sozialen Kompetenzen zum Bestandteil der Inselinstallierung selbst [vgl. Debener et al. 1992, S. 35]. Teamorientierte Lernkonzepte sollen den Erwerb sozialer beruflicher Handlungskompetenzen verbessern [vgl. Dehnbostel 1993 a, S. 5].

Das besondere Kennzeichen des Lerninsel-Konzeptes ist die unmittelbare Integration von Lernorten in die Arbeitsumgebung bei Trennung der individuellen Lern- und Arbeitstätigkeiten. Lernen findet nicht an jedem Arbeitsplatz jederzeit statt, sondern eben in dezidierten Lerninseln. Die Lerninsel liegt innerhalb des Produktionsbereiches. Ihre Ausstattung und ihre Bearbeitungsgegenstände sollen weitgehend mit denen der umgebenden Arbeitsplätze übereinstimmen, Sonderbedingungen sollen vermieden werden. Im Idealfall sind auch die arbeitsorganisatorischen Bedingungen und funktionalen Schnittstellen an der Lerninsel gleich wie im regulären Arbeitsprozeß.

Das Lernen an Lerninseln ist zwar arbeitsplatzintegriert, beschränkt sich aber nicht auf Lernen durch Arbeiten; Lernprozesse werden von den Lernenden entlang von Lernzielkatalogen selbständig geplant und organisiert. Fachliche Qualifikationen werden meist zusätzlich über generelle Kursangebote vermittelt, z. B. über Herstellerschulungen (etwa zu CNC-Technik, Roboterqualifizierung, PPS-Systemen [Produktionsplanungs- und Steuerungssystemen]). Methodisch-didaktische Konzepte sollen die Fähigkeit zum Lernen am Arbeitsplatz stärken und gerade lernungewohnten Beschäftigten Entwicklungsmöglichkeiten bieten, da die Lerninhalte an die Erfahrungen des Arbeitsalltags anknüpfen. Das Lerninsel-Konzept zeichnet sich insofern durch die Integration von arbeitsplatzintegrierten und lehrgangsförmigen, aber arbeitsplatzbezogenen Elementen aus:

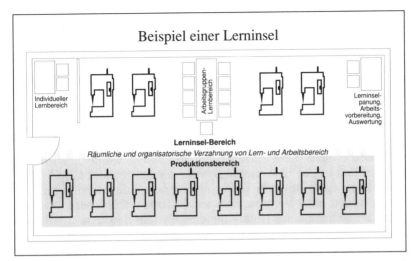

Beispiel einer Lerninsel

Individueller Lernbereich

Arbeitsgruppen-Lernbereich

Lerninsel-panung, Arbeits-vorbereitung, Auswertung

Lerninsel-Bereich
Räumliche und organisatorische Verzahnung von Lern- und Arbeitsbereich
Produktionsbereich

Grafik 12   Beipiel einer Lerninsel

»Für die Lerninseln ist eine doppelte Infrastruktur kennzeichnend: Eine, deren Arbeitsaufgaben, Technik, Arbeitsorganisation und Qualifikations-Anforderungen dem umgehenden Produktionsfeld entspricht: eine, die zusätzliche räumliche, ausstattungsmäßige und personelle Ressourcen bereitstellt. Das Lernen ist zwar arbeitsplatzgebunden, beschränkt sich jedoch nicht auf informelle Lernprozesse oder ein ›learning by doing‹. Arbeiten in neugeordneten Berufen werden vom Lernenden selbständig oder in der Gruppe geplant, durchgeführt und kontrolliert, erfahrungsgeleitete Lernprozesse in der Insel mit berufspädagogisch systematisiertem Lernen verbunden.« [Dehnbostel 1993 b, S. 4]

Lerninseln haben in Modellversuchen einen festen Platz in der betrieblichen *Berufsausbildung* gefunden, werden dort aber erst gegen Ende der Ausbildung eingesetzt: »Die Voraussetzungen für den Einsatz in den Lerninseln sind klar umrissen und im betrieblichen Ausbildungsplan integriert. Wegen hoher Eingangs-Voraussetzungen erfolgen die ›Insel-Einsätze‹ erst in den letzten anderthalb Ausbildungsjahren. Zudem gibt es Lernzielkataloge mit fachlichen, methodischen und sozialen Inhalten und Zielen, auch berufsübergreifender, betriebswirtschaftlicher sowie arbeits- und technikgestaltender Art. Die Verweildauer in der Lerninsel Fahrzeugmontage beträgt neun, in den anderen Inseln jeweils fünf Wochen. Drei bis fünf Azubis sowie ein Lerninsel-Fachausbilder arbeiten jeweils in einem InselTeam« [Dehnbostel 1993 b, S. 4, in bezug auf einen Modellversuch bei der Mercedes Benz AG].

In den bisher bekannten Realisierungen sind Lerninseln nicht als isolierte Methoden, sondern immer als *Elemente* von Kombinationen
mehrerer Lernmethoden eingesetzt. Diese Kombinationen von
Methoden an unterschiedlichen Lernorten sichern das Verständnis und
die theoretische Fundierung von Arbeitserfahrungen, die an den Lerninseln gewonnen wurden.

5.5.1.4. Lernen am Arbeitsplatz durch Erkunden und Präsentieren; Job-Rotation-Programme zur Qualifizierung

Das betriebliche Lernkonzept der *Erkundung* wurde ursprünglich
vorwiegend in der Orientierungsphase der betrieblichen Ausbildung
eingesetzt. Es dient in der Weiterbildung neben der Vermittlung fachlicher Inhalte einer Verbesserung der Zusammenarbeit der Individuen
und Abteilungen eines Unternehmens. Es geht davon aus, daß »eine
entscheidende Voraussetzung für Kooperation [ist], daß die Mitarbeiter voneinander wissen, was sie jeweils tun und welche Erwartungen
sie an die Arbeit des jeweils anderen haben« [Koch, J., 1992 c]. Dieses
Wissen wird durch planmäßige und angeleitete Erkundungen und Prä-
sentationen entwickelt. Das Konzept sieht vor, daß Erkundungen entlang von vorgegebenen oder durch die Erkundungsgruppe selbst entwickelten Leitfragen vorbereitet werden. Die Erkundungen sollen
dazu dienen, die Arbeit anderer Bereiche im Unternehmen transparent zu machen und deren Erwartungen an die betriebliche Zusammenarbeit verstehen zu lernen. Als Mittel der Auswertung der Ergebnisse von Erkundungen ist deren abteilungsübergreifende Präsentation vorgesehen.[13]
Während die Erkundung nur punktuelle Eindrücke von anderen

---

[13] Erkundungskonzepte zur Vermittlung von Kenntnissen betrieblicher Arbeitsstrukturen werden in systematischer Weise unter anderem in einem Modellversuch in der Eisen- und Stahlindustrie entwickelt (»Kooperative arbeitsplatzorientierte Berufsbildung bei moderner Prozeßfertigung«; Hoesch Stahl AG,
Sozialforschungsstelle Dortmund, BIBB). Die Kooperation von Verfahrensme-
chanikern, Energieelektronikern und Industriemechanikern wird über die Grenzen der Berufsbilder hinweg durch gemeinsame qualifizierende Betriebserkundungen in Fachabteilungen anhand von selbst erarbeiteten Fragestellungen
gefördert. Als Beitrag zu einem »kooperativen Arbeitsprinzip« werden die
Erkundungen werden mit Wartungs- und Inspektionsarbeiten verknüpft, sind
also selbst in die betrieblichen Arbeitsstrukturen integriert. Neben Auszubildenden sollen hier auch betriebliche Mitarbeiter eingebunden werden. Die Teilnehmer an solchen qualifizierenden Erkundungen schätzen deren Effizienz zur Vermittlung von Kenntnissen betrieblicher Zusammenhänge als sehr hoch ein und
halten diese Kenntnisse für relevant für die Ausübung ihrer jeweils besonderen
Tätigkeit [vgl. Helbich et al. 1992; Helbich, Reppel 1994, S. 23 f.].

Arbeitsplätzen vermittelt, und daher zwar einem besseren Verständnis der betrieblichen Zusammenhänge am einzelnen Arbeitsplatz dienen kann, aber kaum je eine Verbreiterung der Fachqualifikation zulassen wird, zielen *Job-Rotation-Programme* auf eine Universalisierung auch der fachlichen Qualifikation.

Verfahren des Arbeitsplatztausches zu Qualifizierungszwecken werden bisher nahezu ausschließlich in der Einarbeitungsphase von Beschäftigten großer Unternehmen in sogenannten Trainee-Programmen eingesetzt. Solche Job-Rotation-Verfahren bestehen in der befristeten und angeleiteten Ausübung verschiedener, meist fachverwandter Funktionen in einem Betrieb. Sie dienen nicht nur der Vermittlung von Fachkenntnissen aus verschiedenen Abteilungen, die eine flexible Einsetzbarkeit der Teilnehmer fördern, sondern auch der Vermittlung von Kenntnissen der Erwartungen und Anforderungen anderer Funktionsstellen eines Betriebes an die Tätigkeit der Teilnehmer. Im Rahmen von Einarbeitungsprogrammen haben Job-Rotation-Programme darüber hinaus oft auch Funktionen der Eignungsfeststellung und Personalselektion, bzw. der Auswahl einer endgültigen Arbeitsstelle im betrieblichen Stellenangebot.

5.5.2. Dezentrale Qualifizierungskonzepte in der betrieblichen Weiterbildung

Die in diesem Abschnitt dargestellten Methoden sind fast alle ursprünglich nicht für die Belange der betrieblichen Weiterbildung entwickelt worden. Als Qualitätszirkel- und Lernstatt-Konzepte in einigen Betrieben eingeführt wurden, spielte sich die eigentliche Weiterbildung auch in diesen Betrieben nahezu ausschließlich getrennt vom Arbeitsprozeß in dezidierten Weiterbildungeinrichtungen ab; Ziel der neuen Konzepte war mehr die integrative Problemlösung im Arbeitsprozeß als die Weiterbildung dort. Betriebserkundungen dienten zunächst ebenfalls mehr der Verminderung von Reibungen in der Zusammenarbeit zwischen Abteilungen als der Qualifizierung der Erkundenden.

Von vornherein unter fachlichen Qualifizierungsgesichtspunkten entwickelt wurden das Konzept der Lerninseln, das die Arbeitsorganisation in Fertigungsinseln ergänzt, und Konzepte der Job-Rotation. Beide Methoden bezogen sich bislang nur in ersten Ansätzen auf die arbeitsplatznahe Weiterbildung. Lerninseln dienen der produktionsnahen Abrundung der beruflichen Erstausbildung, und Job-Rotation-Verfahren der betrieblichen Einarbeitung auf mittleren bis höheren Hierarchiestufen.

Bei allen diesen Konzepten ist daher noch zu diskutieren, inwieweit sie als Methode für die betrieblich zunehmend geplante arbeitsplatznahe Weiterbildung in Frage kommen.

Das Modell der *Qualitätszirkel* dient zwar in erster Linie der Lösung von Ablaufproblemen des Arbeitsprozesses, bringt aber als Methode arbeitsplatznaher Weiterbildung dennoch einige Attraktivität mit sich: die dem Modell eigene Betonung kooperativer Problemlösung und der Bezug auf Anforderungen der Arbeitstätigkeit bieten Ansatzpunkte für weiterführende Maßnahmen der kooperativen Selbstqualifizierung [vgl. Heidack 1987] und der transferorientierten Weiterbildung. Die Nutzung von Qualitätszirkeln für solche intentionalen Weiterbildungsmaßnahmen setzt allerdings eine weniger restriktive Anbindung ihrer Themen und Aufgaben an unmittelbare Produktionserfordernisse voraus, als sie in vielen Unternehmen praktiziert wird. Der Erwerb tätigkeitsbezogener Kenntnisse mag seinen Ausgangspunkt an aktuellen Problemen der Produktion nehmen; durch eine kontinuierlich wirkende Verpflichtung von Qualitätszirkeln auf die Befassung mit solchen Problemen wird er jedoch erschwert.

Das *Lernstatt-Modell* ist nicht in gleich enger Weise auf Fragen des Arbeitsablaufs bezogen. Sein anfängliches Ziel – die Vermittlung sprachlicher und sozialer Kompetenzen – hat den methodischen und organisatorischen Rahmen dieses Konzepts geprägt. In der Zusammensetzung der Lernstatt-Gruppen wird eine möglichst enge Bindung an die funktionalen Einheiten des Arbeitsprozesses angestrebt, von der inhaltlichen Zielsetzung her jedoch nicht. Als gruppendidaktisches Modell in der betrieblichen Weiterbildung für Lernungewohnte hat sich die Lernstatt als erfolgreich erwiesen; in ihrer ursprünglichen Form ist sie jedoch für die fachliche Weiterbildung auf allen Hierarchiestufen der Produktion nicht eingesetzt worden. Wenn man davon ausgeht, daß arbeitsplatznahe Weiterbildungskonzepte, die Formen der modernen Gruppenarbeit ergänzen sollen, alle Hierarchiestufen in integrierten Qualifizierungsmaßnahmen erfassen sollen, weil Funktionen der Planung, Durchführung und Kontrolle in der Fertigung verschmelzen [vgl. Abschnitt 6.2.3.], kann sich die Orientierung des klassischen Lernstatt-Konzeptes an der Gruppe der niedrig Qualifizierten als Hindernis erweisen.

Lerninseln werden bislang nicht in nennenswertem Umfang in der betrieblichen Weiterbildung eingesetzt. Dabei könnten sie gerade hier eine Reihe von Ansatzpunkten bieten. Die selbständige Ausführung von Arbeitsaufträgen in der Produktion durch die Lernenden, die Anlehnung an Modelle der Gruppenarbeit, die Integration von qualifizierten Facharbeitern als Lerninsel-Fachausbilder und die vorgesehene innovatorische Rückwirkung von Ergebnissen des Qualifizierungsprozesses auf den Arbeitsprozeß prädestinieren Lerninseln für den Einsatz im Bereich der arbeitsplatznahen Weiterbildung. Für einen solchen Transfer ist im Konzept der Lerninseln insoweit vorgesorgt, als dort auch in der Erstausbildung weitgehend an betrieblichen Realaufgaben gelernt wird. Die Übertragung dieses Konzeptes in die Weiterbildung fällt daher leichter als etwa die der Projekt- oder der Leittextmethode. Im einzelnen prädestinieren folgende Eigenschaften Lerninseln für den Einsatz in der arbeitsplatznahen Weiterbildung:

☐ Zunächst erweist sich die strikte technische Parallelität zum Produktionsprozeß als Vorteil für eine transferorientierte Weiterbildung. Durch die Ausstattung von Lerninseln mit produktionsidentischen Werkzeugen und Maschinen entfallen zusätzliche Transferleistungen des Lerninsel-Teilnehmers bei der Rückkehr in die Regelfertigung.

☐ Lerninseln sind in den realen Arbeitsfluß der Produktion eingebunden. Sie unterliegen daher den gleichen äußeren Bedingungen und weisen ähnliche hierarchische und funktionale Beziehungen auf wie der sie umgebende Arbeitsprozeß. Mehr noch: Sie stehen in kontinuierlicher Interaktion mit diesem Arbeitsprozeß, für den sie Leistungen erbringen und auf dessen Vorleistungen sie aufbauen. Damit können sie besonders dazu dienen, methodische und soziale Schlüsselqualifikationen zu vermitteln, die in der jeweiligen Arbeitsorganisation erforderlich sind. Teilweise wird dieses Moment noch dadurch unterstützt, daß die Organisation und Arbeitsteilung betrieblicher Arbeitsgruppen in der Organisation der Lerninseln reproduziert werden. Weiterbildung erfolgt z. B. nicht getrennt für verschiedene Berufe, sondern gemeinsam für alle an einer Arbeitsaufgabe Beteiligten.[14] Schnittstellen zwischen den

---

[14] So werden im Modellversuch COLA der AUDI AG – zuerst nur in der Ausbildung, heute auch in der Weiterbildung – Lernstationen in der Fahrzeugsteuerung und im Werkzeugbau eingerichtet, die eine arbeitsplatznahe berufsübergreifende Qualifizierung von Industriemechanikern und Industriekaufleuten ermöglichen. Die im Rahmen der CIM-Einführung in der Automobilindustrie notwendige Kooperation von gewerblichen und kaufmännischen Beschäftigten an rechnerintegrierten Arbeitssystemen wird weder von der neugeordneten Ausbildung für Metall- und Elektroberufe noch von der für Industriekaufleute abgedeckt. Die Kooperation beider Berufsgruppen im Arbeitsprozeß soll wechselseitige Lerneffekte unterstützen [vgl. Ehrke et al. 1992]. Ähnliche Ziele werden mit Lerninseln in der Instandhaltung bei der Mercedes Benz AG verfolgt; dort werden Industrieelektroniker und Industriemechaniker gemeinsam qualifiziert [vgl. Bittmann et al. 1992].

Berufsgruppen werden so etabliert, der Transfer jeweiligen berufs-
spezifischen Fachwissens wird unterstützt und Kommunikations-
kompetenzen zwischen den Berufsgruppen werden vermittelt.

☐ Auf der anderen Seite wird durch die Trennung der Lernbereiche
vom reinen Produktionsbereich, die mit dem *Insel*-Konzept realisiert ist, pädagogischer Handlungsspielraum gegenüber der unmittelbar arbeitsintegrierten Weiterbildung gewonnen: Die Anwendung didaktischer Verfahren ist innerhalb der Lerninsel ohne starke
Interferenzen mit dem umgebenden Arbeitsprozeß möglich. Auch
ist die Lerninsel damit – anders als etwa das Konzept der Qualitätszirkel – von der Fixierung der Qualifikationsziele auf unmittelbare
Fragen des laufenden Arbeitsprozesses befreit. Lernziele können
entlang der inneren Systematik der Lerninhalte vermittelt *und* auf
wirkliche Arbeitsvorgänge bezogen werden; in der Regelproduk-
tion ist diese Freiheit aus Gründen der Zeitökonomie und der Koordination der Einzeltätigkeiten innerhalb der Arbeitsteilung nicht
gegeben.

☐ Lerninseln können auch geeignet sein, die Teilnehmer an betrieblicher Erstausbildung und betrieblicher Weiterbildung zusammenzu-
führen. Bei der Mercedes Benz AG in Rastatt wird derzeit im Rahmen eines Modellversuchs die Kombination von Ausbildung und
Facharbeiter-Weiterbildung innerhalb derselben Lerninsel erprobt;
es wird sich erweisen, ob das Lerninsel-Konzept auch zur wechsel-
seitigen Befruchtung dieser bislang getrennten Bereiche beitragen
kann.

Als wesentlicher Vorteil des Lerninsel-Konzeptes kann die *Steuerbarkeit* der Intensität der Verbindung zum regulären Arbeitsprozeß gelten:
in dem Maße, in dem Grundlagenqualifikationen, Ergänzungswissen
und besondere Übungen notwendig sind, können sich Lerninseln vom
Arbeitsprozeß abkoppeln. Umgekehrt können sie jederzeit die Kenntnisse und Fertigkeiten ihrer Teilnehmer durch direkte Teilnahme am
Fertigungsprozeß erproben.

In der Darstellung potentieller Vorteile des Lerninsel-Konzeptes für
die betriebliche Weiterbildung sind implizit einige *Bedingungen* vorge-
kommen, die die Anwendbarkeit dieser Methode begrenzen:

So setzt das Lerninsel-Konzept eine gewisse Anzahl gleichförmiger
Einzel- oder Gruppenarbeitsplätze voraus, damit sich überhaupt einige davon ausgliedern und betriebspädagogisch umgestalten lassen. Es
setzt weiter voraus, daß die Arbeitsprozesse, die an die Lerninsel wei-
tergegeben werden, nicht besonders zeitkritisch sind: Wenn die zügige
Durchführung von Arbeitsaufträgen an Lerninseln die Voraussetzung
für den Fluß des regulären Arbeitsprozesses ist, werden Lernprozesse,

die sich zeitlich nicht strikt vorausplanen lassen, behindert.[15] Letztens entspricht der organisatorische Aufbau von Lerninseln nicht gleichermaßen jeder Art von Fabrikorganisation – tayloristische Anlerntätigkeiten werden sich in Lerninseln kaum trainieren lassen, Qualifikationen zur Mitarbeit in teilautonomen Arbeitsprozessen hingegen schon [Zu den arbeitsorganisatorischen Rahmenbedingungen arbeitsplatznahen Lernens im allgemeinen vgl. Abschnitt 6.2.]. Diese Bedingungen der Einsetzbarkeit des Lerninsel-Konzeptes führen dazu, daß bisherige Anwendungen sich vor allem auf eher handwerklich geprägte Tätigkeiten innerhalb der industriellen Produktion und auf Montagetätigkeiten erstreckten. Ein Modellversuch erprobt die Verwendung dieser Methode im Bereich der betrieblichen Instandhaltung; die Ergebnisse werden deshalb besonders interessant sein, weil dieser Bereich als zeitkritisch gilt: Durch schnelle Störfallbehebung müssen Maschinenstillstandszeiten in der laufenden Produktion kurz gehalten werden.

In der betrieblichen Weiterbildung bereits längere Zeit Beschäftigter werden *Job-Rotation-Verfahren* noch wenig angewendet, obgleich sie hier besondere Potentiale entfalten könnten [zur Erhöhung des Handlungsspielraums von Arbeitstätigkeiten durch Job Rotation vgl. Baitsch, Frei 1980, S. 17; kritisch: Heeg 1991, S. 79 f.]; sie erzwingen nicht nur eine selbständige Ausführung wechselnder Funktionen und fördern dadurch die Flexibilität der Teilnehmer, sondern dienen auch dem Transfer von Fachwissen und Ablaufkenntnissen des Arbeitsprozesses zwischen den einzelnen Fachabteilungen. Ihrer qualifizierenden Wirkung vorausgesetzt sind allerdings Arbeitsplätze mit unterschiedlichen kognitiven Anforderungen. Der Wechsel zwischen verschiedenen, aber gleichermaßen inhaltsleeren Tätigkeiten mag die Monotonie der Arbeit mindern, trägt aber nicht zur Förderung von Qualifikationen bei [vgl. Fricke 1975, S. 217].

---

[15] Im Werk Gaggenau der MERCEDES BENZ AG werden Lerninseln innerhalb der Produktion in Anlehnung an die Struktur teilautonomer Arbeitsgruppen gestaltet. Ausgangspunkt der Entwicklung von Lerninseln war die Feststellung, daß arbeitsplatzferne Ausbildungsformen auch nach Ausbildungsabschluß noch umfassendere Einarbeitungen im Betrieb nötig machten. Der Transfer des Ausbildungswissens in die Betriebswirklichkeit soll durch kombinierte Fertigungs- und Lernplätze erleichtert werden. Diese sind derzeit in der Fahrzeugnachrüstung von Unimogs, in der Achs-Umrüstung und in der Instandhaltung eingerichtet – dies alles Arbeitsbereiche mit eher handwerklich orientierten Arbeitstätigkeiten. Die Auswahl von Arbeitsplätzen zeigt, daß sich Lerninseln scheinbar nur unter Schwierigkeiten mit industriellen Arbeitstätigkeiten in strikten Zeitfaktoren kombinieren lassen. Soweit zeitliche Vorgaben auch in den Lerninseln gelten sollen, sind eigene Zeitfaktoren vorzusehen, die Lernzeiten einschließen.

Wenn trotz betrieblicher Vorteile Job-Rotation-Programme nach der Einarbeitungsphase nahezu ausschließlich zur Förderung des Führungskräfte-Nachwuchses durchgeführt werden, und nicht im Rahmen des job enlargement in der Qualifizierung in der Fertigung, dann wohl in erster Linie deshalb, weil sie hohe Anforderungen an die betriebliche Personalorganisation stellen und weil sie die Effizienz des laufenden Arbeitsprozesses kurzfristig beeinträchtigen können.

5.6. Methoden der Integration von Lernen und Arbeiten an Einzel-Arbeitsplätzen

Unter arbeitsplatzintegrierter Weiterbildung am einzelnen Arbeitsplatz wird verstanden, daß der Lernprozeß weder räumlich noch zeitlich vom Arbeitsprozeß separiert ist, daß also der Zugriff auf Lernmedien und die Unterbrechung der Arbeit für Lernphasen jederzeit nach Lernerfordernissen möglich ist.

Die hier beschriebenen Verfahren unterscheiden sich von den im vorhergehenden Abschnitt beschriebenen dezentralen Lernkonzepten darin, daß sie kontinuierlich am individuellen Arbeitsplatz zur Verfügung stehen, und dadurch, daß sie sich – wegen dieser Verknüpfung mit dem einzelnen Arbeitsplatz – eher auf individuelles, selbstgesteuertes Lernen als auf Lernen in Lerngruppen beziehen.

Konzepte arbeitsplatzintegrierter Weiterbildung setzen zweierlei voraus:

☐ Nach seiten des *Arbeitsplatzes* einen Arbeitsprozeß, der jederzeit ohne Friktionen für andere Beteiligte unterbrochen werden kann, und der keinem äußeren, strengen Takt unterliegt sowie Arbeitsanforderungen, die Selbständigkeit der Bearbeitung und Freiheiten der Ausführung ermöglichen.

☐ Nach seiten des *Lernprozesses* eine Ausstattung des Arbeitsplatzes mit Lern- und Kommunikationsmedien, die eine selbständige Weiterbildung während der Arbeit ermöglichen: z. B. Lehrbücher, Nachschlagewerke, computerunterstützte Lernprogramme, Kontaktmöglichkeiten zu Instruktoren und Fachexperten.

Die Organisation arbeitsplatzintegrierter Weiterbildung bedeutet damit alles andere als das Setzen auf gleichsam automatische Lernqualitäten jeder Arbeitstätigkeit. Weiterbildung unmittelbar am Arbeitsplatz muß über den Umgang mit konkreten, aktuellen Arbeitsanforderungen hinausgehen können und dem Lernenden den Übergang zur Befassung mit Grundlagen, anderen Anwendungsbeispielen, Details etc. ermöglichen, wenn sie mehr leisten soll als das Anlernen auf einen bestimmten, fixierten Arbeitsplatz. Sie setzt insofern hohe Autonomie des Lernenden auch über die Gestaltung des Weiterbildungsprozesses selbst voraus.

5.6.1. Arbeitsplatz-integrierte Weiterbildung am einzelnen Arbeitsplatz mit konventionellen Lernmedien

Als am meisten verbreitete Form der arbeitsplatzintegrierten Weiterbildung kann die *betriebliche Einarbeitung* gelten, mit der Beschäftigte an Anforderungen von für sie neuen Arbeitsplätzen herangeführt werden [vgl. Kloas 1991, S. 335 f.]. In der Regel wird die Einarbeitung weniger von dediziertem Weiterbildungspersonal als von Arbeitskollegen und Führungskräften angeleitet. Sie findet fast immer unmittelbar am künftigen Arbeitsplatz statt: »Den Arbeitsplatz kann der Mitarbeiter nur am Arbeitsplatz selbst kennen und beherrschen lernen« [Münch 1990, S. 151]. Sie ist auf den einzelnen Lernenden zentriert.

In der Phase der Einarbeitung verbinden sich Weiterbildungsinhalte in kaum trennbarer Weise mit betrieblichen Anweisungen und der Vermittlung sozialer Verhaltenskodizes. Eine Untersuchung der qualifikatorischen Momente im Prozeß der Einweisung und Einarbeitung steht allerdings noch aus: «[Wir] wissen [...] aus der wissenschaftlichen Perspektive noch recht wenig über das Lerngeschehen bei der Einweisung und bei der Einarbeitung, [es] fehlt [...] zur Zeit noch an einer kriteriengeleiteten Durchleuchtung dieser betrieblichen Weiterbildungsaktivitäten« [Münch 1990, S. 151].

Als weitere Form der arbeitsintegrierten Weiterbildung kann das *Training am Arbeitsplatz* gelten, das der personal angeleiteten Vermittlung von Kenntnissen oder der intellektuellen bzw. motorischen Einübung von Arbeitstätigkeiten dient. Vor allem im Bereich der Weiterbildung von Führungskräften hat sich in den letzten Jahren das *Coaching* verbreitet, d. h. die kontinuierliche begleitende Unterstützung durch einen Trainer.

Selbständige Weiterbildung am Arbeitsplatz zeichnet sich dadurch aus, daß der Lernende in eigener Regie Lern- und Arbeitsprozeß verbindet. Sie ist an allen Arbeitsplätzen mit großen kognitiven Anforderungen von Bedeutung, wird aber nicht immer in formalisierter Form durchgeführt und ist daher nach Umfang und Art nur schwer erfaßbar. In den letzten Jahren wurden mehrere Untersuchungen publiziert, die sich mit den personalen und sachlichen Voraussetzungen von Selbstqualifikation auch außerhalb der arbeitsplatznahen Weiterbildung befassen [vgl. Nyhan 1989, Nyhan 1991 a, Bähr 1993 etc.; zur Bedeutung der

Selbstqualifikation für den Umgang mit DV-Techniken am Arbeitsplatz: Koch, R., 1987]. In bezug auf die *objektiven* Bedingungen arbeitsplatzintegrierten Selbstlernens läßt sich zusammenfassen: Selbständiges Lernen unmittelbar am Arbeitsplatz bedarf der Unterstützung durch die Gestaltung des Arbeitsprozesses. Dieser darf durch seine Komplexität oder Anforderungsintensität die Kenntnisse und Fähigkeiten nicht bereits voraussetzen, die durch die Weiterbildung an ihm erst erworben werden sollen. Die Arbeitsintensität ist daher in einer Weise zu verringern oder, besser noch, durch den Lernenden steuerbar zu machen, die Zeit läßt für Phasen des Lernens. Insbesondere solche Momente der Arbeitsprozesse, die aus organisatorischen oder technischen Gründen verdeckt und wenig anschaulich ablaufen, müssen durch unterstützende Medien transparent gemacht werden. Selbständiges Lernen am Arbeitsplatz kann sich dabei aller jener Medien und Methoden klassischer Weiterbildung bedienen, die nicht von vornherein für unterrichtsförmiges Lernen konzipiert sind.

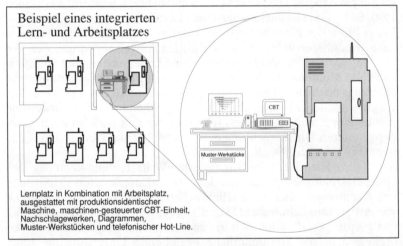

Beispiel eines integrierten
Lern- und Arbeitsplatzes

CBT

Muster-Werkstücke

Lernplatz in Kombination mit Arbeitsplatz,
ausgestattet mit produktionsidentischer
Maschine, maschinen-gesteuerter CBT-Einheit,
Nachschlagewerken, Diagrammen,
Muster-Werkstücken und telefonischer Hot-Line.

Grafik 13   Beispiel eines integrierten Lern- und Arbeitsplatzes

Idealtypisch fallen *Lernmedien* und Arbeitsmittel bei arbeitsplatzintegrierter Weiterbildung zusammen. Die Arbeitsmittel sind selbsterklärend, bzw. die Lernmedien taugen zur Erfüllung realer Arbeitsaufgaben. Tatsächlich ist diese Integration auf der Ebene der Medien noch nicht vollzogen. Es werden weitgehend klassische Lernmedien direkt am Arbeitsplatz bereitgehalten. Hier kommen vor allem in Betracht:

☐ Lehrbücher, Fachlexika und andere Nachschlagewerke, Tabellen- und Namenbücher;

- [ ] Betriebliche Informationsschriften und Anleitungen zum Arbeitsprozeß;
- [ ] Bedienungsanleitungen zu Maschinen, Geräten und Werkzeugen;
- [ ] Musterwerkstücke und Simulationsmodelle;
- [ ] Kommunikationsmedien zu Instruktoren, Dozenten, Fachexperten sowie anderen Lernenden an gleichen oder ähnlichen Arbeitsplätzen.[16]

Der Modellversuch »Weiterbildung von un- und angelernten Fachkräften in kleinen und mittleren Betrieben der Region Bergische Großstädte« (Technische Akademie Wuppertal; AIQ) hat sich – ausgehend vom didaktischen Konzept der aufgabenorientierten Qualifizierung [vgl. Witzgall, Wöcherl 1989] – mit Anforderungen an Medien der integrierten Qualifizierung am Arbeitsplatz befaßt. Als Kriterien wurden festgehalten: «(a) Wirkungsvolle Unterstützung der Orientierungs-, Aneignungs- und Transferphasen des Lernprozesses; (b) Kompensation von Lernproblemen als Folge unzureichender deutsch- und fachsprachlicher Kompetenzen [im Modellversuch wegen der spezifischen Zielgruppe von großer Bedeutung; d. V.]; (c) Standardisierung bedeutsamer, aufgabenbezogener Tätigkeiten; (d) zeitlich-räumliche Flexibilisierung der Lehr-/Lernprozesse; (e) kostengünstige Erstellung und Einsatz ohne besonderen technischen Aufwand« [Witzgall 1994, S. 21]. Der letztgenannte Punkt ist besonders zu berücksichtigen, wenn betriebliche Multiplikatoren in die Erstellung und die Pflege der Lernmedien eingebunden werden sollen. Im Modellversuch fanden flexibel gestaltbare »Lernalben« Verwendung, in denen Fotos von Maschinen und Arbeitsgängen mit Lernkarten kombiniert sind. Die Lernkarten enthielten einfache sequentielle Beschreibungen von Arbeitsschritten.

HEIDACK hat untersucht, inwieweit die *Kooperation der Lernenden* zusätzliche Potentiale in den Prozeß der Selbstqualifikation am

---

[16] Unter Nutzung von tragbaren Tonbandgeräten ist ein interessantes Projekt des Qualifizierungszentrums Rheinhausen GmbH zur arbeitsplatzintegrierten Weiterbildung von Fachkräften in der Qualitätssicherung bei der Mannesmannröhren-Werke AG durchgeführt worden. Qualitätsprüfer im Werk sollten die englische Sprache so erlernen, daß sie sich mit englischsprachigen Qualitätskontrolleuren der Abnehmer im Werk verständigen konnten. Dazu führten sie während ihrer Arbeit ein kleines Tonbandgerät mit sich, auf das sie alle englisch geführten Dialoge mit den Vertretern der Abnehmer aufzeichneten. Die kontinuierliche Auswertung der Tonbänder gemeinsam mit einem Sprachlehrer führte sehr schnell zu einer deutlichen Verbesserung der tätigkeitsbezogenen Sprachkenntnisse [Quelle: KÖCHER, QZR].

Arbeitsplatz einbringen kann. Er kommt zu dem Ergebnis, daß »das partnerschaftliche Verhalten von Personen mit unterschiedlichen Fachkenntnissen und Berufserfahrungen, die an neuen Aufgabenstellungen in der Gruppe voneinander und miteinander Lernen und sich gegenseitig helfen, die dabei bestehenden und entstehenden Konflikte zu bewältigen« [Heidack 1989, S. 25], als eine der wirksamsten Ressourcen der betrieblichen Weiterbildung betrachtet werden kann. Das gilt auch für solche Arbeitsplätze, an denen die Arbeitstätigkeit selbst in individualisierter Form durchgeführt wird.

Problematisch erscheint nach wie vor die Frage der Leistungsmessung und - beurteilung an lernorientierten Arbeitsplätzen. Insofern arbeitsplatzintegrierte Weiterbildung zur dauernden Einrichtung wird und nicht auf kurze Phasen begrenzt bleibt, sind hier noch Formen zu entwickeln, die eine Beeinträchtigung des Lernprozesses durch arbeitsleistungsbezogene Formen der Beurteilung und Entlohnung verhindern.

5.6.2. Der Beitrag computergestützter Lerntechnologien zum Lernen am Arbeitsplatz

Durch die schnellen Fortschritte der Informations- und Kommunikationstechniken sind in den letzten Jahren erhebliche und noch lange nicht abgeschlossene Entwicklungen im Bereich der computergestützten Lernmedien ermöglicht worden.

Die Betriebe sehen gerade vor dem Hintergrund der steigenden Weiterbildungskosten in diesen Lernsystemen eine Alternative zu teuren externen oder internen Mitarbeiterschulungen. Durch die stürmische Entwicklung neuer Multimedia-Systeme, neuer Bildspeichereinheiten und entsprechender Standardisierungen werden die Voraussetzungen für Lernsysteme geschaffen, die bei erhöhter Qualität wesentlich kostengünstiger angeboten werden können. Hier ist für die nähere Zukunft auch ein erheblicher Zuwachs auf der Anbieterseite zu erwarten.

Für die Attraktivität solcher apersonalen Lernmedien in der beruflichen und betrieblichen Weiterbildung können aus Sicht der Unternehmen eine ganze Reihe von Gründen genannt werden. Im einzelnen können folgende Vorteile dieser Techniken aus betrieblicher Sicht angeführt werden [Zimmer 1990; Baethge 1990, S. 395 f.; Schnitzler 1993, S. 58]:

☐ Standardisierung und möglichst gleichbleibende Qualität der Schulung bzw. Weiterbildung;

☐ Dezentralisierung und jederzeitige Abrufbarkeit von Schulung entsprechend dem aktuellen Bedarf am oder in der Nähe des Arbeitsplatzes; Flexibilisierung der Lernorganisation;

☐ Flexibilisierung des Personaleinsatzes durch rasch verfügbare Schulungsangebote;

☐ Reduzierung der Schulungszeit bei gleichzeitiger Steigerung der Qualifizierungseffekte;

☐ Sicherung bzw. Konsolidierung der Weiterbildungskosten bei gleichzeitig steigendem Qualifizierungsniveau und Teilnehmerdurchlauf;

☐ Kompatibilität der Lernmedien zu anderen, betrieblich genutzten Medien und Informationsträgern; Integrationsfähigkeit von Lernsystemen in den Arbeitsprozeß; Kapazitäten für große, leicht änderbare Informationsmengen in verschiedenen Medien; leichte Internationalisierbarkeit;

☐ Mobilisierung von Lernpotentialen durch die Initiierung selbstgesteuerter, individualisierter Lernprozesse; Herstellung von Technologieakzeptanz bei den Lernenden durch die Zugänglichkeit des Lernmediums selbst;

☐ Ausschöpfung von Leistungsreserven und Gestaltungsspielräumen an den eingerichteten Arbeitsplätzen durch die Ermöglichung selbstgesteuerten Lernens und nicht zuletzt:

☐ Effektivierung der konventionellen Schulung bzw. Weiterbildung durch die Einbindung neuer Lerntechnologien; Verbesserung der Möglichkeiten des Bildungscontrolling.

Bislang befaßt sich vorwiegend die Lernpsychologie mit computerunterstütztem Lernen [vgl. Baethge 1990, S. 398] und untersucht mit vergleichenden Methoden Fragen der Lernwirksamkeit. Resultate solcher Untersuchungen sind zwar Voraussetzungen betriebspädagogischer Konzepte zum Einsatz von computerunterstützten Lernmedien [in der Folge: *CBT;* Computer Based Training], aber kein Ersatz für diese. Die Anwendung von CBT in der arbeitsplatznahen Weiterbildung setzt die Befassung mit dessen möglichen pädagogischen Funktionen voraus. In einer Reihe von betrieblichen Erprobungen und Modellversuchen stellen sich hier enge Grenzen computergestützter Lernmedien heraus, insofern diese mit dem Anspruch eingesetzt werden, konventionelle Lernformen der Weiterbildung zu substituieren: Erstens erfordern medial vermittelte Lernsysteme unbedingt die Ergänzung bzw. Vorbereitung durch personale und soziale Elemente von Weiterbildung, wenn sie zur erforderlichen Methoden- und Sozialkompetenz der Lernenden beitragen sollen [vgl. Götz, Häfner 1992, S. 195; Siehlmann et al. 1991, S. 37]. Zum zweiten ist die Qualität dieser Systeme durchaus unterschiedlich und bedarf dringend der fachlichen Kontrolle vor ihrem Einsatz [vgl. Zimmer 1990]. Zum dritten setzen sie eine Lernkultur im Unternehmen voraus, die Lernen nicht unter Effizienzgesichtspunkten überwacht [vgl. Bergdoll et al. 1987].

Als *Unterstützung des Lernens am Arbeitsplatz* jedoch können computergestützte Lernmedien weitreichende Perspektiven bieten: Während herkömmliche Lernmedien in der Regel auf einen sequentiellen Zugriff durch den Lernenden zugeschnitten sind, erlauben CBT-Module die Auflösung von Lernsequenzen und den Zugriff auf einzelne Elemente unter dem Kriterium des gerade aktuellen Lernbedarfs. Auch kann die Verknüpfung der Lernelemente je nach aktuellen Erfordernissen variiert werden. Es sind Vertiefungen, Verfolgungen von Querverweisen, Anwendungen ebenso wie konkrete Handlungsanleitungen je nach Eigenart der Lerninhalte möglich.

Es muß zugestanden werden, daß heutige computergestützte Lernmodule dieser Freiheit des Umgangs mit dem Wissensstoff noch wenig Raum bieten, sondern daß sie in ihrem Aufbau eher an traditionellen Lernmedien orientiert sind: »Blättermaschinen« eben, die die technischen Möglichkeiten des Mediums kaum ausnutzen. Teils liegt dies an einer noch in den ersten Anfängen steckenden Didaktik des computergestützten Lernens, teils an den hohen Entwicklungskosten von CBT-Einheiten, die dazu verführen, vorhandenes Lernmaterial bloß auf EDV umzusetzen, und nicht zuletzt an noch fehlenden Standardisierungen von Benutzerschnittstellen, Programmierverfahren und Grundlagentechniken (v. a. Grafik- und Videoeinbindung). Auf die unbestreitbaren Mängel derzeit vorliegender CBT-Lösungen soll im Rahmen dieser Darstellung jedoch nicht weiter eingegangen werden. Statt dessen soll hier das Augenmerk darauf gerichtet werden, welche Potenzen CBT-Module für das Lernen am Arbeitsplatz mit sich bringen können.

CBT-Programme sind in ihren verbreiteten Formen *nicht* für den Einsatz am Arbeitsplatz, sondern als eigenständige Lernsysteme konzipiert. Der Lernort ist organisatorisch und zeitlich vom Arbeitsplatz getrennt, die Technik ist PC-basiert und entspricht in aller Regel nicht der Technik das Arbeitsplatzes – es sei denn, diese besteht selbst in einem PC.

Solche isolierte CBT-Programme beinhalten eine interne Ablaufsteuerung. Diese folgt derzeit weitgehend zwei Prinzipien:

☐ *Tutoriell-sequentielle Programme* geben dem Lernenden eine bestimmte Struktur der Lerninhalte vor. Ausgehend von Menueoptionen können einzelne Kapitel der Reihe nach abgearbeitet werden. Solche Programme neigen dazu, den Lernenden eng zu »führen«; sie erinnern oft an Verfahren des »programmierten Unterrichts« entsprechend SKINNERS Idee einer »Lernmaschine« und unterstellen beim Lernenden lineare Lernprozesse; sie sind nicht »handlungsorientiert«, weil eine Interaktion mit praktischen Arbeitsschritten des Lerners nicht möglich ist. So kommt die handlungstheoretisch orientierte Lernpsychologie zu dem Ergebnis: »Bei strikter Führung durch ein Programm fehlen Möglichkeiten zum aktiv erkundenden Umgang mit dem System und zum Lernen aus eigenen Fehlern. Das vergibt Lernmotivation, beeinträchtigt einsichtiges Verstehen von Zusammenhängen und das Entstehen von tätigkeitsleitenden mentalen Modellen sowie von übertragbaren Erkenntnissen und Arbeitsverfahren« [Hacker, Skell 1993, S. 153].

☐ *Hypertext-Programme* erlauben freien Zugriff auf und freie Verknüpfung zwischen beliebigen Informationselementen einer Wissensbasis. Sie werden durch den Lerner selbst gesteuert und entsprechen durch die Ermöglichung einer individuellen Herangehensweise modernen kognitionspsychologischen Ansätzen: Der Lerner muß laufend seinen Informationsbedarf und Lernfortschritt beurteilen, d. h. Entscheidungen über sein Lernen treffen, und ist damit zu intellektuellen Regulationen gezwungen. Der »rote Faden« des Zusammenhangs der gebotenen Informationen geht allerdings leicht verloren, weil der Zugriff auf Wissenselemente nur vom Lerner gesteuert wird. Der freie Zugriff auf Lernelemente in beliebiger Folge birgt insofern eine Reihe von Gefahren, wenn es auf das systematische Erlernen beruflichen Wissens ankommt. Die Systematik des Lehrstoffes ist nicht, wie z. B. in einem Buch, in der Abfolge der Kapitel inkorporiert. Der Lernende muß also die Systematik des Stoffes bereits vorgängig kennen oder aus dessen einzelnen Elementen selbst erschließen. Nicht zuletzt deshalb verweisen selbst entschiedene Verfechter des Lernens mit computergestützten Medien darauf, daß beim Lernenden große Selbständigkeit und Lerndisziplin vorausgesetzt sind. Hypertext-Programme setzen sich gegen klassische CBT-Anwendungen allerdings nicht in erster Linie wegen didaktischer Vorteile, sondern wegen ihrer leichten, intuitiven Programmierbarkeit und einfachen Schnittstellen zur Implementation audiovisueller Medien zunehmend durch [vgl. Freibichler et al. 1991, S. 328].

Was ein Nachteil bei der systematischen Erarbeitung eines Wissensgebietes sein kann, erweist sich beim Lernen am Arbeitsplatz als grundsätzlicher Vorteil: hier gelten ja zunächst die Regeln des Arbeitsprozesses, die systematisches Lernen kaum je zulassen. Lernerfordernisse ergeben sich punktuell aus den aktuellen Notwendigkeiten der gerade getätigten Arbeit, d. h. nicht entlang der Systematik des Lernstoffes, sondern entlang einer Abfolge von Arbeitsschritten. Solchem Bedarf entsprechen, am Beispiel konventioneller Lernmedien, eher Lexika, Handbücher, Karteikästen, Werkstückmuster etc. als etwa Grundlagenwerke oder Einführungsbücher. Der assoziative Zugang zu jedem beliebigen Punkt eines Wissensgebietes, den CBT-Module und hier vor allem Hypertext-Programme gewähren können, läßt diese daher als taugliche Unterstützung des Lernens am Arbeitsplatz erscheinen. Der Ablauf solcher arbeitsplatzintegrierten Programme muß damit nicht mehr starr vorgegeben oder nur dem Benutzer überlassen sein, sondern kann durch die Phasen des Arbeitsprozesses selbst situativ gesteuert werden.

Ein weiterer, nicht minder wesentlicher Punkt kann die Erwartung begründen, daß CBT-Module ihre Zukunft gerade auch beim Einsatz für das Lernen am Arbeitsplatz haben werden:
Die Steuerungsmittel moderner Industriemaschinen und die interaktiven, apersonalen Lernmedien gleichen sich einander immer mehr an. Die Computerisierung beider Bereiche führt dazu, daß sowohl Maschinen wie interaktive Lernmedien mit den gleichen Ein- und Ausgabegeräten versehen sind: Tastatur, Maus, Digitizer, gelegentlich Mikrophon respektive Bildschirm und Lautsprecher. Einwände gegen den Einsatz von CBT-Modulen in der betrieblichen Weiterbildung wie etwa: der Kontakt zur unmittelbaren, handgreiflichen Arbeitsverrichtung gehe zugunsten einer Mediatisierung verloren, verlieren damit an Gewicht. Im Gegenteil: Durch die Mediatisierung der Produktion selbst, in der der Arbeitende zunehmend nicht mehr unmittelbar mit den Werkstükken hantiert [vgl. Sonntag 1985], sondern steuernd und kontrollierend in automatisierte Arbeitsprozesse eingreift, erscheinen Lernmedien geeignet, die die Steuerungselemente von Maschinen nachbilden. Bereits heute ist es an vielen Arbeitsplätzen für den Arbeitenden bzw. Lernenden nicht mehr unterscheidbar, ob er wirkliche Arbeitsprozesse steuert oder ob er an in Echtzeit ablaufenden Simulationsprozessen weitergebildet wird: die Verlaufs- und Ergebniskontrolle und seine steuernden Eingriffe vollziehen sich über Tastaturen und ähnliche Eingabegeräte. Die mit multimedialen Systemen zunehmend verbesserte Qualität von visuellen Darstellungen und Simulationen kann die Erfahrungsbildung auch an mediatisierten Lern- und Arbeitsplätzen unterstützen, auch wenn der unmittelbare Kontakt zu Werkzeug und Produkt fehlt [vgl. Bruns 1990].
Lernen mit entsprechend gestalteten CBT-Modulen verspricht hier große Praxisnähe und unmittelbare Umsetzbarkeit. Konventionelle Lernmedien hingegen würden zusätzliche Transferleistungen erfor-

dern. Mehr noch: Heute bereits vereinzelt und auf längere Sicht in breitem Umfang ist eine Integration von Lern- und Arbeitsmedien vollziehbar. CBT-Geräte werden dann nicht mehr getrennt neben einem in der Bedienung ähnlichen Arbeitsplatz stehen, sondern werden mit ihm direkt verbunden sein. Als Merkmale einer solchen Integration lassen sich aufzählen:

☐ Es ist kein Wechsel zwischen Lern- und Arbeitsmedien erforderlich. Transferleistungen entfallen weitgehend, Bezüge zwischen aktuellem Lernbedarf und grundlegenden Kenntnissen sind leicht herstellbar. »Mit Lernsoftware und interaktiven Medien kann [...] die theoretische Fundierung unmittelbar nach Bedarf in die Praxis eingebunden werden.« [Zimmer 1992, S. 386]

☐ Das Lernsystem kann den aktuellen Zustand des Arbeitsprozesses abfragen, und genau die Lernelemente anbieten, die voraussichtlich gerade benötigt werden.

☐ Der Arbeitsprozeß selbst kann entsprechend der Notwendigkeiten des Lernens gesteuert werden. Das kann heißen, er kann angehalten werden, um Lernzeiten verfügbar zu machen, oder verlangsamt werden, um Veranschaulichungen sonst nicht beobachtbarer Prozesse zu ermöglichen.

☐ Es können *integriert in Lerninhalte* solche Informationen bedarfsaktuell angeboten werden, die für den konkreten Arbeitsprozeß zwar bedeutsam sind, aber nicht gelernt werden müssen, sondern nach Nutzung wieder vergessen werden können: Detailinformationen aus Datenbanken, Anleitungen zu selten benutzten Funktionen der Arbeitsmittel, betriebsindividuelle Listen und Formulare etc. (siehe Graphik 14 auf S. 148).

Als (noch unvollkommenes) Beispiel einer Integration von Lern- und Arbeitsmedien können *Lern- und Hilfssysteme komplexer EDV-Programme* angesehen werden. Weil Lern- und Arbeitsmittel hier unmittelbar identisch sind, ist die Entwicklung in diesem Bereich am weitesten fortgeschritten [vgl. Lutz 1987; Hacker, Skell 1993, S. 155]. Mögliche Verfahren einer Integration sollen daher an diesem Beispiel kurz dargestellt werden:

Ausgangspunkt der Entwicklung von vor allem in PC-Programme integrierten Lern- und Hilfssystemen waren auf der einen Seite die notorisch geringe Anschaulichkeit von DV-Programmen im Vergleich zu hergebrachten Büro- und Produktionswerkzeugen und andererseits Probleme der Anwender, sich in immer umfangreicheren Handbüchern zurechtzufinden sowie die hohen Kosten der Handbucherstellung und -distribution bei immer kürzeren Lebenszyklen der Programmversionen.

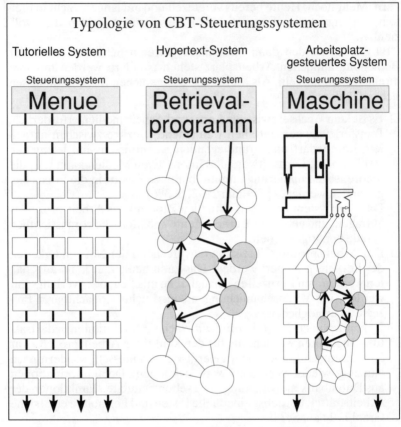

Grafik 14   Typologie von CBT-Steuerungssystemen

Es können bei PC-Programmen fünf Kategorien von qualifizierender Anwenderunterstützung unterschieden werden, die auch in Kombinationen eingesetzt werden:

☐ *Lexikalische Hilfssysteme,* die erläuternde Texte zu Funktionen und Eigenschaften des verbundenen Programms enthalten. Die Hilfen werden über indizierte Stichworte aufgerufen und erlauben in der Regel, Querverweisen und zusätzlichen Erläuterungen auf einfache Weise zu folgen. Manchmal sind sie um Anwendungsbeispiele ergänzt.
Die Integration mit dem Arbeitsmittel, d. h. dem verknüpften PC-Programm kann sich auf verschiedenem Niveau bewegen: Die Verbindung zu Hilfetexten kann durch den Anwender selbst herzustel-

len sein, der seiner aktuellen Aufgabe entsprechende Stichworte sucht, oder mit selten sehr zuverlässigen Algorithmen ausgehend von der Programmfunktion, die gerade genutzt wird, hergestellt werden, so daß bei Bedarf automatisch passende Hilfstexte angeboten werden.

☐ *Supportprogramme,* die klassische Hilfefunktionen um Kommunikationsmöglichkeiten mit anderen Benutzern, internen EDV-Betreuern oder Support-Abteilungen des Programmherstellers erweitern. Solche Programme sind bei Standardsoftware derzeit in Vorbereitung. Ihre Verbreitung hängt von der Standardisierung und Durchsetzung von E-Mail-Applikationen ab [vgl. Borchers 1993, S. 104].

☐ *Interaktive Hilfssysteme* (»Assistenzsysteme«), die nicht nur Informationen anbieten, sondern die unterstützend in die gerade aktuelle Aufgabe eingreifen: Diese wird in Einzelschritte zerlegt, diese werden dann kommentiert und mit elaborierten Gültigkeitskontrollen von Benutzereingaben zur Bearbeitung angeboten.

Die Integration von Arbeits- und Lernmittel geht hier tiefer, weil während des Erlernens von Einzelschritten genau die gerade gestellte individuelle Aufgabe gelöst wird. Ein Transfer von Beispielen des Lernsystems zur Lösung der Arbeitsaufgabe ist nicht mehr notwendig.

Zugleich allerdings besteht die Gefahr, daß das Hilfesystem die auszuführenden Arbeitsschritte verdeckt, wenn diese im Hintergrund ohne Rückmeldung an den Anwender eingeleitet werden. Die aktuelle Aufgabe wird dann zwar befriedigend gelöst, die Lernwirkung jedoch ist erheblich gemindert.

☐ *Simulationsprogramme* sind Lernsysteme, die das Verhalten des wirklichen Programms nachbilden, ohne seine Funktionen tatsächlich auszuführen. Von reinen CBT-Programmen unterscheiden sie sich dadurch, daß sie der Benutzeroberfläche und Funktionsweise des verknüpften Programms entsprechen und nicht nach didaktisch-systematischen Aspekten aufgebaut sind, sondern nach der Abfolge der Programmalgorithmen. Sie spielen in der Regel nur bei solchen Programmen eine Rolle, die zur Steuerung externer materialer Prozesse dienen, so daß mit der Simulation risikoloses oder zeitgerafftes Erlernen der Steuerungsprozesse möglich wird.

☐ *CBT-Programme,* interaktive Lernsysteme im eigentlichen Sinne, die aus dem PC-Programm heraus aufgerufen werden können, deren Lernsequenzen dann jedoch getrennt von der Arbeit mit dem Programm ablaufen. Die Integration mit dem verbundenen PC-Programm beschränkt sich hier in der Regel auf die Gleichartigkeit der verwendeten Benutzeroberfläche und der grundlegenderen Bedienungsverfahren.

Diese Kategorien zeigen, daß bisher die Integration von Hilfs- bzw. Lernsystemen und Programmen um so besser gelingt, um so mechanischer die Hilfen aufgebaut sind. Sie wird schwieriger, wenn über Informationsvermittlung hinaus interaktive Lernverfahren angeboten werden sollen.

Es läßt sich beobachten, daß auch außerhalb der Arbeit mit Datenverarbeitungsgeräten entsprechende Lern- und Hilfssysteme sich in dem Maße verbreiten, in dem die Arbeitsmittel mit numerischen Steuerungen versehen werden. So berichtet KLEIN aus einem Forschungsvorhaben zur Ausbildung in kleinen und mittleren Betrieben:»Sinnvolle Simulation an Modellen und PCs findet schon jetzt bei Fachinhalten wie speicherprogrammierbarer Steuerung, Hydraulik-Pneumatik oder CNC größere Anwendung, als sog. ›Echtlösungen‹ an realen Arbeitsplätzen bzw. als Bestandteil der Ausstattung in der Lehrwerkstatt es tun« [Klein 1992, S. 101].

Nicht zufällig spielt der Bereich des Maschinenbaus eine Vorreiterrolle: In vielen Bereichen entstehen die Lern- und Simulationsprogramme unmittelbar aus Programmelementen der Maschinensteuerungssoftware, besonders bei numerisch gesteuerten Werkzeugmaschinen [vgl. Erbe 1993, S. 112; Bähr 1993, S. 85]. Es kann nach Erfahrungen mit technischen Entwicklungen aus der Vergangenheit erwartet werden, daß solche Innovationen im Sektor des Maschinenbaus sich auf andere industrielle Arbeitsplätze vererben werden. Bereits heute weit fortgeschritten bei der Integration von CBT sind auch viele Arbeitsplätze, die mit informationstechnologischen Arbeitsmitteln ausgestattet sind. Da die Anzahl solcher Arbeitsplätze zunimmt, kann eine weiter starke Verbreitung arbeitsplatzintegrierter Lernsysteme vorausgesehen werden.

Auch wenn eine ganze Reihe von Faktoren eine rasche Entwicklung und Verbreitung von am Arbeitsplatz integrierten interaktiven Lernsystemen erwarten läßt – vielfach nehmen Bildungspraktiker in den Betrieben sogar an, daß solche Systeme in Zukunft größere Bedeutung erlangen werden als eigenständige CBT-Programme [vgl. u. a. Windschild 1992, S. 20] –, sind jedoch aus arbeitspädagogischer Sicht eine Reihe von kritischen Anmerkungen zu machen:

☐ Computergestützte interaktive Lernmedien können nur schwer heuristische Lernverfahren unterstützen. Eine große Auswahl möglicher Antworten des Lernens, geringe Vorgaben in bezug auf Lösungswege oder gar frei formulierte Rückmeldungen des Lerners setzen einen verständigen Lehrer voraus und überfordern jedes automatisierte Lernmedium. Diese bietet in der Regel zu einem Lerninhalt nur festgelegte Lösungsalgorithmen an.

☐ CBT-Module geben in der Regel nur sehr formalisierte Fehlerhinweise. Sie können kaum auf individuelle Fehler des Lernenden eingehen [vgl. Hacker, Skell 1993, S. 153] und nie an richtigen Elementen einer falschen Lösung anknüpfen [vgl. Freibichler et al. 1991, S. 328].

☐ Wie oben bereits dargestellt, können CBT-Module die Systematik eines Lernstoffes nur dann abbilden, wenn sie konventionellen Lehrmitteln wie Büchern nachgebildet sind; ihre Stärke, die Unterstützung situativen Lernens, geht dabei verloren. Es kann daher leicht dazu kommen, daß mit diesen Lernmedien nur bruchstückhaftes Wissen vermittelt wird [vgl. Euler 1992, S. 67]; der Überblick über das am Arbeitsplatz notwendige Wissen kann so zugunsten einzelner Handlungsanleitungen verloren gehen und weiteres Lernen erschwert werden. Die Flexibilität des Lernenden gegenüber verschiedenen Arbeitsaufgaben wird zudem nicht gefördert, wenn der Erwerb von Wissen immer nur auf die aktuellen Arbeitsaufgaben bezogen ist.

☐ Heutige computerunterstützte Lernsysteme sind nur sehr aufwendig und kostenintensiv veränderbar und lassen sich Veränderungen der Aufgabenstellung daher nur schwer anpassen. Die leichte Veränderbarkeit ist aber Voraussetzung für »lebendige«, aktuellen und betriebsspezifischen Erfordernissen angepaßte Lernmodule.[17]

---

[17] Der Modellversuch »Arbeitsorientiertes CBT für die Instandhaltung technischer Anlagen« (ein Entwicklungsverbund mehrerer Firmen, IFA-Institut, BIBB) entwickelt Informationssysteme zur kontinuierlichen, auftragsbezogenen Qualifizierung von Auszubildenden und Fachkräften in der industriellen Instandhaltung. Mit diesem Modellversuch wird erstmals in Deutschland versucht, CBT-Module durch die Ausbilder selbst gestaltbar zu machen. In der industriellen Instandhaltung sind betriebs- und maschinenspezifische Besonderheiten zu beachten. Statische Lernprogramme können diesen Bedarf nicht abdecken; sie erlauben zudem nicht, Änderungen an Maschinen und Anlagen zeitgleich in Lernmodule zu integrieren. Der Modellversuch entwickelt daher keine geschlossenen Lerneinheiten, sondern Programmstrukturen, die von Ausbildern und Industriemeistern ohne eingehende DV-Kenntnisse mit Inhalten und Verknüpfungen ausgefüllt werden. Bislang sind Lernsequenzen für Säulenbohrmaschinen, Riemengetriebe und Kreiselpumpen entstanden. Die vorgegebene Strukturierung der Lerneinheiten entlastet den Ausbilder, schließt andererseits aber auch viele Optionen moderner Autorensysteme aus. Dies ist im Bereich der Instandhaltung und Wartung, in dem in der Regel lineare Arbeitsprozesse ablaufen, eine hinnehmbare Einschränkung. Einfache sequentielle Programmstrukturen führen den Lernenden entlang der auszuführenden Tätigkeiten [vgl. Bähr 1992]. Der Fortgang des Modellversuchs wird erweisen, inwieweit die Ausbilder sich an der Erstellung und Adaption von CBT-Modulen tatsächlich beteiligen, und wie anspruchsvolle Lerneinheiten auf diese Weise zu erstellen sind.

☐ Derzeit verfügbare computergestützte Lernsysteme erlauben nicht die Interaktion der Lernenden: »Die Kommunikation mehrerer Lernender wird heute von CBT-Programmen und den entsprechenden Programmierwerkzeugen nicht unterstützt. Der Dialog der Lernenden zur gemeinsamen Problemlösung bleibt daher als Ressource im Lernprozeß unberücksichtigt. Dabei böte gerade die DV-Technologie viele Möglichkeiten zum auch zeit- und ortsentkoppelten Dialog (Mailboxfunktionen etc., auch per transparenter Nutzung von Datenfernkommunikationsdiensten)« [Severing 1993 a, S. 85; vgl. auch zu CBT »im Kontext einer Lerngruppe«: Euler 1992, S. 69].

Lernpotenzen werden so vergeben, und Schlüsselqualifikationen, die aus Lernkooperationen entstehen, werden nicht gefördert. Vereinzelt wird daher gefordert, daß Lernsysteme neben technischen auch sozial-organisatorische Elemente beinhalten sollen [vgl. Balk 1991]. Es ist jedoch zu bezweifeln, daß sie für die Ausbildung von Sozialqualifikationen das geeignete Medium darstellen.

☐ Automatisierte Lernsysteme am Arbeitsplatz können bei engen betriebswirtschaftlichen Kalkulationen im Bereich der Weiterbildung zum Rückfall in einfache Anlern- und Drillqualifikationen führen. Das Ideal der Automatisierbarkeit des Lernens, das nicht zuletzt die Anbieter von Lernsystemen pflegen, kann dazu führen, pädagogisch fundierte – und das heißt stets: nicht berechenbare, Freiräume voraussetzende – Konzepte des arbeitsplatznahen Lernens zugunsten von Lernautomaten am Arbeitsplatz zu verdrängen. Gerade in den angelsächsischen Ländern werden auf Grundlage behavioristischer Konzepte entsprechende Verfahren in den letzten Jahren verstärkt in der An- und Ungelerntenqualifikation eingesetzt und teilweise auch zur Personalselektion genutzt.

☐ An unstrukturierten Arbeitsplätzen mit hoher Arbeitsintensität fehlen oft die Voraussetzungen für die arbeitsplatzverbundene Nutzung von Lernsystemen. So berichtet ZIMMER von Fallstudien aus dem kaufmännisch-verwaltenden Bereich: »Der Druck der Aufgabenerledigung und die häufigen und spontanen Kommunikationsnotwendigkeiten lassen in der Regel nur kleine und kleinste Lernsequenzen zu« [Zimmer 1991, S. 7. Vgl. auch: Münch 1990, S. 164].

☐ Weitgehend noch unerforscht ist die Frage, inwieweit ganzheitliche Qualifikationen auch für mediatisierte Arbeitsprozesse Erfahrungen aus dem unmittelbaren Umgang mit Werkstätten, Materialien und Werkzeugen voraussetzen [vgl. Erbe 1993]. Es ist zu fragen, inwieweit solche Erfahrungen des »Touch and Feel« eine innere Veranschaulichung verdeckter Arbeitsvorgänge erleichtern und damit

Lernen unterstützen. Auch bleibt kognitionspsychologisch noch zu untersuchen, inwiefern veranschaulichende Multimedia-Techniken zur Erleichterung des Lernens tatsächlich beitragen [vgl. Ballstaedt 1990, S. 30]. In diesem Zusammenhang wäre allerdings auch zu klären, inwieweit Visualisierungen in Lern- und Steuerungsprogrammen, deren Metaphern sich aus dem Arsenal vorvergangener handwerklicher Ausbildung ableiten, solche Barrieren noch konservieren.[18]

☐ Empirische Arbeiten zur Eignung von CBT am Arbeitsplatz für besondere Lernergruppen liegen noch kaum vor. Insbesondere ist hier nach der Tauglichkeit bei niedrigen Qualifikationsvoraussetzungen, d. h. für An- und Ungelernte, zu fragen [vgl. Schmidt, Severing, Stahl 1991; Severing 1993 a; Götz, Häfner 1992, S. 197 f.].[19]

Computergestützte Lernverfahren am Arbeitsplatz, darauf laufen alle genannten arbeitspädagogischen Einwände hinaus, taugen nicht als Ersatz klassischer Lernverfahren der beruflichen Weiterbildung. Sie stellen eine sinnvolle Ergänzung dar, wo es auf Lernunterstützung und Hilfen in Kontext aktueller Arbeitssituationen ankommt, sind aber gerade nicht geeignet, die Fähigkeiten zu entwickeln, welche Voraussetzung selbständiger Arbeit, flexiblen Umgangs mit wechselnden

---

[18] In der didaktischen Diskussion zu dieser Frage wird häufig wie selbstverständlich angenommen, daß die Mediatisierung von Arbeitsvorgängen eine pädagogische Rückübersetzung in handgreifliche Prozesse nötig mache. Es ist jedoch zu fragen, ob nicht die Mediatisierung zu neuen Begriffen vom realen Arbeitsprozeß bei den Lernenden führt. Der Umgang mit »virtuellen Realitäten« ist vielleicht jungen Lernenden geläufiger als älteren Didaktikern.

[19] Im Modellversuch COALA der Beruflichen Fortbildungszentren der Bayerischen Arbeitgeberverbände e. V. zur »arbeitsplatznahen Weiterbildung von Un- und Angelernten mit computergestützten Lernmedien« (bfz e. V., BIBB) wird der Frage nachgegangen, ob CBT-Einheiten in der Nähe des Arbeitsplatzes ein geeignetes Mittel sind, an- und ungelernten Produktionsarbeitern in Metall- und Elektrobetrieben berufliche Grundqualifikationen zu vermitteln. Im Modellversuch wird davon ausgegangen, daß Un- und Angelernte nicht einfach Teile der regulären Erstausbildung nachzuholen haben, sondern daß es darum gehen muß, einen großen Fundus an Erfahrungswissen und »Know-how« nachträglich theoretisch zu fundieren. Entgegen vieler in der Literatur formulierter Bedenken stellte sich heraus, daß der Umgang mit dem Lernmedium Computer auch Lernungewohnte nicht vor größere Schwierigkeiten stellt, sondern im Gegenteil sogar Formen des erprobenden Lernens besonders unterstützt, und eine für Lernungewohnte wichtige Individualisierung der Lerngeschwindigkeit ermöglicht. Eindeutig aber besteht das Problem, daß die Kommunikation der Lernenden während der Arbeit an den CBT-Programmen nicht möglich ist und daher interaktive Lernstrategien kaum realisierbar sind.

Arbeitsaufgaben und nicht zuletzt weiteren selbständigen Lernens sind.

Eine Typisierung möglicher Interaktionsformen von CBT-Modulen am Arbeitsplatz kann in folgender Weise veranschaulicht werden; verbreitet ist bisher nur die erste, unbefriedigendste Variante:

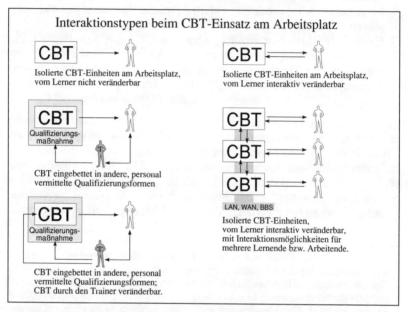

Interaktionstypen beim CBT-Einsatz am Arbeitsplatz

Isolierte CBT-Einheiten am Arbeitsplatz, vom Lerner nicht veränderbar

Isolierte CBT-Einheiten am Arbeitsplatz, vom Lerner interaktiv veränderbar

CBT eingebettet in andere, personal vermittelte Qualifizierungsformen

LAN, WAN, BBS
Isolierte CBT-Einheiten, vom Lerner interaktiv veränderbar, mit Interaktionsmöglichkeiten für mehrere Lernende bzw. Arbeitende.

CBT eingebettet in andere, personal vermittelte Qualifizierungsformen; CBT durch den Trainer veränderbar.

Grafik 15   Interaktionstypen beim CBT-Einsatz

Es kann gefolgert werden, daß die Entwicklungen, »die von der technischen Seite das Ineinanderfließen von Arbeiten und Lernen unterstützen können, [...] allerdings die konzeptuelle Einbindung in eine betriebliche Lernumwelt [brauchen], die einerseits die selbständige Nutzung derartiger Techniken durch die Mitarbeiter fördert und die andererseits wesentliche Ergänzungen zur individualisierten Lernsituation am Bildschirm schafft. D. h. der Betrieb muß diese Lernmöglichkeiten in der Arbeitsorganisation vorsehen und durch eine umfassende Lernorganisation fördern und ergänzen« [Schmidt, Severing, Stahl 1991].

EULER differenziert in diesem Zusammenhang CBT-Programme nach dem Grad ihrer Verbundenheit mit dem Arbeitsplatz und führt in tabellarischer Form folgende Vor- und Nachteile an [Euler 1992, S. 70]:

154

Lernumgebungen von CUL:	CUL am Arbeitsplatz		CUL am Lernplatz		CUL im Kontext einer Lerngruppe	
Zielgruppenmerkmale (Lernvoraussetzungen):	mit Ansprechpartner	ohne Ansprechpartner	mit Ansprechpartner	ohne Ansprechpartner	Einzelarbeit	Partnerarbeit
PC-Kenntnisse hoch						
PC-Kenntnisse niedrig	(–)	–	–	–		
Inhaltsvertrautheit hoch						
Inhaltsvertrautheit niedrig		(–)		(–)		
Lernansprüche sachlich					(+)	(–)
Lernansprüche sozial	(–)	–	(–)	(–)	(–)	+
Lernkultur vorhanden						
Lernkultur nicht vorh.	–	–	–	–		
Lernstil aktiv			(+)	(+)		+
Lernstil passiv	(+)	–	(+)	–		

Legende: + = Positivbeziehung, d. h. Zusammentreffen der Merkmale stützt den Einsatz von CUL-Ausprägungen; – = Negativbeziehung, d. h. Zusammentreffen der Merkmale beeinträchtigt den Einsatz von CUL-Ausprägungen; ( ) = die Aussage wird abgeschwächt; **Freie Zelle** = Kein Zusammenhang begründbar. [CUL = Computerunterstütztes Lernen]

Tabelle 14   Lernumgebungen von CUL [nach: Euler 1992]

In neuer Zeit wird durch die Entwicklung der Telekommunikationstechnik eine Verknüpfung von arbeitsplatznaher Qualifizierung und *interaktivem Fernunterricht* möglich, die manche der beschriebenen Probleme automatisierter CBT-Lernsequenzen überwinden kann:
CBT-Programme werden nicht mehr als isolierte Lernmedien eingesetzt, die alle möglichen Fragen und Probleme der Lernenden antizipieren müssen – eine grundsätzliche Schwierigkeit bei allen apersonalen Lernmedien –, sondern können bei besonderen Fragen und Lernbedürfnissen der Teilnehmer in einen zeitentkoppelten oder zeitsynchronen Dialog mit einem Lehrer verzweigen. Vorhandene und neu erstellte CBT-Module weisen für den Benutzer transparente Schnittstellen

zur Datenkommunikation per Mailbox oder Videokonferenztechnik mit Dozenten und Experten auf, so daß das interaktive Lernen am Bildschirm ermöglicht wird. Fernunterricht kann damit an die Arbeitsplätze herangeführt werden, und er kann im Austausch mit Betreuern absolviert werden.

Pädagogische Interventionen sind so durch die Dezentralisierung der Lehr-Ressourcen mit überschaubarem Aufwand direkt am Arbeitsplatz verfügbar; mehr noch: in der weiteren Entwicklung könnte auch der Zugriff auf entfernte Wissensquellen – Online-Datenbanken, Informationssysteme etc. – in Lernprogramme am Arbeitsplatz eingebunden werden. Durch diese Art der Verbindung arbeitsplatznaher Weiterbildung mit Formen des Fernunterrichts kann letzterer für die betriebliche Nutzung neue Attraktivität erlangen.[20]

Jedoch wird der betriebliche Einsatz der bereits jetzt absehbaren neuen Anwendungen von computerunterstützten Lernsystemen in Richtung auf »intelligente« tutorielle Systeme und Expertensysteme [vgl. Freibichler et al. 1991, S. 336; Hacker, Skell 1993, S. 154] die Entwicklung von angemessenen arbeitsorganisatorisch abgesicherten Lernumgebungen voraussetzen; die Einbettung von Lernsystemen in die Arbeitswelt hat bisher mit deren technischer Entwicklung nicht Schritt gehalten.

---

[20] Fernunterricht wird bisher in Deutschland – anders als in anderen Industriestaaten – für die betriebliche Weiterbildung nur in geringem Umfang genutzt. Die Anbieter von Fernunterricht adressieren sich vor allem an den privaten Teilnehmer, der berufsbegleitende Qualifikationen erwerben will und zertifizieren lassen will. Insbesondere das Kommunikationsmedium des etablierten Fernunterrichts ist ein Hindernis für seine betriebliche Nutzung: Seit Langenscheidts Zeiten ist *das* Lernmedium des Fernunterrichts in Deutschland der *Lehrbrief*. Anders als in den angelsächsischen Ländern werden moderne, DV-gestützte Lern- und Kommunikationsmedien noch kaum genutzt. Vor allem lange Antwortzeiten und komplizierte Kommunikationswege verhindern jedoch eine betriebliche anwendungsbezogene Nutzung des Fernunterrichts. Die Beschränkung des Fernunterrichts auf tradierte schriftliche Lernmedien kann bei seiner Nutzung am Arbeitsplatz entfallen. In den Unternehmen stehen vielfach DV-Geräte und -Netze bereit, die als Lernstationen und/oder Kommunikationsmedien für interaktive Formen des Fernunterrichts genutzt werden können.

5.7. Vergleichende Darstellung arbeitsplatznaher Qualifizierungsmethoden

Einige der aufgeführten Methoden arbeitsplatznaher Qualifizierung lassen sich entlang des vorne entwickelten Profils [vgl. Abschnitt 5.2.] auf plakative Weise vergleichend darstellen:

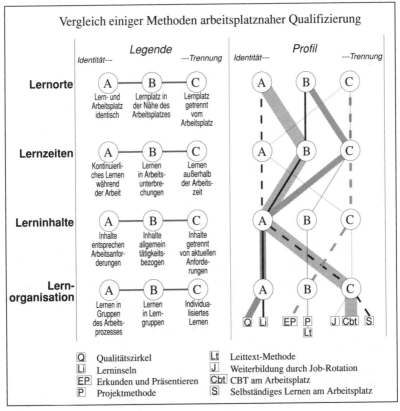

Grafik 16   Vergleich von Methoden arbeitsplatznaher Qualifizierung

Diese Darstellung berücksichtigt eine Reihe relevanter Merkmale von Weiterbildungsmethoden nicht – etwa nicht den Grad der Eigenaktivität des Lernenden, etwa nicht didaktische und motivationale Aspekte etc. pp. Auch erfaßt sie typische, nicht notwendige Merkmale einzelner Methoden. Sie erscheint aber geeignet, das betrieblichen Weiterbildungsmethoden inhärente Verhältnis der Bereiche des Lernens und des

Arbeitens auf einfache Weise zu veranschaulichen und komparabel zu machen.

Es fällt auf, daß eine Mehrzahl der angewandten Methoden der Vermittlung von Lerninhalten dient, die den Anforderungen des Arbeitsplatzes unmittelbar komplementär sind; darüber hinausgehende, breiter angelegte Bildungsziele werden mit ihnen nicht verfolgt. Dieses enge Entsprechungsverhältnis rührt nicht einfach aus einer selbstverständlichen Zielsetzung arbeitsplatznahen Lernens: Auch am Arbeitsplatz können schließlich ohne engsten Bezug zu aktuellen Anforderungen übergreifende Inhalte zum Gegenstand gemacht werden. Diese Charakteristik vieler dargestellter Methoden ergibt sich vermutlich auch daraus, daß sie weitgehend als *ergänzende* Verfahren einer arbeitsplatzfernen Erstausbildung in Lehrwerkstatt und Berufsschule genutzt werden, Übergänge zu grundlegenden und weiterführenden Inhalten also nicht innerhalb der Methode angelegt sein müssen. Bei der Verwendung dieser Methoden in der betrieblichen Weiterbildung ist dieses Ergänzungsverhältnis jedoch nicht gegeben. Wenn sie für sich in betrieblichen Bildungsmaßnahmen eingesetzt werden, die nicht auf die Erfüllung gerade aktueller Arbeitsanforderungen vorbereiten sollen, sind sie daher in geeigneter Weise umzugestalten.

Geht man die betrieblich eingesetzten Methoden arbeitsplatznaher Weiterbildung durch, kann man nach ihrem Herkommen zwei Gruppen von Methoden unterscheiden:

☐ Die eine Gruppe von Methoden hatte ihren Ursprung in der betrieblichen Erstausbildung und wird auch überwiegend dort eingesetzt. Zu ihr zählen etwa die traditionellen Methoden der Unterweisung, die Projektmethode, die Leittextmethode oder auch das Lerninsel-Konzept. Diese Methoden zeichnen sich meist dadurch aus, daß sie pädagogisch elaboriert sind und in gewissem Umfang auch zur Vermittlung von beruflichem Grundlagenwissen geeignet sind. Ihre Bewährung in der arbeitsplatznahen Weiterbildung hängt weitgehend davon ab, inwieweit sie an die Notwendigkeiten der Arbeitsorganisation adaptierbar sind, d. h. bei gegebener Organisation des Arbeitsprozesses, wie flexibel sie gegenüber dessen zeitlichen, sachlichen und personellen Anforderungen gestaltbar sind. Vor allem das Lerninsel-Konzept, das ja Realaufgaben in die berufliche Erstausbildung verlagert, kann hier Möglichkeiten für eine in den Arbeitsprozeß integrierte Weiterbildung bieten.

☐ Die andere Gruppe von Methoden wurde ursprünglich entwickelt, um betriebliche Problemlösungsprozesse näher an die von den Problemen betroffenen Beschäftigten heranzuführen. Qualitätszirkel, Lernstatt und andere arbeitsgruppenorientierte Einrichtungen sind von dieser Zielsetzung her auch Foren der arbeitsplatzbezogenen Weiterbildung; die Zielsetzung gibt jedoch auch Grenzen der Weiterbildung vor: Soweit die Fixierung der Themen auf Probleme des laufenden Arbeitsprozesses eng gehalten ist, sind für den Zweck der Weiterbildung unabdingbare Übergänge zur Befassung mit systematischen Grundlagen, Nebengebieten und Alternativen nur eingeschränkt denkbar.

Dezidiert für die arbeitsplatznahe Weiterbildung entwickelte Methoden, die sowohl Aspekte der Integration in die Organisation des Arbeitsprozesses als auch die zur Weiterbildung notwendigen Spielräume von vornherein berücksichtigen, sind bislang noch nicht in breitem Umfang erprobt und eingesetzt worden. Aktuelle Entwicklungen im Bereich der multimedialen Lernsysteme lassen jedoch erwarten, daß in Zukunft computerunterstützte Lernsysteme mit Informations- und Organisationssystemen am Arbeitsplatz zusammenwachsen werden. Auch hier fehlen jedoch noch pädagogische Konzepte, die diese technisch indizierte Entwicklung flankieren, und pädagogische Konzepte, die ähnliche Integrationsformen im Bereich der konventionellen Lern- und Arbeitsmittel vorbereiten.

5.8. Das Verhältnis von Lernen am Arbeitsplatz und anderen Lernformen

Die Anwendungsbezogenheit arbeitsplatznaher Weiterbildung läßt für manche unternehmensnahen Betriebspädagogen seminaristische Lehrgangsformen nur noch als Notbehelf erscheinen, wenn Lernen am Arbeitsplatz nicht möglich ist. So postuliert GESAMTMETALL: »Der beste Lernort ist der Betrieb, und der beste Lehrer ist die Praxis« [Gesamtmetall 1986, S. 8], und MEYER-DOHM sekundiert: »Soviel Bildungsarbeit vor Ort, am Arbeitsplatz, in der Arbeitsgruppe und mit ihr wie möglich; Bildungsmaßnahmen ›off the job‹ (Seminare usw.) nur dann, wenn der Arbeitsprozeß dies erfordert und/oder sie pädagogisch nötig sind« [Meyer-Dohm 1991 a, S. 28].

Die durch betrieblich notwendige Restriktionen eingeschränkte Tauglichkeit des Arbeitsplatzes als Lernort wird jedoch regelmäßig dazu führen, daß nicht die *Wahl* zwischen dem Lernort Arbeitsplatz und dem Lernort Seminar offensteht, sondern daß eine Kombination beider Lernorte vorzusehen ist. Die pädagogisch freie Gestaltbarkeit von Lerninhalten, Methoden und Medien bleibt ein Vorzug der lehrgangsförmigen Weiterbildung gegenüber arbeitsintegrierten Formen. Seminare und Lehrgänge werden insbesondere ihre Funktion für die Vermittlung von Grundlagenkenntnissen durch eine stärkere Verbreitung des Lernens am Arbeitsplatz nicht verlieren.

«[Es] lassen sich zweifellos nicht alle beruflichen Lernziele durch das Lernen in der beruflichen Praxis erreichen. So dürften insbesondere theoretische Zusammenhänge und Grundlagenkenntnisse oder auch Kenntnisse über neue, noch nicht in der Praxis eingesetzte Technikbereiche am Arbeitsplatz kaum mit ausreichendem Erfolg zu vermitteln sein. Als Fazit ist deshalb festzuhalten: Das Lernen am Arbeitsplatz kann das seminarmäßige Lernen lediglich ergänzen, aber nicht ersetzen. Es kann deshalb auch niemals die einzige Weiterbildungsform sein.« [Schlaffke, Weiß 1991, S. 138]

Auch werden Seminare zur Verallgemeinerung am Arbeitsplatz erworbener Kenntnisse notwendig bleiben, wie WOLLMANN in bezug auf die Weiterbildung von Fachkräften feststellt: »Ein Nachteil [der nur betrieblichen Weiterbildung, d.V.] kann jedoch darin bestehen, daß unter Umständen eine zu ›enge‹ Qualifizierung erfolgt, die dann Flexibilitätsmöglichkeiten beeinträchtigt. In diesem Zusammenhang können Kooperationen mit außerbetrieblichen Weiterbildungseinrichtungen oder anderen Unternehmen ausgleichend wirken« [Wollmann 1990, S. 247; vgl. auch: Dehnbostel 1994, S. 14]. Diese Verallgemeinerung sichert nicht nur die innerbetriebliche Flexibilität der Arbeitskräfte, sondern auch ihre überbetriebliche Mobilität, die durch Weiterbildung ausschließlich am Arbeitsplatz beeinträchtigt würde. So fordert HIERY: »Es sind Organisationskonzepte für einen Lernortverbund zu entwickeln, durch den die Verknüpfung des Lernortes Arbeitsplatz/Betrieb mit außerbetrieblichen Weiterbildungseinrichtungen ermöglicht wird, um auch überbetrieblich verwertbare Abschlüsse vermitteln zu können« [Hiery 1992, S. 262; vgl. auch: Czycholl 1992, S. 25].

Arbeitsplatznahe Weiterbildung wird insofern tradierte geschlossene Lernverfahren, wie sie in Seminaren zur Anwendung kommen, nicht ersetzen, sondern ergänzen. Es ist daher nach dem *Verhältnis* dieser Formen zu fragen.

Betrachtet man das Lernen im Seminar als Funktion des Lernens am Arbeitsplatz, lassen sich im einzelnen folgende Relationen unterscheiden:

☐ Lernen im Seminar kann *Grundlagenkenntnisse* bereitstellen, die inhaltliche Voraussetzung für Lernprozesse am Arbeitsplatz sind.

☐ *Erfahrungen,* die im Arbeitsprozeß gemacht werden, dort aber wegen äußerer Restriktionen nicht erklärend aufbereitet werden können, können zum Ausgangspunkt und/oder Gegenstand des Lernens im Seminar gemacht werden.

☐ Lernen im Seminar muß dabei auch als *Korrektiv* von falschen Interpretationen von Erfahrungen am Arbeitsplatz dienen.

☐ *Individuelle Probleme* beim Lernen am Arbeitsplatz (unterschiedliche Lernvoraussetzungen, Probleme im Umgang mit den Lernmitteln am Arbeitsplatz, Verständnisschwierigkeiten mit den dort angebotenen Lernmaterialien etc.) können im Seminar in persönlichem Kontakt mit Dozenten und mit anderen Seminarteilnehmern gelöst werden.

☐ Seminare können zur *Verallgemeinerung* von auf den einzelnen Arbeitsplatz bezogenen Kenntnissen dienen.

☐ *Ergänzende Kenntnisse* zu den auf den konkreten Arbeitsplatz bezogenen (etwa über alternative Produktionsverfahren, vor- und nachgelagerte Tätigkeiten etc.) können in Seminaren vermittelt werden.

☐ Seminare können eine *Individualisierung des Lernens am Arbeitsplatz überwinden* helfen, indem sie Lernende über die Grenzen der Arbeitsorganisation hinweg zusammenführen.

☐ Seminare können der *Erfolgskontrolle* des Lernens am Arbeitsplatz dienen, die dort in der Regel nur schwer vorzunehmen ist.

Aus der Perspektive der Weiterbildung im Seminar dient das ergänzende Lernen am Arbeitsplatz in erster Linie zur Förderung der Selbständigkeit der Lernenden und zur Sicherung des Anwendungstransfer des Gelernten. Lehrgänge können dazu um Elemente ergänzt werden, durch die der Kontext der Anwendung bereits im Lehrgang zum Gegenstand werden kann.[21]

---

[21] So vermitteln etwa konventionelle Lehrgänge in der CNC-Technik in der Regel hauptsächlich Kenntnisse der Maschinenbedienung und der CNC-Programmierung. CNC-Maschinen würden an sich Arbeitsstrukturen ermöglichen, die über diese Tätigkeiten hinaus Planungs-, Beschaffungs-, Steuerungs-, Bewirtschaftungs-, Kontroll- und Dokumentationsarbeiten in die Zuständigkeit des CNC-Maschinenbedieners legen. Konventionelle lehrgangsförmige Weiterbildung kann dieses Umfeld von CNC-Arbeitsplätzen jedoch nicht erfassen. Sie reduziert daher die Spielräume der Arbeitsorganisation, und macht in der Regel die vollständige Delegation von Tätigkeiten der Arbeitsvor- und -nachbereitung auf Dritte notwendig. Konzepte für handlungsorientierte Lehrgänge, die das betriebliche Umfeld durch die Ergänzung um Beratungsleistungen für Arbeitsorganistoren einbeziehen, sind im Modellversuch »CNC-Technik in der Holz- und Kunststoffbearbeitung« (Berufbildungszentrum Paderborn, BIBB) für den kleinbetrieblichen, meist handwerklichen Bedarf entwickelt worden [vgl. Bähr, Holz 1992, S. 27 ff.]. Solche integrierten Qualifizierungs- und Beratungskonzepte könnten auch in anderen Bereichen einen stärkeren Bezug externer Lehrgänge auf das arbeitsorganisatorische Umfeld sicherstellen und damit die Grundlage für weiteres Lernen am Arbeitsplatz schaffen.

Wenn arbeitsplatznahes Lernen nach einer Ergänzung durch konventionelle, lehrgangsförmige Weiterbildungsmaßnahmen verlangt, ist nach Möglichkeiten von deren lernförderlicher Kombination zu fragen. Ohne enge Verknüpfung der Lernorte können Probleme entstehen, wie sie vom dualen System der Erstausbildung gut bekannt sind: »Durch Verschiebungs- und Ausdifferenzierungsprozesse der Lernorte entstehen neue lernorganisatorische Koordinierungsprobleme. Es gilt zu verhindern, daß der Lernprozeß in einer Weise aufgesplittert wird, daß die unterschiedlichen Lernerfahrungen [...] nicht mehr integriert werden können« [Pampus 1987].

Vielfach wird daher betont, daß der Gestaltung des Zusammenwirkens verschiedener Lernorte der betrieblichen Weiterbildung große Sorgfalt zu widmen ist. »Die Lernort-Kombination dient der Optimierung des Lernens an verschiedenen Lernorten. Lernort-Kombinationen werden deshalb im Rahmen von bestimmten Weiterbildungs- oder Lehrgangszielen für eine bestimmte Zielgruppe im Sinne eines kooperativen und nicht lediglich additiven Verbundes organisiert oder vom einzelnen Lerner selbststeuernd angestrebt« [Heidack 1987, S. 17 f.]. Auch MÜNCH wendet sich gegen ein unverbundenes Nebeneinander verschiedener Lernorte im Rahmen einer Bildungsmaßnahme, weil Koordination und Kooperation fehlten [Münch 1985, S. 34]. In gleichem Sinne fordern STAHL et al.: »Clear strategies are needed for feedback between learning and innovative action, and the coordination between workplace learning and complementary training measures inside or outside the enterprise« [Stahl et al. 1993, S. 97].

Das unverbundene Nebeneinander von seminaristischer und arbeitsplatznaher Weiterbildung konserviert tendenziell auch betriebliche Bildungsbarrieren: In der Regel bleibt der Besuch von Seminaren und Lehrgängen weitgehend den bereits höher qualifizierten Beschäftigten vorbehalten, während erfahrungsorientierte, arbeitsplatzbezogene Qualifizierungen vorwiegend im Bereich der einfachen Anlernqualifikation eingesetzt werden. Damit werden auf beiden Seiten Potentiale vergeben: Fach- und Führungskräfte werden bei der Umsetzung des Erlernten an ihren Arbeitsplätzen kaum unterstützt, und Absolventen von einfachen Anlernmaßnahmen erwerben kein Grundlagenwissen, das ihnen selbständiges Weiterlernen ermöglichen würde. Vor diesem Hintergrund betont der in jüngerer Zeit in die Diskussion eingebrachte Topos vom »dualen System der Weiterbildung« die Notwendigkeit einer Systematik der Verbindung von Lernorten der Weiterbildung in Analogie zum System der Berufsausbildung.

In der Kombination mit arbeitsplatznahen Lernformen sind Seminare grundsätzlich anders zu gestalten als eigenständige Weiterbildungsmaßnahmen: »Traditionelle Lernorte erfahren durch den Bezug auf die Arbeitsprozesse eine Neuorientierung« [Pätzold 1992, S. 34].

Als Kriterien für eine Kombination der Lernorte Arbeitsplatz und Seminar lassen sich – weniger programmatisch – festhalten:

□ Es ist ein *inhaltlicher Bezug* der im Seminar behandelten Gegenstände auf die Erfahrungen des Lernenden am Arbeitsplatz sicherzustellen. Soweit die Lernerfahrungen am Arbeitsplatz pädagogischer Einflußnahme nicht unterliegen, sondern sich aus den Notwendigkeiten des Arbeitsprozesses ergeben, muß das Curriculum des Seminars als die *abhängige Variable* gesehen werden und auf die Erfahrungen am Arbeitsplatz aufbauen; die Lernschritte im Seminar haben nicht mehr einen nur immanenten Bezug und werden nach endgültiger Erreichung des Lernziels praktisch angewendet, sondern stehen in laufender Wechselwirkung zu ihrer simultanen Anwendung.[22]

□ Es sind die Lernfortschritte am Arbeitsplatz und im Seminar so gut als möglich *zeitlich zu synchronisieren*. Grundlagenkenntnisse werden nur schwierig »nachzuliefern« sein; ihr Fehlen verhindert möglicherweise die richtige Interpretation von Arbeitserfahrungen. Umgekehrt werden am Arbeitsplatz erworbene Kenntnisse in nicht zu langen zeitlichen Abständen in Seminaren zu systematisieren sein. In der praktischen Realisierung stößt jedoch gerade die zeitliche Abstimmung des Lernens an verschiedenen Lernorten auf große Hindernisse, so daß hier »Pufferzeiten« einzuplanen sind [vgl. Witzgall 1994, S. 18].

□ Die durch arbeitsplatznahes Lernen geförderte Selbständigkeit der Lernenden läßt sich dadurch unterstützen, daß nicht fixierte Lernort-Kombinationen vorgegeben werden, sondern daß die Teilnahme an Seminaren, Lehrgängen, Gruppendiskussionen etc. nach Bedarf der Lernenden von diesen selbst bestimmt werden kann.

---

[22] WITZGALL schlägt zur Verbindung curricularer und arbeitsplatzbezogener Qualifizierungsformen einen aufgabenorientierten Ansatz vor. Ausgehend von der Analyse der Arbeitsaufgaben sollen lerninhaltliche Verfahren, die Qualifizierungsinhalte aus fachlichen und fachdidaktischen Quellen schöpfen, mit erfahrungsorientierten Verfahren verknüpft werden, die Qualifizierungsinhalte aus der Problemsicht der Teilnehmer bestimmen [vgl. Witzgall 1994, S. 3].

6. BETRIEBLICHE BEDINGUNGEN ARBEITSPLATZNAHER WEITERBILDUNG

6.0.	Einführung	167
6.1.	Bedingungen am Arbeitsplatz	168
6.1.1.	Arbeitsanforderungen	170
6.1.2.	Tätigkeitsstruktur und Umfeldbedingungen	174
6.1.2.1.	Die Rolle des Handlungsspielraums in der Arbeitstätigkeit	174
6.1.2.2.	Zeitliche Organisation der Arbeitstätigkeit	178
6.1.2.3.	Funktionsvielfalt der Arbeitstätigkeit	178
6.1.2.4.	Interaktionsfelder in der Arbeitstätigkeit	180
6.1.2.5.	Weitere Umfeldbedingungen am Arbeitsplatz	181
6.1.3.	Lernausstattung des Arbeitsplatzes	182
6.1.4.	Zusammenfassung	183
6.2.	Arbeitsorganisatorische Bedingungen arbeitsplatznaher Weiterbildung	186
6.2.1.	Lernen in tayloristischen Arbeitsstrukturen	187
6.2.2.	Der Wandel zu nachtayloristischen Arbeitsstrukturen	192
6.2.3.	»Lean Production«, Gruppenarbeit und arbeitsplatznahe Weiterbildung	193
6.3.	Die Integration von Arbeitsorganisation und Beschäftigtenqualifikation	199

6.3.1.　Zum Verhältnis betriebspädagogischer und
betriebswirtschaftlicher Kriterien bei der
arbeitsplatznahen Weiterbildung　　　　　199

6.3.2.　Das Konzept der »Lernenden Organisation«　　204

6.4.　Besondere Bedingungen arbeitsplatznaher
Weiterbildung　　　　　208

6.4.1.　Rahmenbedingungen arbeitsplatznahen Lernens
im kleinen und mittleren Betrieb　　　　　208

6.4.2.　Arbeitsplatznahe Weiterbildung als Angebot
externer Weiterbildungsträger　　　　　214

6.0. Einführung

Mit dem Durchgang durch eine Reihe von Konzepten und Methoden, die sich als relevant für die Weiterbildung am Arbeitsplatz erwiesen haben, können einige Anforderungen an die Beschaffenheit lernfreundlicher Arbeitsplätze dingfest gemacht und mit bestehenden betrieblichen Rahmenbedingungen verglichen werden. Dieser Abgleich erscheint von besonderer Bedeutung, weil eine zunächst überraschende Divergenz festgestellt werden kann: so gering bislang noch der Umfang des Einsatzes von arbeitsplatznaher Weiterbildung in den Betrieben ist [vgl. Abschnitt 3.4.2.], so sehr wird von der Betriebspädagogik von einer Reihe pädagogischer Vorteile der Weiterbildung am Arbeitsplatz ausgegangen [vgl. Abschnitt 5.]. Eine Vielzahl von Modellversuchen und Projekten hat die Anwendbarkeit und Lerneffizienz solcher Weiterbildungsformen unter Beweis gestellt. Das Auseinanderfallen von Verbreitung und berufspädagogischer Attraktivität ist nur durch einen Rekurs auf die Umfeldbedingungen betrieblicher Weiterbildung zu erklären.

Dieser Rekurs erscheint um so wichtiger, als »die bildungstheoretische ›Rehabilitierung‹ der betrieblichen Weiterbildung [...] prinzipiell in der Gefahr [steht], in eine kritik- und distanzlose Euphorie abzugleiten und sich nahtlos in die unternehmensideologischen Begründungsmuster einzufügen« [Arnold 1991 a, S. 109]. Dieser Gefahr ist nur vorzubeugen, wenn über dem Gleichklang vieler Begriffe der modernen Arbeitsorganisation respektive Personalentwicklung und der Berufspädagogik die Befassung mit den betrieblichen Umsetzungsbedingungen von Weiterbildungskonzepten nicht vergessen wird.

Betriebliche Rahmenbedingungen von Qualifizierung sind – unter anderem – Gegenstand der Arbeitswissenschaft. Diese stellt sich jedoch nicht als einheitliche Disziplin mit gemeinsamem Begriffsapparat dar, sondern als ein Gemenge diverser Fächer (Arbeitsphysiologie, Arbeitspsychologie, Arbeitspädagogik, Arbeits- bzw. Industriesoziologie, Ingenieurwissenschaft etc.) mit ganz unterschiedlichen Fragestellungen. Dies erschwert den Abgleich von Anforderungen und Bedingungen der Weiterbildung am Arbeitsplatz; sie macht eine Auswahl unter den kaum noch überschaubaren Varianten der Befassung mit (Industrie-)arbeit notwendig.

Die betrieblichen Rahmenbedingungen lassen sich sowohl aus der Perspektive des einzelnen Arbeitsplatzes wie auch aus der der übergreifenden Arbeitsorganisation betrachten. Zur Abgrenzung sei auf HEEG verwiesen, der Arbeitsplatz- und Umgebungsgestaltung von der Arbeitsorganisation unterscheidet [vgl. Heeg 1991, S. 13 f.]. Es erschien sinnvoll, zunächst die Bedingungen arbeitsplatznaher Weiterbildung in der

Weise zum Gegenstand zu machen, in der sie sich am einzelnen Arbeitsplatz dem Arbeitenden bzw. dem Lernenden darstellen. Vor allem Ergebnisse der Arbeitspsychologie werden herangezogen, um Qualifizierungsbedingungen auf dieser Ebene dingfest zu machen. Lernbedingungen am einzelnen Arbeitsplatz sind Resultate einer übergreifenden betrieblichen Arbeitsorganisation. In einem zweiten Schritt wird daher die Perspektive des partikularen Arbeitsplatzes aufgegeben und nach Auswirkungen verschiedener arbeitsorganisatorischer Konzepte auf das Lernen am Arbeitsplatz gefragt. Bei alledem ist es nicht Sache dieses Buches, zu klären, in welchem Umfang und mit welchen Besonderheiten bestimmte betriebliche Bedingungen am Arbeitsplatz oder in der allgemeinen Arbeitsorganisation empirisch eingetreten sind oder in der Tendenz eintreten werden.

Am einzelnen Arbeitsplatz wird eine Reihe von Faktoren sichtbar werden, die sowohl die dort gegebenen Lernpotentiale wie auch die Interventionsmöglichkeiten der praktischen Betriebspädagogik bestimmen.

Die übergreifende betriebliche Arbeitsorganisation, deren jeweilige Prinzipien sich an den Arbeitsplätzen auswirken, nimmt auch direkten Bezug auf die Qualifizierung der Beschäftigten. Ihre Ziele und Verfahrensweisen tangieren unmittelbar die Möglichkeiten berufspädagogisch befriedigender arbeitsplatznaher Weiterbildung (wenn es auch vermessen erscheint, die wesentlichen Entwicklungen der betrieblichen Arbeitsorganisation deswegen aus den Veränderungen des Qualifikationsbedarfs von Unternehmen abzuleiten, wie das gelegentlich in berufspädagogischen Schriften anklingt).

6.1. Bedingungen am Arbeitsplatz

Bislang befassen sich insbesondere die Arbeits- und die Lernpsychologie, und – vornehmlich unter dem Aspekt der Entwicklung von moderner Industriearbeit – die Industriesoziologie mit Lernpotentialen der Arbeitstätigkeit.

BAITSCH und FREI gehen davon aus, daß das Qualifizierungspotential einer Arbeitstätigkeit eine Resultante aus objektiven, im Arbeitsprozeß gegebenen, und subjektiven, beim Arbeitenden bzw. Lernenden selbst vorliegenden Determinanten ist.

Die Differenzierung von BAITSCH und FREI wird hier zur Abgrenzung des Gegenstandes genutzt. Dieser Abschnitts befaßt sich mit objektiven, betrieblich gegebenen Faktoren der Weiterbildung am Arbeitsplatz. Er befaßt sich nicht mit personalen, teilnehmerseitigen Voraussetzungen der betrieblichen Weiterbildung, wie z. B. mit Fragen

Grafik 17   Determinanten des Lernpotentials [nach: Baitsch, Frei 1980, S. 35]

der Motivation, des Habitus oder Selbstkonzepts [vgl. Baitsch, Frei 1980, S. 228 f.] bzw. des Vorwissens und der Vorerfahrung. Damit ist eine Einschränkung in bezug auf die Gültigkeit von Aussagen über objektive Qualifikationspotentiale verbunden. Diese beziehen sich auf einen hier nicht näher bestimmten Durchschnitt von Lernenden; im Einzelfall erweist sich das Qualifikationspotential einer Arbeitstätigkeit nur in Relation zu den subjektiven Voraussetzungen der Lernenden [vgl. auch: Franke 1982, S. 5], insbesondere zu ihrem Vorwissen, ihrer Motivation und ihrer Selbstlernkompetenz [vgl. Nyhan 1991 b].

Die Lernpsychologie bezieht das Qualifizierungspotential von Arbeitstätigkeiten gleichermaßen auf intentionale wie auf funktionale, arbeitsimmanente Lernprozesse:

»Das *Qualifizierungsangebot* einer Arbeit umfaßt alle Merkmale eines

Arbeitsauftrags einschließlich aller Ausführungsbedingungen, die, wenn sich der Arbeitende aktiv mit ihnen auseinandersetzt oder passiv ihre Auswirkungen aufnimmt, zu Prozessen der Qualifizierung führen.« [Baitsch, Frei 1980, S. 34; Hervorhebung im Original]. Und:»Wir bezeichnen *die Gesamtheit der objektiven Lernanforderungen als das Lernpotential eines Arbeitsprozesses.*« [Hacker, Skell 1993, S. 30; Hervorhebung im Original].

Hier ist die Fragestellung eingegrenzter: Es werden Lernbedingungen am Arbeitsplatz auf betriebliche Weiterbildung bezogen, und damit auf die Frage, welche Anknüpfungspunkte und Spielräume sich für intentionale, pädagogisch gestaltete Qualifizierungsprozesse am Arbeitsplatz ergeben. Qualifizierungspotentiale, die funktionale Lernprozesse auslösen, sind deswegen jedoch nicht ohne Bedeutung; sie sichern als ergänzende, kontinuierlich wirkende Faktoren den Erfolg von pädagogisch angeleiteten Weiterbildungsmaßnahmen und affizieren unmittelbar die Möglichkeiten selbständigen Transfers des Gelernten in die konkrete Arbeitstätigkeit.

Aus dem hier gewählten Bezug auf die intentionale betriebliche Weiterbildung ergibt sich allerdings auch eine Erweiterung der Fragestellung: es ist nicht nur das Qualifizierungspotential einer Arbeitstätigkeit für sich zu betrachten, sondern auch nach Anknüpfungspunkten für pädagogische Interventionen zu fragen, durch die mittels geeigneter Methoden die Lernwirksamkeit vorgegebener Arbeitssituationen verbessert oder auch erst hergestellt werden kann [vgl. Abschnitt 5.].

6.1.1. Arbeitsanforderungen

Viele lernpsychologische Untersuchungen haben ergeben, daß das Qualifizierungspotential einer Arbeitstätigkeit vom Verhältnis der (meist kognitiven) Arbeitsanforderungen zu den bereits erworbenen Qualifikationen abhängt. Unterforderungen führen auf längere Sicht zum »Verlernen« und damit zu Dequalifikationen, und starke Überforderungen möglicherweise zur Herausbildung individueller Lernbarrieren. Es wird jedoch vielfach vertreten, daß qualitative Anforderungserhöhungen in der Regel nach einiger Zeit auch eine Höherqualifizierung der Arbeitenden bewirken [vgl. Ulich 1989; Hacker 1974; Baitsch, Frei 1980].

»Das Qualifizierungspotential einer Arbeitssituation wächst, wenn die Arbeitsaufgaben höhere Anforderungen an den Arbeitenden stellen, wobei Überforderungssituationen nicht in extremem Ausmaß auftreten dürfen, und: Anforderungen, die persönlichkeitsförderliche Qualifizierungsprozesse auslösen, sind vor allem kognitive und soziale

170

Anforderungen.« [Baitsch, Frei 1980, S. 46; vgl. auch: Frei et al. 1993, S. 127 ff.]

Die Mehrzahl der vorliegenden lernpsychologischen Forschungen geht davon aus, daß eine Erhöhung von Anforderungen auf subjektive Variablen der Arbeitstätigkeit wie Interesse, Motivation und Habitus wirkt und darüber das Qualifizierungspotential der Arbeitstätigkeit erhöht (nur wenige Untersuchungen differenzieren dabei die Art erhöhter Anforderungen in bezug auf spezifisch ausgebildete Qualifikationen).

In dieser Perspektive bleiben betriebspädagogisch zielgerichtete Veränderungen des Arbeitsplatzes, die mit einer Erhöhung von Anforderungen einhergehen können, außer Betracht. Es wird gefragt nach der *unmittelbaren* Auswirkung erhöhter Anforderungen auf die Fähigkeit, diese zu bewältigen. Anforderungserhöhungen erscheinen damit dann in idealer Weise dimensioniert, wenn sie ohne weitere Intervention zu komplementären Qualifikationen führen.

Tatsächlich jedoch wird die qualifikatorische Wirkung von Anforderungserhöhungen regelmäßig davon abhängen, welche pädagogischen Hilfsmittel ihrer Bewältigung bereitgestellt werden:»Durch pädagogische Maßnahmen kann das Lernen im Arbeitsprozeß intensiviert werden. Die pädagogischen Maßnahmen umfassen handlungsvorbereitende, arbeitsorganisatorische, handlungsbegleitende und nachbereitende Maßnahmen.« [Franke 1982, S. 4].

Als pädagogische Maßnahmen gelten dabei nicht nur Lernmethoden im engeren Sinne, die Kenntnisse zum Umgang mit neuen Anforderungen verfügbar machen, sondern auch begleitende arbeitsorganisatorische Maßnahmen, die ihrerseits qualifikatorische Potentiale beinhalten. So berichtet TRIEBE über die Einführung selbständiger Arbeitsgruppen in einem Produktionsbetrieb und kommt zu dem Ergebnis, daß erst interaktive Prozesse in den Arbeitsgruppen zur Entwicklung von Strategien zur Bewältigung höherer Anforderungen führten [vgl. Triebe 1977, S. 221 ff.].

Es stellt sich insofern nicht allein die Frage nach der Wirkung der Erhöhung von Anforderungen auf die Qualifikation der Arbeitenden, sondern untrennbar auch die Frage nach den flankierenden pädagogischen Hilfsmitteln zur Anforderungsbewältigung. Die Beurteilung dieser Hilfsmittel erst erlaubt zudem eine Quantifizierung von Anforderungserhöhungen nicht nur in bezug auf das Maß zuvor geltender Anforderungen, sondern auch in bezug auf Lernpotentiale der Arbeitenden.

Eine nur quantitative Bemessung kognitiver Anforderungen (wie für die Lernpsychologie charakterisiert von BAITSCH und FREI:»Die Operationalisierung von Anforderungen geschieht meist in relativ

unspezifischer Form: Es wird vom ›Niveau der Arbeitstätigkeit‹ gesprochen, operationalisiert an den formal geforderten Ausbildungsqualifikationen ungelernt, angelernt, gelernt usw.« [Baitsch, Frei 1980, S. 49]) reicht für die Beurteilung der Angemessenheit pädagogischer Methoden des arbeitsplatznahen Lernens nicht aus. Inhalte und Richtungen von Anforderungsveränderungen sind zu beachten.
Für Industriebetriebe in den letzten Jahrzehnten typische Anforderungsveränderungen lassen sich nach DOWNS bzw. HACKER und SKELL in folgender Weise beschreiben:

Ausgewählte Anforderungsmerkmale		*Lernpsychologische Konsequenzen*
früher	*jetzt / künftig*	
arbeitsintensive Fertigungsprozesse	investitionsintensive Prozesse	höherer Bedarf an ingenieurtechnischer Qualifikation
mechanische Systeme häufiger	(mikro-)elektronische Systeme häufiger	mehr begrifflich-abstraktes als sinnlich-anschauliches Lernen
manuelle Fertigkeiten leistungsbestimmend	System-Funktionsweisen bestimmend	mehr theoretische Einsicht vermitteln neben Verfahrenskenntnis und Operationenbeherrschung
Fehler leicht feststellbar; eventuell langes Reparieren	Fehlerdiagnose schwierig; Reparatur oft kurz	diagnostisches Können ausbilden
Lernen auf Zeitnormerreichung bezogen	Lernen auf Erreichen qualitativer Standards bezogen	modulares Ausbilden bezogen auf verschiedene Ziele
körperliche Arbeit	mehr geistige Arbeit	höhere Bedeutung geistiger Fähigkeiten
langzeitlich gleichartige Tätigkeiten	häufiger wechselnde Tätigkeiten	kontinuierliches (Weiter)lernen
längere Arbeitszeiten	kürzere Arbeitszeiten	größere Wiedereinarbeitungs- und Umstellungserfordernisse

Tabelle 15   Anforderungsentwicklung und Lernen
[Downs 1985, modifiziert durch: Hacker, Skell 1993, S. 17]

Mit der dem Begriff der »Anforderungserhöhung« immanenten quantifizierenden Betrachtung sind diese Veränderungen nicht ausreichend zu erfassen. Ihre qualifikatorische Wirkung wird durch pädagogische

Methoden gesichert, die auf Verschiebungen der *Inhalte* der Arbeitsanforderungen eingehen.

Ein inzwischen fast klassisches Beispiel solcher Anforderungsverschiebungen findet sich bei SONNTAG, der die Entwicklung eines Dreher-Arbeitsplatzes entlang verschiedener Generationen von Arbeitsplatztechnologien charakterisiert:

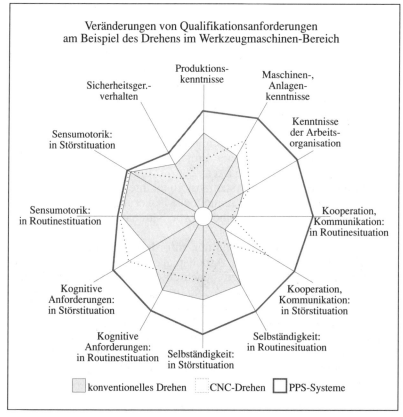

Veränderungen von Qualifikationsanforderungen
am Beispiel des Drehens im Werkzeugmaschinen-Bereich

Grafik 18   Veränderungen von Qualifikationsanforderungen
[nach: Sonntag 1985, S. 87]

Die zitierte Darstellung macht deutlich, daß im Zentrum der Weiterbildung für so veränderte Arbeitsanforderungen nicht die bloße Verbesserung von anforderungsgerechten, meist fachlich bestimmten Qualifikationen, sondern die Entwicklung von Schlüsselqualifikationen und beruflichen Kompetenzen steht [zur begrifflichen Bestimmung der

Differenz vgl. Bader 1990; vgl. hier: Abschnitt 4.2.1.]. Wenn sich etwa neue Anforderungen aus der Funktionsintegration bislang getrennter Arbeitsaufgaben ergeben, kann die betriebspädagogische Aufgabe nicht darin bestehen, nur unmittelbar die Qualifikationen zu vermitteln, die an vielseitigeren Arbeitsplätzen erforderlich sind. Ein Kennzeichen solcher neuen Organisationsformen der Arbeit ist nämlich die Flexibilisierung, d. h. die kontinuierliche Veränderung von Arbeitsanforderungen [vgl. Meyer-Dohm 1991 a, S. 25]. Vielmehr muß es darum gehen, übergreifende Kompetenzen zu vermitteln, die den selbständigen Umgang mit wechselnden Arbeitsanforderungen ermöglichen.

Aus diesen Anmerkungen zum Verhältnis von Anforderungen und Qualifikationsentwicklung ergibt sich, daß die Weiterbildung am Arbeitsplatz durch eine *pädagogische Steuerbarkeit* der im Lernprozeß wirksam werdenden Anforderungen begünstigt wird. Um so mehr sich Anforderungsinhalte und -intensitäten auch in Lernphasen unmittelbar aus betrieblichen Erfordernissen ergeben, um so mehr wird die Weiterbildung sich vom Arbeitsprozeß selbst entfernen müssen und mit Simulationen, analog zum Arbeitsprozeß gestalteten Projekten etc. arbeiten müssen. Erst die pädagogische Beeinflußbarkeit der in Lernprozessen virulenten Anforderungen erlaubt ihre Systematisierung, ihre Adaption an individuelle Lernvoraussetzungen, die sequentielle Isolierung sonst kombinierter Einzeltätigkeiten oder die Einbindung von Seminar- und Übungsphasen in die Weiterbildung am Arbeitsplatz.

Es ist daher in der Bestimmung der anforderungsseitigen Voraussetzungen von Lernprozessen am Arbeitsplatz nicht allein deren Intensität oder Struktur für sich zu beachten, sondern mehr noch ihre betriebspädagogische Flexibilität. Daraus ergibt sich eine erste Voraussetzung für eine lernfreundliche Arbeitsorganisation: Entlang betrieblicher Qualifizierungsziele und betriebspädagogisch definierter Methoden müssen Arbeitsanforderungen für die Weiterbildung am Arbeitsplatz veränderbar sein. Arbeitsplatznahe Weiterbildung kann nicht als bloßer Aufsatz auf fixierte Arbeitsanforderungen umgesetzt werden.

6.1.2. Tätigkeitsstruktur und Umfeldbedingungen

6.1.2.1. Die Rolle des Handlungsspielraums in der Arbeitstätigkeit

Insbesondere die Handlungsregulationstheorie hat darauf hingewiesen, daß handlungsorientiertes Lernen in Arbeitsprozessen Freiheiten in der Art und Weise der Arbeitsausführung voraussetzt: »Der objektive Handlungsspielraum einer Arbeitstätigkeit muß derart beschaffen sein, daß die Möglichkeit des Einsatzes vorhandener und der Erwerb neuer Qualifikationen gesichert ist« [Baitsch, Frei 1980, S. 35].

Für Definitionen von Zielen, Aufgaben und Abläufen ermöglichen dem Lernenden, Varianten der Arbeitstätigkeit selbständig zu erproben und entlang der Unterschiede von Tätigkeitsvoraussetzungen, -aufwand und -ergebnissen zu persönlichen Handlungsstrategien zu kommen [vgl. Hacker 1973, Volpert 1983]. Umgekehrt:»Bei einer stark zergliederten Arbeit mit wenig Handlungs- und Entscheidungsspielräumen wird man in die Passivität gedrängt und verlernt das Lernen« [Frackmann 1992, S. 43].

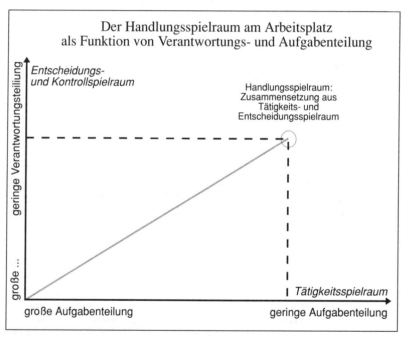

Grafik 19   Das Konzept des Handlungsspielraums [modifiziert nach: Ulich 1984]

Der Handlungsspielraum kann mit ULICH als Resultante der betrieblichen Aufgabenteilung und der Verantwortungsteilung beschrieben werden. Er ist um so geringer, um so differenzierter die Arbeitsteilung ist und um so abgestufter die betrieblichen Hierarchien sind.

BAITSCH und FREI haben die einschränkende These aufgestellt, daß größere Handlungsspielräume zwar Qualifizierungsprozesse initiieren können, daß es jedoch fraglich ist, ob sie nicht qualifikatorisch irrelevant werden, wenn einmal individuell zufriedenstellende Handlungsstrategien entwickelt worden sind [Baitsch, Frei 1980, S. 230 f.]. Weiterhin haben FRICKE und HEEG darauf hingewiesen, daß gerade Handlungsspielräume in der Arbeitstätigkeit nicht nur Bedingung arbeitsplatznaher Qualifizierung sind, sondern umgekehrt auch durch Qualifizierung erweiterbar sind [vgl. Heeg 1991, S. 8 f.; Fricke 1975, S. 132; und hier die Ausführungen zur »Lernenden Organisation« in Abschnitt 6.3.2.].[23]

Insofern nicht vorausgesetzt werden kann, daß individuell erarbeitete Handlungsverfahren in jedem Falle die den sachlichen Erfordernissen des Arbeitsprozesses angemessensten sind, oder, daß sie bei komplexen Anforderungen überhaupt zustandekommen, sind pädagogisch anleitende Interventionen notwendig, die Hilfestellungen bei der qualifizierenden Nutzung von Handlungsspielräumen bieten. Als Methoden sind hier vor allem die Projekt- und die Leittextmethode diskutiert worden [vgl. Abschnitt 5.4.].

Handlungsspielräume am Arbeitsplatz sind nicht nur Lernvoraussetzungen für arbeitsimmanente Lernprozesse, sie sind zugleich auch Bedingungen des Einsatzes pädagogischer Methoden am Arbeitsplatz [vgl. Abschnitt 5.].

Ausreichende Handlungsspielräume sind darüber hinaus unabdingbare Voraussetzung für eine arbeitsplatznahe Weiterbildung, deren Lernziele über die gerade aktuellen Anforderungen in deren konkreter Erscheinungsform hinausweisen. So stellt CZYCHOLL in Hinblick auf die kaufmännische Ausbildung fest: »Der Arbeitsplatz ist keine Bildungsstätte, wenn die Auszubildenden nur arbeitsplatzspezifische Handlungsschemata als aufgabenspezifische Vorgaben trainieren. Der Vorteil des schnellen Mitarbeitenkönnens an Arbeitsaufgaben in der

---

[23] Unter Verweis auf Arbeiten von LUTZ resümiert FRICKE, daß Qualifikationen einen modifizierenden, dynamischen Einfluß auf die Arbeitsorganisation ausüben. Langfristig nutzten Betriebe die Spielräume, die ihnen höhere, aktuell nicht benötigte Qualifikationen bieten, zur Gestaltung neuer, anspruchsvollerer Arbeitsplätze. Auch durch die Träger höherer Qualifikationen würden entsprechende Modifikationen an deren Arbeitstätigkeiten vorgenommen; die Handlungsspielräume an Arbeitsplätzen seien daher nicht als feste Größe zu betrachten, sondern als durch die Qualifikation der Beschäftigten variierbare Größe [vgl. Fricke 1975, S. 131 ff.]. Die zugrundeliegenden Untersuchungen allerdings beziehen sich auf Arbeitsplätze von Ingenieuren und Politologen – es ist noch eine offene Frage, inwieweit ihre Ergebnisse auf Arbeitsplätze in einer rigiden industriellen Produktionsorganisation übertragbar sind, und eine weitere offene Frage, inwieweit die derzeit diskutierten neuen Arbeits- und Produktionskonzepte zur leichteren Veränderbarkeit von Arbeitsaufgaben durch die Qualifikation der Arbeitstätigen beitragen.

Ernstsituation wird mit dem Nachteil erkauft, daß die Auszubildenden kaufmännische Theorie nur in ihren arbeitsplatzgebundenen Anwendungslösungen erfahren« [Czycholl 1992, S. 30].

Im einzelnen läßt sich als Funktion von Handlungsspielräumen für den arbeitsplatznahen Erwerb *fachlicher Qualifikationen* festhalten:

☐ Zur kognitiven Erfassung eines Lerngegenstandes und zur Entwicklung adäquater operativer Abbildungssysteme ist ein lernender Umgang mit ihm entlang einer *didaktischen Systematik* notwendig. Dieser kann nur zufällig dem Umgang mit dem Lerngegenstand im Arbeitsprozeß entsprechen. Es ist daher zu ermöglichen, daß der Lernende sich von der Abfolge von Arbeitsschritten lösen und sich mit Lerninhalten am Arbeitsplatz getrennt von deren Vorkommen im Arbeitsprozeß befassen kann.

☐ Um *Grundlagen und Nebengebiete* zu Lerninhalten, die sich aus den Anforderungen des Arbeitsplatzes ergeben, vermitteln zu können, muß die Freiheit zur Befassung mit Inhalten außerhalb des unmittelbaren Arbeitsprozesses möglich sein.

☐ Für die Vermittlung von Qualifikationen für den *Umgang mit alternativen,* aber im regulären Arbeitsprozeß noch nicht vorgesehenen *Arbeitsmitteln* und Arbeitsverfahren sind Spielräume zum erprobenden Lernen notwendig.

Handlungsspielräume dienen nicht nur der Verbesserung der Bedingungen fachlichsystematischer und fachlich-umfassender Weiterbildung am Arbeitsplatz, sondern haben eine wesentliche Funktion für den Erwerb von *Handlungskompetenzen.* Solche Kompetenzen beruhen weniger auf allseitigem und jederzeit präsentem Fach- und Anwendungswissen als auf überfachlichen Schlüsselqualifikationen [vgl. Abschnitt 4.2.]. Eigenständige Handlungskompetenz jedoch ist in detailliert vorgegebenen Arbeitsabläufen nicht zu erlangen. Ihre Entwicklung setzt Freiräume für selbständiges Handeln notwendig voraus.

Betrachtet man die betrieblichen Rahmenbedingungen, die diesen Erfordernissen gegenüberstehen, stellt man fest, daß die Handlungsspielräume von Arbeitstätigkeiten im wesentlichen von deren hierarchischer Einstufung und nicht von betriebspädagogischen Kriterien abhängen. Anders als in bezug auf die Arbeitsanforderungen diskutiert, ist mit der Suspendierung betrieblicher Handlungsrestriktionen nur während der Weiterbildungsphasen am Arbeitsplatz wenig gewonnen. Der Erwerb persönlicher Handlungsstrategien führt nur dann zu einem Gewinn an Arbeitsproduktivität, wenn diese kontinuierlich, über die Lernphase hinaus, in angemessenen Freiräumen umgesetzt werden können. Wesentliche Bedeutung kommt darüber hinaus auch der Veränderbarkeit von Handlungssspielräumen durch die Arbeitenden selbst zu [vgl. Ulich 1989; Duell et al. 1986]. SCHELTEN faßt entsprechende Untersuchungen zusammen: «[…] wird die Arbeitsgestaltung zur Aufgabe der Arbeitenden gemacht, dann wird die Qualifikationsentwicklung in der Arbeit erst in einem besonderen Maße gefördert: Man spricht von der *qualifizierenden Arbeitsgestaltung.*« [Schelten 1991 a, S. 167, Hervorhebung im Original].

6.1.2.2. Zeitliche Organisation der Arbeitstätigkeit

Als ein Element von Handlungsspielräumen im Arbeitsprozeß kann die *zeitliche Organisation der Arbeitsanforderungen* gelten.

Lernprozesse laufen in Zeitspannen ab, die von der Lernaufgabe, der Lernmethode und der didaktischen Unterstützung einerseits und den persönlichen Voraussetzungen der Lernenden andererseits abhängen. Bereits aus der beruflichen Erstausbildung mit ihren vergleichsweise homogenen Lernaufgaben und Teilnehmerstrukturen ist bekannt, daß erhebliche interindividuelle Unterschiede im Zeitbedarf für Lernprozesse bestehen.

Lernen am Arbeitsplatz ist mehr oder weniger der zeitlichen Organisation des Arbeitsprozesses untergeordnet. Zeitvorgaben sichern die Leistungserbringung der Beschäftigten und sind weitgehend auch Bemessungsgrundlagen in Entlohnungssystemen.

Aus diesem Gegensatz ergibt sich, daß Maßnahmen arbeitsplatznaher Weiterbildung eine Entkoppelung des Arbeitsplatzes von betrieblichen Zeitkontingentierungen voraussetzen. Diese Entkoppelung ist auf verschiedene Weise vorstellbar: durch die phasenweise Einfügung von Lernintervallen ohne Zeitvorgaben aus dem Arbeitsprozesses, durch kontinuierliche Entlastung oder durch arbeitsorganisatorische Maßnahmen im Rahmen der Gruppenarbeit.

Weil der Zeitbedarf und die Zeitpunkte für Lernen am Arbeitsplatz von individuellen und auch von arbeitsseitig nicht immer vorausplanbaren Bedingungen abhängen, ist jedoch solchen organisatorisch durch den Betrieb fixierten Lernzeit-Modellen eine höhere Souveränität der Zeiteinteilung durch die Arbeitenden bzw. Lernenden selbst vorzuziehen.

6.1.2.3. Funktionsvielfalt der Arbeitstätigkeit

Eng verbunden mit der Gestaltung von Handlungsspielräumen in der Arbeitstätigkeit, aber in der Darstellung abtrennbar ist die Ausstattung eines Arbeitsplatzes mit *diversifizierten Aufgaben*. Arbeitsplätze lassen sich danach unterscheiden, ob sie der Ausführung immer gleicher kleiner Teilarbeiten in einer differenzierten Arbeitsteilung dienen oder ob sie vielfältige und wechselnde Funktionen innerhalb der betrieblichen Arbeitsteilung erfüllen.

Es wird vielfach vertreten, daß eine Diversifikation von Tätigkeiten den Erwerb vielseitiger fachlicher Qualifikationen begünstigt, und daß umgekehrt langandauernde enge Spezialisierungen zum Verlust breiter angelegten Fachwissens führen [vgl. Pieper, Strötgen 1990, S. 30; Schlaffke 1992, S. 58]. Diese Wirkung monofunktionaler Arbeitsplätze erscheint vor dem berufspädagogischen Ideal einer umfassenden beruflichen Qualifikation zwar defizitär, beeinträchtigt aber bildungsökonomische Kalkulationen des Betriebes in der Regel nicht. In diesen geht es um ein Entsprechungsverhältnis von Arbeitsaufgaben und Qualifikation, und nicht um Qualifikationserweiterungen unabhängig von den Funktionen des Arbeitsplatzes: der Erweiterung von Arbeitsaufgaben stehen jedoch in vielen Fällen wirtschaftliche Gründe entgegen [vgl. Schlaffke, Weiß 1991, S. 140].

»Der bildungsökonomische Bezugsrahmen geht von ökonomischen Qualifikationstheorien aus. Für die Besetzung eines betrieblichen Arbeitsplatzes wird nur der Teil von mitgebrachter Berufsqualifikation benötigt und verlangt, der zur sach- und sozialgemäßen Arbeitsausübung erforderlich ist. Dies ist die erforderliche Arbeitsplatzqualifikation. Ein ›Mehr‹ wäre Überqualifizierung und als solche personalwirtschaftlich und betriebsökonomisch nicht zu rechtfertigen. Mit diesem ›Mehr‹ beginnt aber genau das, was Berufspädagogen mit Berufs›bildung‹ bezeichnen.« [Czycholl 1992, S. 28]

Es läßt sich jedoch eine unabhängig von pädagogischen Vorstellungen von Berufsbildung zustandegekommene Entwicklung der betrieblichen Arbeitsorganisation beobachten, die im Gegensatz zur tayloristischen Beschränkung und Zergliederung von Arbeitsfunktionen steht: Der Einsatz von Konzepten der Insel- und Gruppenfertigung ebenso wie eine neue Teamorientierung im Bereich der verwaltenden Tätigkeiten lassen vermehrt funktionsintegrierte Arbeitsplätze entstehen [vgl. u. a. Frieling 1993, S. 154; Heeg 1991, S. 70; hier: Abschnitt 6.2.3.].

Diese Arbeitsplätze setzen nicht nur eine breitere fachliche Qualifizierung voraus. »Die Dezentralisation führt zur Delegation von Verantwortung und Kompetenzen in die neugeschaffenen Lernorte« [Dehnbostel 1993 a, S. 4].

Die bei vielen funktionsintegrierten Arbeitsplätzen anzutreffende höhere Gewichtung der Eigenverantwortlichkeit der Beschäftigten führt auch zur Rückführung von Planungs- und Kontrollaufgaben an den Arbeitsplatz [vgl. Meyer- Dohm 1991 a, S. 20]. Erst die Zusammenführung dieser Funktionen mit denen der Arbeitsausführung schafft nach den Ergebnissen der Handlungsregulationstheorie die Möglich-

keit der selbständigen und teilweise auch der angeleiteten Weiterbildung am Arbeitsplatz [vgl. Abschnitt 4.3.2.].
Es steht zu erwarten, daß mit der Verbreitung solcher Formen der Arbeitsorganisation restriktive bildungsökonomische Kalkulationen an Gewicht verlieren werden, die Weiterbildungsinhalte außerhalb gerade aktueller Arbeitsplatzanforderungen für entbehrlich halten [vgl. Arnold 1991 a, S. 113]. Es gilt nämlich auch umgekehrt: die Funktionsanreicherung von Arbeitsplätzen setzt erweiterte Qualifizierungsmöglichkeiten in der Arbeitstätigkeit voraus.

6.1.2.4. Interaktionsfelder in der Arbeitstätigkeit

Unter mehreren Gesichtspunkten erscheinen solche Arbeitsplätze, die Interaktionen und Kooperationen zwischen den Lernenden bzw. Arbeitenden ermöglichen, für arbeitsplatznahe Weiterbildung geeigneter als isolierte Einzelarbeitsplätze.

☐ Die Interaktion der Lernenden ist zunächst für alle Qualifikationen unentbehrlich, die ihrerseits soziale Elemente beinhalten. Solche Qualifikationen sind einerseits quasi fachlicher Art, wenn es etwa um soziale und organisatorische Zusammenhänge im Betrieb geht. Sie bestehen darüber hinaus aber auch in fachübergreifenden Sozialkompetenzen. Für diese gilt allgemein: »Formale, personale und soziale Fähigkeiten können sich nur entwickeln, wenn schulisches und betriebliches Lernen auch offene, komplexe Lernsituationen vorsehen. In diesen Situationen muß übertragenes Denken entlang den Denk- und Handlungsstrukturen von beruflichen Fachbezügen entwickelt werden. Das Lernen muß dabei in Arbeitsgemeinschaften erfolgen« [Schelten 1991 b; vgl. auch: Dehnbostel 1993 a, S. 4; Hacker, Skell 1993, S. 321].
☐ Die Interaktion der Lernenden ist auch ein Mittel des Lernprozesses selbst: die kooperative Bewältigung von arbeitsplatznahen Lernaufgaben führt zu einer Steigerung der Lerneffizienz [vgl. Heidack 1989; Arnold 1991 a, S. 121].

HACKER und SKELL unterscheiden gemäß dieser Funktionen drei Formen des kooperativen Lernens im Arbeitsprozeß: Der *aufgabenorientierte Informationsaustausch* dient der Lösung gemeinsamer Arbeitsaufgaben. Qualifizierungseffekte werden erzielt, stehen aber nicht im Vordergrund. Das *Erlernen kooperativer Arbeitstätigkeit* dient der qualifikatorischen Vorbereitung einer Arbeitsgruppe auf interaktive Arbeitsprozesse. Das *kooperative Lernen im Gruppenunterricht* nutzt die durch die Interaktion der Lernenden verbesserte Lerneffi-

zienz unabhängig davon, ob für kooperative Arbeitsaufgaben gelernt wird [vgl. Hacker, Skell 1993, S. 323 ff.].
Von seiten des Arbeitsprozesses müssen Arbeitsplätze danach differenziert werden, ob sie die Kooperation der Arbeitenden voraussetzen, ermöglichen oder behindern, und, *getrennt davon*, ob sie die Kommunikation und Interaktion der im Arbeitsprozess Lernenden ermöglichen oder beschränken. Diese Kriterien fallen nicht zusammen: So kann z. B. bei der arbeitsplatznahen Qualifizierung für den Umgang mit EDV-Programmen, die in der Regel an Einzelarbeitsplätzen eingesetzt werden, die arbeitsorganisatorische und technische Bereitstellung von Interaktions- und Kommunikationsmitteln am Arbeitsplatz förderlich wirken.

6.1.2.5. Weitere Umfeldbedingungen am Arbeitsplatz

Eine Vielzahl von weiteren äußeren Faktoren beeinflussen die Eignung von Arbeitsplätzen für deren Verbindung mit Maßnahmen der betrieblichen Weiterbildung.
So kann etwa vermutet werden, daß unstrukturierte Arbeitsanforderungen, die zu laufenden Unterbrechungen einzelner Arbeitstätigkeiten führen, alle Formen arbeitsplatznaher Weiterbildung behindern werden. Klassische arbeitsplatzferne Weiterbildungsseminare erfüllen oft nicht zuletzt die Funktion, Arbeitsanforderungen zeitweise zu suspendieren, um Lernen überhaupt zu ermöglichen.
Arbeitsplätze mit hohen physischen und psychischen Belastungen werden arbeitsplatznahe Weiterbildung in der Regel nicht zulassen. Lärm, Staub, Hitze, Kälte und Gestank beeinträchtigen die für Lernprozesse notwendige Konzentration. Teilweise können durch betriebliche Maßnahmen organisatorischer oder technischer Art die Auswirkungen solcher negativer äußerer Faktoren aufgefangen werden, um arbeitsplatznahe Weiterbildung auch in für sich wenig geeigneten Arbeitsumgebungen durchführen zu können. Es ist jedoch auch zu fragen, ob extrem belastende Arbeitsplätze nicht eher abgebaut werden als qualifikatorisch angereichert werden sollten [zur Beeinträchtigungs- und Gefahrenreduktion durch Lernprozesse am Arbeitsplatz vgl. Hacker, Skell 1993, S. 36 f.].[24]

---

[24] Im Rahmen der Humanisierungsdiskussion ist in der Industriesoziologie auch als gegenläufige These formuliert worden, daß höhere Qualifikationen und Qualifikationsanforderungen belastungsmindernd wirkten [vgl. Dörr, Naschold 1982, S. 440], Belastungsfaktoren also nicht als fixer Ausgangspunkt betriebspädagogischer Interventionen zu verstehen seien. Diese These unterstellt jedoch einen Belastungsbegriff, der mehr als die hier beschriebenen stofflich-prozessualen Arbeitsbelastungen umfaßt.

6.1.3. Lernausstattung des Arbeitsplatzes

Die Lerneignung von Arbeitsplätzen hängt wesentlich von ihrer Ausstattung mit Hilfsmitteln des Lernens ab. Darunter sind hier im Unterschied zu Arbeitsmitteln alle solchen Ressourcen zu verstehen, die sich zielgerichtet auf Qualifizierungsprozesse beziehen.

☐ Zunächst einmal können *Arbeitsplätze für sich selbst* verschiedene Grade didaktischer Eignung aufweisen: Der Arbeitsprozeß kann anschaulich und nachvollziehbar ablaufen, wie z. B. in vielen handwerklichen Bereichen, oder er kann verborgen ablaufen, wie z. B. in vielen automatisch gesteuerten Produktionsanlagen. Er kann so gestaltet sein, daß Rückmeldungen über die Wirkungen von Arbeitshandlungen unmittelbar erfolgen, oder so, daß Kontrollen von Arbeitsverrichtungen den Arbeitenden gar nicht oder nur verzögert bzw. vermittelt möglich sind. Hohe Komplexität der Arbeitsprozesse kann dazu führen, daß an Modellen und Simulationen gelernt werden muß statt am Arbeitsplatz selbst [vgl. Abschnitt 3.2.]:»Mit der Modernisierung, Mechanisierung, Automatisierung der Produktion steigen – vor allem im kapitalintensiveren Betrieb – die Schwierigkeiten, vor Ort auszubilden« [Neumann 1992; vgl. auch: Pampus 1987, S. 44]. Relativierend ist hier anzumerken, daß eine Vielzahl erfolgreicher Projekte zum Lernen im Arbeitsprozeß an hochtechnologischen Arbeitsplätzen der Automobilindustrie durchgeführt wurde.
☐ Weiterbildung am Arbeitsplatz setzt die Verfügbarkeit apersonaler Lehrmittel während der Arbeitstätigkeit voraus. Dies gilt um so mehr, um so mehr die jeweils eingesetzte Methode auf die Selbstqualifikation der Arbeitenden abhebt [vgl. detaillierter Abschnitt 5.6.1.].
☐ Die Lerneignung von Arbeitsplätzen wird sich aber vor allem daran entscheiden, ob bei Bedarf Lehrpersonal vom Arbeitsplatz aus ansprechbar ist. Die kontinuierliche Verfügbarkeit von Dozenten, Instruktoren,»Hotlines« und nicht zuletzt von innerhalb der Arbeitsorganisation angesiedelten kollegial oder hierarchisch angeordneten Lehr-Lernbeziehungen kann als wesentlicher Faktor der Wirksamkeit arbeitsplatznaher Weiterbildung gelten. Zugleich ist jedoch zu beobachten, daß der organisatorischen, motivationalen und qualifikatorischen Vorbereitung von Lehr-Lern-Interaktionen am Arbeitsplatz praktisch nur geringe Aufmerksamkeit zuteil wird. Es finden zwar, etwa im Rahmen von Veränderungen der Arbeitsorganisation oder der Arbeitsplatztechnologie punktuelle Qualifizierungen durch Lehrpersonal statt [vgl. Frieling 1993], die kontinuier-

liche Implementation von Lehr-Lern-Beziehungen unterbleibt jedoch.

6.1.4. Zusammenfassung

Das Verhältnis von Arbeiten und Lernen bei der Qualifizierung im Arbeitsprozeß ist wesentlich bedingt durch die technische, organisatorische und soziale Struktur des Arbeitsprozesses, wie sie sich am einzelnen Arbeitsplatz darstellt. Der gegebene technische Stand der Produktion bestimmt die jeweiligen Inhalte der Qualifikationen im Arbeitsprozeß. Der Bezug der technischen Gegebenheiten der Produktion auf die Tätigkeiten der Beschäftigten erfolgt über die Gestaltung der Arbeitsplätze. Die in einem Unternehmen gegebenen Arbeitsplätze werden dadurch zu einer wichtigen Bedingung der Vermittlung von Qualifikationen, insbesondere unter dem Gesichtspunkt, ob die Qualifikationsprozesse auch (betriebs-)pädagogischen Ansprüchen genügen. Die Frage nach den Gestaltungsmöglichkeiten von Qualifizierungsmaßnahmen verweist also auf die möglichen Handlungsspielräume, die Arbeitsorganisationen den Beschäftigten generell lassen und damit auch den Organisatoren von Arbeitsprozessen, die betriebliche Lernprozesse an pädagogischen Maßstäben ausrichten möchten.

Es gilt bislang als ehernes Gesetz der Betriebspädagogik, daß der Arbeitsplatz »für eine vertiefte Auseinandersetzung mit theoretischen Grundlagen der beruflichen Aufgabengebiete und Tätigkeiten [...] als Lernort nicht geeignet [ist]« [Brenner 1981, S. 339; vgl. auch: Schlaffke 1992, S. 57; Schelten 1991 a, Arnold 1991 a]. Es bleibt jedoch noch zu untersuchen, wie weit die Grenzen arbeitsplatznaher Weiterbildung durch eine konsequente pädagogische Ausrichtung des Arbeitsumfeldes und durch die Bereitstellung geeigneter Lernressourcen am Arbeitsplatz verschoben werden können.

Für den Bereich der beruflichen *Ausbildung* hat FRANKE ein idealtypisches Modell lernförderlicher Arbeitsbedingungen entworfen [vgl. Franke 1982], das jedoch trotz vieler Überschneidungen nicht vollständig auf den Bereich der betrieblichen Weiterbildung übertragbar ist.

Die am Arbeitsplatz vorfindbaren Bedingungen für arbeitsplatznahe *Weiterbildung* lassen sich in Form einer – verkürzenden und verallgemeinernden – Übersicht wie folgt darstellen:

Lernbedingungen am Arbeitsplatz		
Für Lernen am Arbeits-platz gilt	*. . . als förderlich*	*. . . als hinderlich*
1. Anforderungen:		
1.1 Motorische Anforderungen	Komplexe, sich ändernde Bewegungsanforderungen, bewußt kontrolliert	Repetitive, einfache Tätigkeiten, schematisch ablaufend
1.2 Kognitive Anforderungen	Hohe kognitive Ansprüche; Handlungsplanungen und Koordination von Teilzielen notwendig	Einfache Tätigkeiten, ohne kognitive Teilnahme und tieferes Verständnis zu bearbeiten
2. Tätigkeitsstruktur, Umfeldbedingungen:		
2.1 Handlungsspielraum	Varianten der Arbeitserledigung freigestellt; selbständige Definition von Zielen, Aufgaben und Abläufen; funktionale Positionsbestimmungen	Exakt einzuhaltende Arbeitsaufträge, von außen detailliert in Ablauf und Ergebnis festgelegt; hierarchische Positionsbestimmungen
2.2 Zeitabhängigkeit	Freie Zeiteinteilung; keine engen Zeitvorgaben; Werkbank- oder Werkstattfertigung	Vorgegebene Zeiteinteilung; enge Zeitvorgaben; kurze Arbeitstakte; Fließfertigung
2.3 Funktionsvielfalt	Vielfältige, wechselnde Funktionen am Arbeitsplatz; Einheit von Planungs-, Ausführungs- und Kontrollaufgaben	Eindimensionale Funktionen in stark zergliederter Arbeitsteilung
2.4 Interaktionsfelder	Kooperative Arbeit; kundennahe Arbeitsaufgaben; Kommunikationsmittel vorhanden	partialisierte Arbeit; kundenferne Aufgaben; isolierte Arbeitsplätze

Lernbedingungen am Arbeitsplatz

Für Lernen am Arbeits-platz gilt	*... als förderlich*	*... als hinderlich*
2.5 Anforderungs-struktur	Sequentielle Aufgaben-erledigung	Unstrukturierte Anforderungen, oft zu unterbrechende Arbeitserledigung
2.6 Physische Arbeits-umgebung	Ruhige, belastungsfreie Arbeitsplätze mit Rückzugsmöglich-keiten	Belastende Arbeits-plätze, Lärm u. a. Beeinträchtigungen, keine Rückzugs-möglichkeiten

3. Lernausstattung:

3.1 Didaktische Potentiale des Arbeitsplatzes	Arbeitsprozeß nach-vollziehbar und anschaulich, Rückmel-dungen der Ergebnisse	Arbeitsprozeß im Vollzug nicht transparent, verborgen ablaufend
3.2 Lernmittel	Lern- und Informa-tionsmittel (Bücher, Arbeitshinweise, CBT etc.) am Arbeitsplatz verfügbar	Lern- und Informationsmittel am Arbeitsplatz nicht verfügbar
3.3 Lehrpersonal	Trainer, Instruktoren, pädagogisch inspirierte Führungskräfte ansprechbar	Lehrpersonal vom Arbeitsplatz aus nicht verfügbar
3.4 Lernortkombination	Neben dem Arbeits-platz sind andere, koo-perierende Lernange-bote (Seminar, Übungswerkstatt etc.) verfügbar	Der Arbeitsplatz ist der einzige verfügbare Lernort; oder: andere Lernangebote ohne Bezug zum Arbeitsplatz

Tabelle 16   Förderliche und hinderliche Lernbedingungen am Arbeitsplatz

185

6.2. Arbeitsorganisatorische Bedingungen arbeitsplatznaher Weiterbildung

Konzepte arbeitsplatznaher Weiterbildung haben sich auf die betriebliche Arbeitsorganisation zu beziehen. Es gilt:»Arbeitspädagogik, d. h. also betriebliche Arbeitspädagogik, ist immer in die Möglichkeiten und Grenzen der betrieblichen Arbeitsorganisation eingebunden« [Schelten 1991 a, S. 11]. Die auf den einzelnen Arbeitsplatz wirkenden allgemeinen organisatorischen Bedingungen für betriebliche Weiterbildung ergeben sich in erster Linie aus Umsetzungen produktionsstrategischer Kalkulationen. Technische und arbeitsorganisatorische Umfeldbedingungen lassen sich in letzter Instanz weitgehend auf ökonomisch motivierte Entscheidungen von Wirtschaftsunternehmen zurückführen.

Damit ist ein Unterschied und potentieller Gegensatz zwischen betriebswirtschaftlichen und betriebspädagogischen Kriterien arbeitsplatznaher Weiterbildung gegeben:

»Betriebliche Arbeit ist [...] nach ökonomischen Kriterien organisiert, um wirtschaftlichen Maßstäben zu dienen, wie Rentabilität, Produktivität, Wirtschaftlichkeit, Liquidität oder Kostenoptimalität. Betriebe bzw. Unternehmen sind ökonomische Zweckgebilde. [...] Arbeitsplätze als kleinste betriebliche Organisationseinheiten sind von ihrer primären Zwecksetzung keine Bildungsstätten.« [Czycholl 1992, S. 26]

Um das Verhältnis ökonomischer und pädagogischer Rationalität in bezug auf die Umsetzungsbedingungen von Lernformen im Arbeitsprozeß näher darzustellen, soll auf einige Idealtypen betrieblicher Arbeitsorganisation unter dem Aspekt der Beschäftigtenqualifikation Bezug genommen werden: diese sind der Taylorismus, nachtayloristische, technikorientierte Strukturen der industriellen Arbeitsorganisation und, weitgehend noch in programmatischem Status, Konzepte der sogenannten »Lean Production«. Die dabei vorgenommene Unterscheidung von Typen ist weder auf industriesoziologische Abgrenzungsdiskussionen noch auf empirische Untersuchungen bezogen, sondern dient einzig der Differenzierung von Arbeitsorganisationen unter dem Aspekt der Beschäftigtenqualifikation. Es versteht sich zudem, daß im Rahmen der vorliegenden Arbeit keine auch nur einigermaßen ausreichende Darstellung der Entwicklung betrieblicher Qualifizierungsstrategien oder gar der begleitenden wissenschaftlichen Diskussion geleistet werden kann. Wenn einzelne Typen von Arbeitsorganisation hier entlang der arbeitswissenschaftlichen Diskussion zeitlich gegliedert werden, dient das der Darstellung und entspricht keiner linearen Entwicklungsgeschichte. Weder sind tayloristische Arbeitsstrukturen heute obsolet, noch waren sie in früheren Zeiten durchgängig verbreitet. Auch gelangt nicht jedes modische Konzept von Arbeitsorganisation aus der Mangementliteratur in die Fabriken.

Unter diesen Einschränkungen geht es im folgenden im Sinne der fachlichen Abgrenzung von MENCK –»Aus der Perspektive der Erziehungswissenschaft stellt sich die jeweils historische, bestimmte Struktur von ›Arbeit‹ als ein Ensemble von Randbedingungen dar, das die Subjekte in ihrem Bildungsprozeß [...] unterstützen oder behindern kann.« [Menck 1989, S. 32] – darum, Elemente von Organisationsformen der Arbeit zu kennzeichnen, insofern sie sich auf Formen intentionaler arbeitsplatznaher Weiterbildung auswirken.

6.2.1. Lernen in tayloristischen Arbeitsstrukturen

Da eine große Zahl von Unternehmen neuere Entwicklungen der betrieblichen Arbeitsorganisation nur sehr langsam umsetzt [vgl. Schelten 1991 a, S. 11], soll zunächst gefragt werden: Wie sind Lernen und Arbeiten in traditionellen Konzepten der betrieblichen Arbeitsorganisation verknüpft?

»Die traditionelle Arbeitsorganisation orientiert sich hauptsächlich an den technischen Imperativen des Produktionsprozesses. Ihr Ziel ist die optimale technologische Gestaltung von Arbeitsplätzen und Arbeitsabläufen mit rationalen, wissenschaftlichen Mitteln. Sie verstärkt dabei Rationalität in dem verkürzten Sinn reiner Zweckrationalität, d. h. als Bereitstellung von in ihrer Wirkung kalkulierbaren Mitteln, nach bestimmten Regeln und für vorher festgesetzte, genau abgrenzbare Zwecke.« [Heeg 1991, S. 22]

Daraus ergibt sich ein besonderes Verhältnis zur menschlichen Arbeit:

»Bisher beruhten alle Formen kapitalistischer Rationalisierung auf einem Grundkonzept, das lebendige Arbeit als Schranke der Produktion faßte, die es durch weitgehende technische Automatisierung des Produktionsprozesses zu überwinden galt. In dem Residuum lebendiger Arbeit sah es vor allem den potentiellen Störfaktor, der durch restriktive Arbeitsgestaltung möglichst weitgehend zu überwinden und zu kanalisieren war.« [Kern, Schumann 1984, S. 19]

Die hier skizzierte Form der traditionellen Arbeitsorganisation wird in der Literatur als tayloristisches System der Arbeitsorganisation bezeichnet und ist durch die Prinzipien der strengen Arbeitsteilung, der Massenproduktion und der Mechanisierung charakterisiert. Der amerikanische Ingenieur FREDERICK W. TAYLOR (1856–1915) gilt mit seinem Werk »*The Principles of Scientific Management*« als der Begründer der »Wissenschaftlichen Betriebsführung« oder »Wissenschaftlichen Arbeitsorganisation«. TAYLOR zielte darauf, den Arbeitsprozeß nach den Kriterien kapitalistischer Rationalität intensiv zu kontrollieren. Er weitete deshalb die Prinzipien der Arbeitsteilung radikal aus und wandte sie systematisch auf die Industriearbeit an. Zum Zweck der Kontrolle des Arbeitsprozesses sollten alle planenden und geistigen Arbeiten in die Hände des Managements übergehen. Im eigentlichen Arbeitsprozeß hingegen hatte nur die Ausführung der Arbeit nach genau vorgegebenen Arbeits- und Zeitplänen zu erfolgen. Dem Prozeß der Anleitung ging eine detaillierte Zerlegung der Arbeit in Arbeitselemente und in genaue Zeitvorgaben voraus [vgl. Taylor 1919] (Es ist heute umstritten, inwieweit die Prinzipien der strikten Arbeitszerlegung und der Fließfertigung von Massenprodukten in ihren späteren Perfektionierungen und Operationalisierungen – MTM und andere Kleinstzeitverfahren – tatsächlich auf TAYLOR zurückgeführt werden können [vgl. Heeg 1991, S. 21; Stahl 1984]. Nichtsdestotrotz wird hier die eingebürgerte Terminologie der »tayloristischen Arbeitsorganisation« verwendet.).

»Der Taylorismus brachte eine Trennung von ›Kopfarbeit‹ und ›Handarbeit‹ in der Art, daß das Management Planungs- und Überwachungsaufgaben, die Arbeiter die manuelle Ausführung übernahmen« [Skell 1993, S. 261]. Diese Zergliederung der Arbeit in der klassischen industriellen Produktion hat sich streckenweise durch technologische und organisatorische Veränderungen auch in den kaufmännischen und handwerklichen Bereich vererbt. TAYLOR selbst hatte sein System nur für ausführende industrielle Tätigkeiten entwickelt, nicht für die verwaltende Arbeit, die in seinem Konzept den Arbeitsprozeß steuert und anleitet.

Der Taylorismus hat damit zur Maxime des Arbeitsprozesses gemacht, was als Kritik an seiner kapitalistischen Form schon lange vorlag: »Die geistigen Potenzen der Produktion erweitern ihren Maßstab auf der einen Seite, weil sie auf vielen Seiten verschwinden. Was die Teilarbeiter verlieren, konzentriert sich ihnen gegenüber im Kapital. Es ist ein Produkt der manufakturmäßigen Teilung der Arbeit, ihnen die geistigen Potenzen des materiellen Produktionsprozesses als fremdes Eigentum und als sie beherrschende Macht gegenüberzustellen. Dieser Scheidungsprozeß [...] vollendet sich in der großen Industrie, welche die Wissenschaft als selbständige Produktionspotenz von der Arbeit trennt [...]« [Marx 1890, S. 382].

Die Zerlegung der ausführenden Arbeit und ihre Befreiung von jedem Inhalt bleibt nicht ohne Konsequenzen für die Motivation und die Qualifikation für derartige Tätigkeit:

☐ In bezug auf die Motivation der bloß Ausführenden gilt: »Solange die durchaus notwendige gesellschaftliche Arbeitsteilung noch die (tayloristische) Trennung von Denken und Tun aufrecht hält, bleibt eine wesentliche psychologische Komponente der Entfremdung weiterhin bestehen.« [Baitsch, Frei 1980, S. 42]. Die motivationalen Wirkungen entfremdeter Arbeit können auch die Qualifizierungsbereitschaft der Arbeitenden hemmen.

☐ In bezug auf deren Qualifikation gilt: »Das Kernstück von Taylors System ist die Wissensenteignung der Arbeiter. Durch die genaue Festlegung der einzelnen Arbeitsschritte entfremdet sich der Ausführende vom erzeugten Produkt und erkennt nicht mehr die Zusammenhänge bei der Produkterstellung. In Handwerksbetrieben wußte jeder, was und wie er das am besten zu tun hat« [Katzlinger-Felhofer 1992, S. 108]. Bornierungen und Dequalifizierungen sind die Folge dauerhafter Festlegung auf immer gleiche unverstanden verrichtbare Arbeitstätigkeiten.

Diese Art der tayloristischen Zerlegung von Arbeitsprozessen hat Auswirkungen auf die Struktur von Handlungen in betrieblichen Arbeitsprozessen. Da die Arbeitstätigkeit aus zerstückelten Teilhandlungen besteht, kommt »in vielen Fällen kein vollständiger Zyklus zustande« [Ebner 1992, S. 46, mit Bezug auf den Begriff der »zyklischen Vollständigkeit« in der Handlungsregulationstheorie]. Im Arbeitsprozeß wird durch die strikte Arbeitszerlegung ein wesentliches Moment menschlicher Tätigkeit »zerrissen, nämlich die Tatsache, daß der Mensch sich immer auch einen geistigen Entwurf seiner Tätigkeit bildet und damit Denken und Handeln nicht getrennt verlaufen, sondern sich gegenseitig bedingen« [Ebbinghaus 1983, S. 59]. Gerade auf Grund dieser Auswirkungen des Taylorismus wird das System der »Wissenschaftlichen Arbeitsorganisation« von psychologisch und soziologisch orientierten Arbeitswissenschaftlern lediglich als unwissenschaftliche Vorform ihrer eigenen Disziplin betrachtet [zur soziologischen Kritik von TAYLOR und seinen Nachfolgern vgl. exemplarisch: Stahl 1984]. Der Taylorismus in dem hier skizzierten Sinne war sicher »keine Wissenschaft von der menschlichen Arbeit, sondern eine Unternehmensstrategie zur sozialen Kontrolle über den arbeitenden Menschen« [Ebbinghaus 1983, S. XIV]. Auf mögliche Berührungspunkte der heutigen Arbeits- und Betriebspsychologie zum Taylorismus soll hier nicht eingegangen werden.

In tayloristischen Arbeitsstrukturen erscheinen Handlungsspielräume in der Arbeit als Lücken in der Betriebsorganisation, verursacht durch unvollkommene Technik, unausgereifte Organisationsmodelle oder auch durch den Widerstand der Arbeitskräfte gegen die Partialisierung der Arbeit. Diese starren Arbeitsstrukturen bleiben nicht ohne Folgen für die *Organisation der Qualifikation* der Arbeiter. Die Trennung von Arbeit und Weiterbildung ist besonders stark ausgeprägt. Historisch gesehen begann diese Trennung mit der Ausgliederung der Erstausbildung und Weiterbildung aus dem Arbeitsprozeß. In Lehrwerkstätten und außerbetrieblichen Fortbildungsinstitutionen wurde nach dem Vorbild der streng arbeitsteiligen Produktion die Ausbildung und Weiterbildung in Form von fachspezifischen Lehrgängen vermittelt. Mit dieser »Ausgliederung der Ausbildung aus dem Arbeitsprozeß und [der] tayloristisch geprägte[n] Organisation« war nicht nur »Motivationsverlust, Leistungsnivellierung, Verlust von Ganzheitlichkeit und Realitätsnähe« [Schulz 1991, S. 103] verbunden. Bedeutend waren auch die Folgen für die Qualifikation der so ausgebildeten Fachkräfte.

»Problematisch erscheint […], daß Arbeitnehmer jahrelang als ›Opfer des Taylorismus‹ an Arbeitsplätzen mit geringen Lernanforderungen sozusagen ›entalphabetisiert‹ und durch neue Anforderungen infolge technischer Innovation ›überfordert‹ wurden, zumal dann, wenn die Anforderungen kaum den bisherigen Arbeits- und Berufserfahrungen entsprachen.« [Dobischat, Lipsmeier 1991, S. 347]

Dieser Mangel am System der Qualifizierung wurde insbesondere in der zurückliegenden Phase der Technologisierung der Produktion bemerkbar, die fachübergreifende Qualifikationen erforderlich machte, welche in der tayloristischen Fixierung auf eng begrenzte arbeitsteilige Funktionsausübungen nicht gefragt gewesen waren. Von der Lernorganisation her betrachtet war zur Weiterbildung in den neuen Technologien eine Kleingruppenorganisation nötig (Lehrgänge, Qualitätszirkel, Werkstattkreise etc.), in der die Problembewältigung aus den tayloristisch ausgerichteten Produktionsbereichen in die abgetrennten Lerngruppen verlagert wurde [vgl. Meyer-Dohm 1991 a, S. 28]. Innerhalb der Arbeitsorganisation war für derartige Qualifikationen kein Raum [vgl. Fricke 1975, S. 131]. Auf seiten der Produktion wurden damit Vorstellungen von der Rolle des Meisters als *Lehr*meister, wie sie im Handwerk Tradition hatten, endgültig obsolet. So berichtet MARKERT über die Situation bei der BMW AG Ende der siebziger Jahre: »Die traditionellen Rollen von Meistern und Einstellern sind in Auflösung begriffen; das Vermitteln von Fachkenntnissen und die Menschenführung sind geringer geworden zugunsten der Einhaltung eines fließenden Produktionsprozesses und der Sicherstellung eines bestimmten Plansolls« [Markert 1985, S. 20].

In der streng auf das obere Management fixierten tayloristischen Unternehmensorganisation ist die Qualifizierungsplanung der Technik- und Investitionsplanung nachgeordnet. Qualifizierungsmaßnahmen erfolgen somit nicht vorausschauend und auf zukünftige Entwicklungen vorgreifend, sondern erschöpfen sich in der an aktuellen und betriebsspezifischen Defiziten orientierten Nachqualifizierung. Höhere Qualifikationsanforderungen werden von tayloristisch strukturierten Personalplanungssystemen deshalb nicht adäquat befriedigt. Diese reagieren in der Regel auf veränderte Anforderungen an die Beschäftigten mit »Personalanpassung durch Selektion und Austausch anstelle von Qualifizierung und Personalentwicklung« [Moldaschl 1993, S. 371]. Soweit sie überhaupt stattfindet, richtet sich die Ausbildung und Weiterbildung in tayloristischen Formen der Arbeitsorganisation hauptsächlich auf die »Vermittlung funktionaler bzw. prozeßgebundener Qualifizierung« [Ebner 1992, S. 46]. Arbeitsplatznahe Weiterbildung findet in tayloristischen Arbeitsorganisationen so durchaus ihren Platz: Sie hat in der Regel den Charakter von Anlern- oder Drillqualifikationen für einfache repetitive Tätigkeiten; als adäquate Methoden gelten die Beistellmethode und das Konzept des Vormachen/Nachmachen. Teilweise werden reduzierte Anlernmaßnahmen zugleich zur Personalselektion genutzt. Übergreifende Qualifikationsinhalte oder Schlüsselqualifikationen werden kaum gefördert.

Kritik an tayloristischen Konzepten wurde in der Bundesrepublik in den siebziger Jahren laut. Sie begründete den Übergang von der traditionellen zur »nachtayloristischen« Arbeitsorganisation, weniger noch in der praktischen Gestaltung von Arbeitsprozessen, sondern zunächst vorwiegend in der theoretischen Diskussion über geeignete Formen von Arbeitsorganisation. In der Bundesrepublik wegweisend war dabei die erstmals 1970 auf Grundlage von Vorarbeiten der Göttinger Industriesoziologie (BAHRDT et al.) veröffentlichte empirische Studie von KERN und SCHUMANN [Kern, Schumann 1970: »Industriearbeit und Arbeiterbewußtsein«] über den Zusammenhang von technischen Entwicklungen und industrieller Arbeit. Insbesondere in den achtziger Jahren richtete sich die soziologische, arbeitspsychologische und betriebspädagogische Diskussion verstärkt auf die Neugestaltung der Arbeitsorganisation. Die entwickelten Konzepte bezogen sich dabei auf grundlegende Veränderungen in den Arbeitsprozessen, die andere und neue Anforderungen an berufliche Qualifikationen notwendig machten.

Die Einführung neuer, komplexer Technologien mit steuernden Funktionen setzt nämlich positive Arbeitsmotivation, Entscheidungskompetenzen und erweiterte fachliche Qualifikationen beim Arbeitenden voraus. Dieser wird insofern nicht mehr als »Anhängsel an die Maschinerie« gefaßt, sondern als Persönlichkeit für sich und in seinen sozialen Beziehungen. In Abgrenzung von tayloristischen Formen der Arbeits-

organisation richtete sich das Augenmerk auf völlig neue Aspekte der Arbeitsorganisation, zunächst vornehmlich auf solche, die die *Arbeitsmotivation* bestimmten:
»Dort [in angloamerikanischen Diskussionen, d. V.] begann man, die Bedeutung sozialer Organisationsformen und zwischenmenschlicher Beziehungen bei der Arbeit zu untersuchen, insbesondere die Rolle, die formelle und informelle Gruppenprozesse, Informationsaustausch, soziale Anerkennung und Motivationen hierbei einnehmen. Arbeit wurde nunmehr nicht hauptsächlich als ein physiologisches, sondern ebenso als ein soziologisches und sozialpsychologisches Problem betrachtet.« [Heeg 1991, S. 27]
Als Folge der veränderten Perspektiven in der Diskussion über Fragen der Arbeitsorganisation wurde die psychosoziale Beanspruchung als Bestandteil der Arbeitssituation erkannt und in entsprechende Konzepte aufgenommen. So wurden als Fortführung der Handlungsstrukturanalyse [Hacker 1973; Volpert 1974; hier: Abschnitt 4.3.] z. B. soziale und kommunikative Arbeitsanforderungen in Qualifikationsbedarfsanalysen berücksichtigt [Mickler et al. 1976].

6.2.2. Der Wandel zu nachtayloristischen Arbeitsstrukturen

Aus Veränderungen der technischen Arbeitsmittel in Richtung auf höhere Komplexität ergaben sich veränderte Anforderungs- und Beanspruchungsstrukturen gegenüber den Beschäftigten. Es wurde diskutiert, inwieweit ganzheitlich angelegte, auf selbständige berufliche Handlungskompetenz abzielende Konzepte der betrieblichen Weiterbildung geeignet sein könnten, diesen Anforderungen entsprechende Qualifikationen herzustellen. Tayloristische Drill- und Trainingskonzepte wurden solchen Anforderungen nicht gerecht.
Vor diesem Hintergrund wurde die Befassung mit neuen Qualifikations- und Arbeitsstrukturen zu einem Aufgabengebiet der Berufspädagogik. Zuvor galt die Aufmerksamkeit der Berufspädagogik nahezu ausschließlich der fachlichen Didaktik beruflicher Aus- und Weiterbildung getrennt vom Arbeitsprozeß. Von ihr erwartete man nun passende theoretische Konzepte zur Vermittlung transversaler Qualifikationen, die in betrieblichen Lernprozessen erfolgreich angewandt werden könnten. In Absetzung von der tayloristischen Grundidee der Gestaltung von Arbeitsprozessen entstand in der arbeitspsychologischen und -pädagogischen Theorienbildung eine Vielzahl von neuen Ansätzen, die sich alle positiv auf die Persönlichkeit des arbeitenden Menschen beziehen. In diesem Zusammenhang sind zunächst im Bereich der Motivationstheorien die Ansätze von MASLOW, McGREGOR, HERZ-

BERG und verschiedene Prozeßtheorien der Motivation zu nennen [vgl. Heeg 1991, Frei et al. 1993, S. 47 ff.]. Diese motivationstheoretischen Betrachtungsweisen führten zu neuen Maßnahmen im Bereich der Arbeitsorganisation. Im Bereich der Lerntheorie sind Fortentwicklungen der Handlungstheorie anzuführen, wie sie etwa in der Handlungsregulationstheorie vorliegen [vgl. Abschnitt 4.3.]. Bei der Gestaltung von nachtayloristischen Arbeitsprozessen erwies es sich als notwendig, handlungstheoretische Überlegungen mit einzubeziehen, die in die Organisation der Arbeit und des Lernens in Arbeitsprozessen die persönlichen Motive und individuellen Handlungsorientierungen der betroffenen Subjekte mit aufnehmen.

In der »nachtayloristischen« oder »postfordistischen« Periode betrieblicher Arbeitsorganisation gilt nicht mehr die technische Ausstattung der Produktion als limitationaler Faktor der Produktivität, sondern die Qualifikation der Arbeitstätigen für den Umgang mit dieser technischen Ausstattung; diese wurde als »vierter Produktionsfaktor« quasi entdeckt. Nach wie vor aber wurde die Qualifikation der Beschäftigten in erster Linie auf den angemessenen Umgang mit komplexen technischen Arbeitsmitteln bezogen. Im Zentrum der Diskussion um neue Formen der betrieblichen Weiterbildung stand der Terminus der »Neuen Technologien«.

Die Ableitung von Bildungsbedarf allein aus technischen Entwicklungen stößt zum einen auf immanente Schranken der Planbarkeit von Weiterbildung: »So ist die gegenwärtig praktizierte einzelbetriebliche Bedarfsfestlegung und Weiterbildungsplanung eher technikfixiert. Diese einseitige Orientierung auf Technik versagt aber dann, wenn beschleunigter technologischer Wandel stattfindet und die Obsoleszenzzeiten von Qualifikationen stark voranschreiten.« [Dobischat, Lipsmeier 1991, S. 346 f.]. Zum anderen erweist sich gerade mit der Perfektionierung der Produktionstechnik, daß die betriebliche Produktivität mit mindestens gleichem Gewicht durch andere Faktoren affiziert wird: Die Technikzentrierung der Qualifikationsdiskussion wird in neuerer Zeit durch die verstärkte Befassung mit Fragen der Arbeitsorganisation selbst abgelöst.

6.2.3. »Lean Production«, Gruppenarbeit und arbeitsplatznahe Weiterbildung

In den achtziger Jahren waren Innovationsbemühungen der Unternehmen geprägt durch Automatisierungs- und CIM-Strategien, also flexible Technologien (u. a. Robotik, NC-Fertigungstechnik, Automateninseln), um die Fertigung anpassungs- und leistungsfähiger zu gestalten.

In den neunziger Jahren hingegen steht die organisatorische Umgestaltung der Unternehmen im Vordergrund. Neue Formen der Arbeitsorganisation werden in den Unternehmen als ein adäquater Weg betrachtet, Kosten senken und Wettbewerbspositionen verbessern zu können. Steigerungen der Produktivität und Intensität der Arbeit werden nicht mehr vorwiegend aus der Anwendung technischer Mittel erwartet, sondern aus Veränderungen der betrieblichen Arbeitsteilung, der Entlohnungssysteme und hierarchischer Strukturen im Betrieb. Damit steht nicht mehr vorrangig die Produktions- und Informationstechnik im Mittelpunkt der Produktionsplanung, sondern zunehmend der qualifizierte Arbeitstätige als integrierender Faktor und Basis einer flexiblen Produktion.

So mit Emphase ein Repräsentant der Arbeitgeberverbände: »Der Markt erfordert die Leistungsfähigkeit und Flexibilität qualifizierter, motivierter und verantwortlicher Mitarbeiter. Auch die höchstentwickelte Technik kann sie nicht ersetzen. Technik ist und bleibt Instrument. Der entscheidende ›Produktionsfaktor‹ ist der Mensch« [Himmelreich 1993, S. 30]

Mit der Entwicklung neuer Formen der Arbeitsorganisation richtet sich daher die betriebliche Personal- und Bildungsarbeit in anderer Weise auf die Beschäftigten im Unternehmen. Grenzen technokratischer Personalplanung [Staudt 1990, S. 45 ff.] werden diskutiert, und Qualifikationsstrategien, in denen die Persönlichkeit der Beschäftigten keine oder nur eine geringe Rolle spielt, werden teilweise aufgegeben.

Die neuen Formen der Arbeitsorganisation beinhalten im wesentlichen eine Delegation der Verantwortung auf operative Ebenen mit Gruppenarbeitskonzepten und selbständigen Einheiten. Für diese und begleitende Ansätze hat sich das Schlagwort von der »Lean Production« eingebürgert, ohne daß damit ein einheitliches und klar umrissenes Konzept beschrieben wäre.

Die international vergleichende MIT-Studie von WOMACK, JONES und ROOS über die Arbeitsorganisation in der US-amerikanischen, japanischen und europäischen Automobilindustrie (»Die zweite Revolution in der Autoindustrie«) formulierte die Ausgangespunkte der Diskussion. Diese Studie richtete das Augenmerk auf eine Beteiligung der Beschäftigten an Entscheidungen und Problemlösungen innerhalb des Betriebes. Gemessen am Ernst und Ausmaß der im Anschluß an diese Studie entstandenen Diskussion scheinen Konzepte der »Lean Production« zur strategischen Orientierung vieler Unternehmen in den neunziger Jahren zu werden. Im Mittelpunkt stehen dabei Formen der Gruppenarbeit, die eine flexible Arbeitszuordnung und ein hohes Maß an Eigeninitiative von allen Beschäftigten ermöglichen.

In solchen Produktionskonzepten erhält auch die Qualifikation der Beschäftigten einen neuen Stellenwert. Die Weiterbildung der Beschäftigten dient hier nicht mehr nur der qualifikatorischen Vorbereitung auf fachliche Anforderungen. Von ihr werden auch Nebeneffekte erwartet, die zuvor nur in den oberen Hierarchieebenen der Unternehmen eine Rolle spielten: so etwa eine bessere Identifikation der Beschäftigten mit ihrem Betrieb, eine Förderung ihres Verantwortungsbewußtseins an ihrem Arbeitsplatz und eine Erhöhung der allgemeinen Arbeitsmotivation. Es ist allerdings durchaus noch umstritten, inwieweit solche Effekte eintreten und inwieweit sie zur Erhöhung der betrieblichen Produktivität führen. So hat COLEMAN bereits früher daruf hingewiesen, daß Volvo als europäischer Pionier durch entsprechende Konzepte eine geringere Steigerung der Produktivität erzielt hat als Honda mit einer schlichten Zuordnung der Kostenrechnung zu den Einheiten regulärer Fließbandproduktion [Coleman 1982, S. 106 f.].

Welche betriebswirtschaftlichen Auswirkungen auch immer sich ergeben werden, Wirkungen auf die Organisation der Qualifizierung lassen sich bereits absehen: Die erwähnten Technikstrategien der achtziger Jahren führten zu einem hohen Umfang lehrgangsförmiger innerbetrieblicher und außerbetrieblicher Weiterbildung. In den derzeit diskutierten Strategien spielt hingegen die Weiterbildung unmittelbar am Arbeitsplatz eine größere Rolle, insoweit sie arbeitsorganisatorisch indizierten Anforderungen entspricht.

Entsprechende Produktionskonzepte wurden bislang hauptsächlich in der Automobilindustrie und bei deren Zulieferern eingesetzt. Die Automobilindustrie suchte bereits seit Jahren nach neuen Formen der Arbeitsorganisation, um konkurrenzfähiger produzieren zu können. Jahre bevor die »Japan-Diskussion« in der Bundesrepublik begann, wurde bereits in Schweden mit neuen Arbeitsformen wie der teilautonomen Arbeitsgruppe experimentiert. Die bundesdeutsche Diskussion über Gruppenarbeit hat sich lange Zeit auf die skandinavischen Erfahrungen bei Volvo und Saab bezogen. In den siebziger Jahren waren diese Konzepte z. B. auch Vorbild für Projekte bei VW Salzgitter.

Die neue breite Diskussion um »Lean Production« setzte in der Bundesrepublik 1991 nach der Veröffentlichung der MIT-Studie ein. Diese Diskussion hat heute, anders als ihre Vorläufer, in der Großindustrie weitgehende Wirkungen gezeigt und erfaßt inzwischen auch die kleineren und mittleren Unternehmen.

Mit »Lean Production« umschriebene Konzepte umfassen keineswegs nur arbeitsorganisatorische oder qualifikatorische, sondern alle Aktivitäten eines Unternehmens, von der Produktionsentwicklung über die Lagerhaltung und die Qualitätssicherung bis hin zur Marketingstrategie. Von Konzepten der »Lean Production« werden nicht nur die Binnenbereiche der Unternehmen erfaßt, sondern auch deren externe Akteure (z. B. die Zulieferer). Organisatorisch gesehen sind von entsprechenden Veränderungen in einem integrativen Prozeß alle Hierarchieebenen eines Unternehmens betroffen, das Management wie die operativen Ebenen. In einem weiteren Sinne spricht man deshalb im Zusammenhang mit »Lean Production« auch von »Lean Management«, um diese umfassenden Auswirkungen der Einführung solcher Produktionskonzepte deutlich zu machen.

In der Diskussion um »Lean Production« wurde immer wieder auf die kulturbedingten Voraussetzungen von in Japan entstandenen Unternehmenskonzepten verwiesen und davor gewarnt, sie auf deutsche Verhältnisse zu übertragen [vgl. u. a. Frei et al. 1993, S. 115]. Als Quintessenz dieser Diskussion kann festgehalten werden, daß mit dem Begriff der »Lean Production« umschriebene Konzepte der Arbeitsorganisation eine Reihe von Voraussetzungen haben:

☐ Die Entwicklung von Gruppenarbeitskonzepten unterschiedlicher Tiefe und Reichweite, die die Grundlage von »Lean Production« bilden, muß von umfassenden Veränderungen auch außerhalb des produktiven Bereiches begleitet sein.

☐ Die Einführung von entsprechenden Elementen der Produktion setzt auch Veränderungen im innerbetrieblichen und tariflichen Bereich voraus. Dazu gehören Fragen der Arbeitszeit, der Takt- und Pausenzeiten, der Stückzahlvorgaben, der Arbeitsplatzbeschreibungen etc.

☐ Schließlich macht die Einführung von neuen Elementen der Gruppenarbeit auch neue innerbetriebliche Qualifizierungsprogramme notwendig. Das Arbeitsprinzip der »Lean Production« setzt ein Mehr an Autonomie, ein Mehr an Selbststeuerung und eine Verbesserung der Qualifikation vor Ort voraus. Bei der Gestaltung von Qualifizierungsprogrammen sind diese Anforderungen zu berücksichtigen.

☐ Die Integration von Weiterbildung und Arbeitsorganisation ist zu verbessern: »Personalentwicklung muß [...] am Anfang von Innovationsprozessen beginnen und in enger Abstimmung mit den technisch-wirtschaftlichen und organisatorischen Lösungen konzipiert und durchgeführt werden« [Himmelreich 1993, S. 31].

Diese Integration von Weiterbildung und Arbeitsorganisation wird derzeit vor allem in Konzepten der teilautonomen Arbeitsgruppe fortentwickelt. In teilautonomen Arbeitsgruppen wird die Arbeit nicht mehr geteilt und dann dezidierten Arbeitsplätzen zugewiesen. Stattdessen werden an Fertigungsinseln definierte umfassendere Arbeitsaufträge

vergeben, die eine Vielzahl von Arbeitsschritten beinhalten. Die ganzheitliche Fertigung in der Arbeitsgruppe schließt in der Regel deren
selbständige Arbeitsplanung und -aufteilung ein. Oftmals werden an
die Arbeitsgruppe auch Kontroll- und Kostenüberwachungskompeten-
zen vergeben. Von der Einrichtung teilautonomer Arbeitsgruppen
erwarten die Betriebe eine Verringerung von Durchlaufzeiten, eine
Flexibilisierung der Produktion, eine Reduzierung von Stückkosten
auch bei kleineren Stückzahlen und eine Vereinfachung der Produk-
tionssteuerung.

Dem Konzept selbst ist eigen, daß die Beschäftigten in stärkerem Maße
als in traditionellen Organisationsformen an der Gestaltung des
Arbeitsprozesses beteiligt werden; diese Beteiligung vollzieht teilweise
noch in problemzentrierten Zirkeln, die zwar je verschiedene, früher
englische und jetzt japanische Namen tragen, in ihrer Funktion aber
immer ähnlich bestimmt sind: es geht darum, die Lösungen von Problemen im Arbeitsprozeß möglichst nah an die Stellen hinzuführen, an
denen diese Probleme entstehen. Die Mitglieder von Qualitätszirkeln,
Beteiligungsgruppen etc. müssen daher prozeßtechnische Kompetenzen und Kenntnisse einbringen, die zuvor getrennt von ihnen positio-
niert waren. Es liegt darüber hinaus nahe – und wird in einigen Großbetrieben auch so praktiziert – die Problemlösungszirkel in der Produktion selbst zu Lernorten zu machen, d. h. die Trennung von Zirkeln und
Arbeitsgruppen ganz aufzuheben. Daraus ergibt sich auch, daß die bisherige Rolle der Industriemeister in Frage gestellt wird. Die Gruppenführer und auch Gruppenmitglieder in teilautonomen Arbeitsgruppen
übernehmen eine Vielzahl von Funktionen, die bislang die Meisterebe-
ne innehatte (das IAB geht aus diesem Grund sogar von einer Stagna-
tion des Anteils der Meister in der industriellen Produktion aus). Die
Meistereien übernehmen eher koordinierende Aufgaben. Über die
klassischen Funktionen der Industriemeister kommt den Gruppenverantwortlichen in vielen Unternehmen auch eine Schlüsselfunktion bei
der Qualifizierung ihrer Arbeitsgruppe zu. Sie sollen als Lernberater
und Lehrer für eine anforderungsgerechte Weiterbildung der Gruppenmitglieder sorgen.[25]

---

[25] Bei der Karl Kässbohrer GmbH, einem Hersteller von Nutzfahrzeugen, Omni-
bussen und Geländewagen in Ulm, ist ein Modellversuch in Planung, der die
Gruppenverantwortlichen in der Fertigung auf die Übernahme von Qualifizie-
rungsfunktionen vorbereiten soll (»Systematisierung und Strukturierung von
Erfahrungswissen an Gruppenarbeitsplätzen in der Fertigung«, Karl Kässbohrer
GmbH, BIBB). Bei diesem Unternehmen haben sich handwerklich orientierte
Produktionsstrukturen mit enger Kooperation zwischen Fertigung und Entwick-
lung erhalten, die als Grundlage für die beabsichtigte Verlagerung der Weiterbil-

Formen von teilautonomer Gruppenarbeit sollten sich daher für Methoden der arbeitsplatznahen Weiterbildung besonders eignen [vgl. auch Abschnitt 5.5.1.]; diese Verbindung stößt jedoch in der praktischen Umsetzung oftmals auf ökonomische Restriktionen:
Zwar ist aus Sicht der Unternehmen mit der Einführung von Gruppenarbeit eine Intensivierung von Formen arbeitsplatznaher Weiterbildung unbedingt zu verbinden: »Es wird nicht ausreichen, Gruppenarbeit nur als ein Organisationsprinzip aufzufassen und bei der Einführung festzulegen, wer welche Aufgaben wahrnehmen soll. Da Facharbeitern im Rahmen von Gruppenarbeitskonzepten häufig neue Aufgaben und mehr Verantwortung übertragen werden, muß mit geeigneten Qualifizierungsmaßnahmen für den Erwerb des erforderlichen Wissens und Könnens gesorgt werden« [Himmelreich 1993, S. 33].
Tatsächlich jedoch flankieren weitgehend punktuelle Einweisungen und konventionelle Lehrgänge die Einführung von Gruppenarbeit. So berichtet FRACKMANN von Problemen bei der Durchsetzung ausreichender Qualifizierungsmaßnahmen bei solchen Veränderungen der Arbeitsorganisation: »Betrachtet man die Auseinandersetzung um die Qualifizierung der Arbeitnehmer bei Einführung von Gruppenarbeit und die Absicherung eines wöchentlich stattfindenden Gruppengesprächs mit der Zielsetzung der Koordinierung, der Beseitigung von Problemen, dann zeigt sich ganz deutlich, daß jede Freistellung vom Arbeitsprozeß Kosten bedeutet und diese Kosten erst einmal als Abzug vom Gewinn, als Produktivitätsverlust verbucht werden. Damit wird den sogenannten crash-Kursen, also Kurzveranstaltungen mit Informationscharakter im Vortragsstil, immer der Vorzug gegeben werden« [Frackmann 1992, S. 43].
In gleichem Sinne berichtet FRIELING: »›Lean Production‹ wird häufig mit Gruppenarbeit gleichgesetzt und man glaubt, damit die koordinationsaufwendige Arbeitsteilung überwinden zu können. Gruppenarbeit wird reduziert auf die Zusammenfassung von fünf bis zwanzig Mitarbeitern, die von einem Gruppensprecher koordiniert werden, ansonsten aber wie bisher ihre Tätigkeiten (möglichst noch am Band) ausführen. Der Zusatzaufwand ›Gruppengespräch‹ wird anfangs akzeptiert, langfristig aus Kostengründen reduziert« [Frieling 1993, S. 147].
Arbeitsgruppen werden nur dann zu Lerngemeinschaften werden können, wenn die Gruppe ihre Binnenaktivitäten weitgehend selbständig

---

dung in die Arbeitsgruppen dienen. Die Gruppenführer sollen didaktisch und betriebspädagogisch so qualifiziert werden, daß sie selbständig den Bildungsbedarf der Gruppe abschätzen, arbeitsplatznahe Formen der Qualifizierung entwerfen und Lernprozesse moderieren können [vgl. Novak 1992, S. 204 ff.].

regulieren kann. Diese allgemeine Voraussetzung hat Konsequenzen in mehrfacher Hinsicht:

☐ Die Arbeitsorganisation und das Entlohnungssystem sind so zu gestalten, daß die Kooperation in der Gruppe der Gruppe selbst und dem einzelnen Gruppenmitglied nutzt.

☐ Die Abhängigkeit der Teilarbeiten in der Gruppe darf Freiräume des einzelnen Gruppenmitglieds nicht so sehr einschränken, daß es gegenüber der Gruppe in seiner Arbeitstätigkeit genauso fixiert ist wie zuvor gegenüber dem gesamten Produktionsprozeß an einem Einzelarbeitsplatz.

☐ Die Aufgaben der Arbeitsgruppe müssen auf variierbare Weise zu erfüllen sein. Sie müssen in einander ergänzende Teilaufgaben zerlegbar sein, und die Teilaufgaben müssen so beschaffen sein, daß sie von jeweils mehreren Mitgliedern der Gruppe bearbeitet werden können, damit wechselnde Zuordnungen und wechselseitige Unterstützung der Gruppenmitglieder möglich werden. Die Gruppe muß Einfluß auf die Gestaltung der Teilarbeiten haben.

Diese und ähnliche Forderungen sind in jüngeren Veröffentlichungen zur modernen Arbeitsorganisation von vielen Seiten niedergelegt worden [vgl. etwa Heeg 1991; Frei et al. 1993]. Wie immer sich ihre Berücksichtigung auf die Arbeitsproduktivität auswirken mag (hier gibt es unterschiedliche und teilweise widersprüchliche Befunde): es bleibt festzuhalten, daß nur nach diesen Prinzipien aufgebaute Arbeitsgruppen zusätzliche Potentiale für das Lernen am Arbeitsplatz mit sich bringen werden.

6.3. Die Integration von Arbeitsorganisation und Beschäftigtenqualifikation

6.3.1. Zum Verhältnis betriebspädagogischer und betriebswirtschaftlicher Kriterien bei der arbeitsplatznahen Weiterbildung

Die Differenz berufspädagogischer und betriebswirtschaftlicher Kriterien ist mit der Implementation moderner arbeitsorganisatorischer Konzepte noch nicht aufgehoben.
Insofern die Weiterbildung zuvorderst ein Mittel des ökonomischen Erfolgs des Unternehmens ist, findet sie in diesem ihr Maß und ihre Bedingungen. Der Ausbau der betrieblichen Weiterbildung entlang kurzfristiger betrieblicher Ziele führte daher nicht unbedingt zur

umfassenden Berufsbildung der Beschäftigten, wie DEHNBOSTEL im Konjunktiv andeutet: »Eine betriebsspezifische Funktionalisierung der Berufsbildung könnte zwar – wie das japanische Beispiel zeigt – den Erfordernissen einer Lean Production nach Humanressourcen entsprechen, widerspräche jedoch dem weiter gesteckten Auftrag der Berufsausbildung nach betriebsunabhängigen Qualifikationen und Persönlichkeitsbildung« [Dehnbostel 1993 b, S. 5].

In bezug auf den Gegenstand des vorliegenden Buches, die Weiterbildung im Arbeitsprozeß, ergibt sich aus einer strikten Anbindung von Qualifikationsmaßnahmen an ökonomische Kriterien zunächst eine gewisse betriebliche Zurückhaltung:

»Die große Zahl der zu Qualifizierenden, eine Fabrikorganisation ohne Zeitpuffer und ein an kurzfristigen Produktivitätszielen ausgerichtetes Unternehmerdenken führen fast zwangsläufig dazu, auf ›altbewährte‹ Konzepte in der betrieblichen Weiterbildung zurückzugreifen. Es sind also eher die betrieblichen Rahmenbedingungen, die eine umfassende Nutzung handlungstheoretisch fundierter Aus- und Weiterbildungskonzepte erschweren, als Defizite dieser Theorie und der darauf basierenden Konzepte.« [Frackmann 1992, S. 43]

Die Zurückhaltung der Betriebe kann in erster Linie mit Kostenerwägungen erklärt werden: Maßnahmen der Weiterbildung werden besonders, aber nicht nur, in ökonomischen Krisen an ihren Kosten gemessen: »Gerade bei einem unvermeidbaren Personalabbau muß der Qualifikationserhalt der verbleibenden Mitarbeiter gesichert werden. Das heißt jedoch nicht etwa, daß Weiterbildungsbudgets per se aus der Kostendiskussion auszuklammern sind. Die Personalentwicklung muß sich immer – nicht nur in wirtschaftlich schwierigen Zeiten – der Kosten-/Nutzenfrage stellen. Wenn eine gleichbleibende Qualität mit weniger oder zielgerichtet eingesetzten Mitteln gewährleistet werden kann, ist der originäre Auftrag der Personalentwicklung auch in einer Situation knapper materieller Ressourcen realisierbar.« [Himmelreich 1993, S. 29 f.]

Tatsächlich kann beim Vergleich verschiedener Qualifizierungsformen im Verhältnis zur Entwicklung der individuellen Arbeitsproduktivität als wichtiger ökonomischer Kennzahl die These vertreten werden, daß das Lernen im Arbeitsprozeß zunächst zu Lasten der produktiven Arbeitstätigkeit vollzogen wird, also Minderleistungen zur Folge haben wird. Lernen in Seminaren mag zwar auf längere Sicht höheren Qualifizierungsaufwand mit sich bringen, weil es die selbständigen Lernkompetenzen der Teilnehmer weniger fördert, es beeinträchtigt aber den laufenden Arbeitsprozeß weniger stark [vgl. Münch 1990; Hacker, Skell 1993].

Dieses Verhältnis kann – hier ganz ohne empirisch zu begründende Quantifizierung – in folgender Weise dargestellt werden:

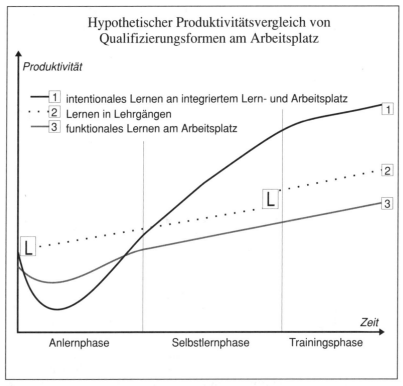

Grafik 20   Produktivitätsvergleich von Qualifizierungsformen am Arbeitsplatz

Diese Grafik illustriert die These, daß individuelle Produktivitätssteigerungen im Zeitverlauf vom Typus der angewandten Qualifizierungsform abhängen.

Es wird davon ausgegangen, daß

☐ *Seminare* den Arbeitsablauf unterbrechen und zu stufenförmigen Steigerungen der Arbeitsproduktivität führen. Insoweit Seminare Selbstlernkompetenzen in geringerem Maße vermitteln, verläuft die Steigerung der Arbeitsproduktivität durch Selbstlernen und Üben in den Arbeitsphasen in flacher Steigung.

☐ *funktionale Lernprozesse* ohne intentionale pädagogische Unterstützung zunächst in einer Anlernphase durch Trial-and-Error-Verfahren eine Senkung der individuellen Arbeitsproduktivität bewirken und in nachfolgenden Lern- und Übungsphasen Routinen entwickelt werden, die zur Steigerung der Produktivität beitragen.

☐ *pädagogisch angeleitete Weiterbildung* am Arbeitsplatz in der

Anlernphase – da hier die Arbeitsverrichtung dem Lernprozeß dient, und nicht umgekehrt – zu einer starken Minderung der Arbeitsproduktivität führt. Es ist jedoch zu erwarten, daß sich die durch pädagogische Intervention gesicherte Systematisierung und Verbreiterung von Qualifikationen in arbeitsplatznahen Weiterbildungsmaßnahmen in späteren Lern- und Arbeitsphasen in effizienteren und selbständigeren Lernprozessen und produktiverer, weil flexibler erbrachter Arbeitsleistung niederschlagen wird. Funktionale Lernprozesse beeinträchtigen die Arbeitseffizienz in geringerem Maße, da sie – definitionsgemäß – entlang der Verrichtung von Arbeitsaufgaben mitlaufen.

Diese These ist nach Einzelergebnissen vor allem von empirischen Untersuchungen zur Handlungsregulationstheorie [vgl. Hacker, Skell 1993, S. 328 und S. 342; Volpert 1987; Hacker 1986; Hacker 1974] zwar in einzelnen Punkten belegbar, aber insgesamt zunächst nur als plausibel einzustufen. Tatsächlich liegen keine vergleichenden Untersuchungen vor, bei denen alle äußeren Lernbedingungen (Zielgruppe, Voraussetzungen der Teilnehmer, Lerninhalte, Arbeitsanforderungen, Arbeitsumgebung etc.) gleichgesetzt sind, und Effizienzvergleiche in bezug auf die Arbeitsproduktivität bei diesen Lernformen angestellt wurden. Es ist auch fraglich, ab solche Vergleiche in methodisch befriedigender Weise durchgeführt werden können, weil mit den verschiedenen Lernformen in der Regel auch verschiedene Lernziele und inhaltliche Gewichtungen verbunden sind. Es kann aber angenommen werden, daß betrieblichen Weiterbildungspraktiker von derartigen Zusammenhängen ausgehen, daß sie also in der betrieblichen Bildungsplanung handlungswirksam werden [vgl. Windschild 1992; Frieling 1993; Bittmann et al. 1992 etc.].

Wenn die betriebliche Weiterbildung im Rahmen kurzfristiger Kalküle schnelle Qualifizierungsergebnisse erzielen muß, und wenn plausibel erscheint, daß in einem ersten Lernzeitraum die Arbeitsproduktivität um so stärker abnimmt, um so mehr pädagogisch intentionale Weiterbildung am Arbeitsplatz stattfindet, werden Betriebe eher auf funktionale Lernprozesse und/oder auf konventionelle Seminare setzen als auf Maßnahmen der Weiterbildung am Arbeitsplatz.

Soweit die Verbindung von Arbeiten und Lernen in der betrieblichen Weiterbildung dennoch praktisch genutzt wird, ist sie aus betriebswirtschaftlicher Sicht zunächst nicht wegen besonderer pädagogisch-methodischer Vorteile attraktiv, sondern aus der Erwartung einer reibungslosen Bereitstellung jeweils aktuell erforderlicher Qualifikationen:

»Bedeutung scheint das Prinzip *›just-in-time‹ in der Weiterbildung* zu gewinnen, das besagt, daß eine wirksame berufliche Weiterbildung am richtigen Ort, zum richtigen Zeitpunkt, in der richtigen Quantität und

Qualität betrieben werden soll, und daß dabei die Wahl der Wege und die Wahl der Mittel nicht nur als Lernprozeß optimal gestaltet werden wird, sondern daß hiermit auch der Lerntransferprozeß verbunden ist. [...] Analog kann man von einer Art *logistischen Lernens* sprechen, die der neueren Logistik im Produktionsprozeß der Industrie entspricht, die nach dem Prinzip der ›fast- lagerlosen-Fertigung‹ [...] funktioniert.« [Heidack 1987, S. 13; Hervorhebungen im Original]

HUISKEN leitet gar aus ihrer ökonomischen Funktionalisierung eine prinzipielle pädagogische Untauglichkeit von Konzepten des Lernens im Arbeitsprozeß ab: »Am liebsten hätten es die Unternehmer, wenn ein vom ersten Stundenlohn an bereits vollwertiges Arbeitsvermögen überall betriebsspezifisch in der Arbeit eingesetzt werden kann. Das ist das betriebliche Ideal. Ein Versuch, es praktisch wahrzumachen, ist sogar einmal in den Ruf gekommen, ein pädagogisch hochwertiges Lernkonzept zu sein: ›Learning by doing‹ nannte sich das Bemühen, das Erlernen einer Arbeit und ihren *Vollzug als Leistung,* also Optimierung von Arbeit in Zeit, in einunddemselben Prozeß unterzubringen. Wenn zusammengebracht wird, was einfach nicht zusammengehört, dann leidet entweder die gewünschte Arbeitsleistung darunter oder das Lernen – was dann aber ebenfalls dem geforderten Arbeitsvollzug nicht sehr bekömmlich ist« [Huisken 1992 a, S. 116; Hervorhebungen im Original].

Wohl nicht grundsätzlich, jedenfalls jedoch bei der Maßgabe unbedingter bildungsökonomischer Effizienz arbeitsplatznaher Weiterbildung ergeben sich Restriktionen der Umsetzung betriebspädagogisch befriedigender Konzepte. Arbeitsplatznahe Weiterbildung muß nämlich nicht dem Erwerb selbständiger Handlungskompetenz dienen. Ihr methodisches Arsenal kann auch zur schnellen Vermittlung von Handlangerqualifikationen benutzt werden. Methodisch reduzierte Anpassungsqualifikationen stehen in Gegensatz zu pädagogisch-didaktischen Konzepten der Verbindung von Arbeiten und Lernen.

Dieser Gegensatz wird in der aktuellen Diskussion um die Renaissance des Lernens am Arbeitsplatz noch kaum beachtet.

Die Rückführung von Weiterbildung in die Sphäre der Arbeit gilt weitgehend per se als pädagogisch wünschenswert, ohne daß im Einzelfall untersucht würde, welche Arten von Qualifikation mit welchen Methoden vermittelt werden sollen. Die arbeitspädagogischen Entwürfe und die in einigen wenigen Modellversuchen entwickelten Konzepte arbeitsplatznaher Weiterbildung auf der einen Seite und die auf breiterer Ebene beginnende betriebliche Umsetzung auf der anderen fallen daher auseinander. So sehr Weiterbildung am Arbeitsplatz dazu dienen kann, Handlungs-, Sozial- und Selbstlernkompetenzen zu vermitteln, so wenig ist die Vermittlung dieser Kompetenzen in einer Vielzahl von

Betrieben, die am Arbeitsplatz qualifizieren, eingelöst. Vor dem Hintergrund tayloristischer oder zumindest strikt produktionstechnisch orientierter Formen der Arbeitsorganisation findet hier unter dem Titel »arbeitsplatznahe Weiterbildung« nur zu oft knappe Drill- und Anlernqualifikation statt. Der Begiff des »Lean Learning« kursiert bereits und wird von manchen als konsequente Verlängerung des Prinzips der »Lean Production« verstanden.

Konzepte arbeitsplatznaher Weiterbildung können sich insofern nicht als universelles Mittel der Qualifikation in jeder Art von Arbeitsorganisation verstehen. Sie sind dieser Organisation nicht in gleicher Weise äußerlich wie etwa die Weiterbildung in Seminaren und Lehrgängen, und setzen daher voraus, daß die Arbeitsorganisation ihren Kriterien an die Gestaltung lernfreundlicher Arbeitsplätze Raum läßt, und daß sie durch betriebspädagogische Interventionen formbar ist.

Das Konzept der »Lernenden Organisation« kann einen Beitrag zur Aufhebung der Trennung von arbeitsorganisatorischen und betriebspädagogischen Handlungsbereichen leisten. Es soll daher im folgenden unter diesem Gesichtspunkt näher dargestellt werden.

6.3.2. Das Konzept der »Lernenden Organisation«

Konzepte der »Lernenden Organisation« gehen üblicherweise von Adaptionsproblemen der Unternehmen aus; mit der Weiterbildung von deren Beschäftigten haben sie in ihrer Konsequenz zu tun. Sie konstatieren, daß Unternehmen mit einem beschleunigten Wandel vieler externer Faktoren konfrontiert sind. Als herausragender Faktor wird die Wandlung der Märkte von Anbietermärkten mit Massenprodukten zu Käufermärkten mit rasch wechselnden Nachfragen, großer Produktpalette, hohen Qualitätsanforderungen, wechselnder Kostenstruktur und zusätzlichen Serviceangeboten genannt. Viele Unternehmen reagieren darauf mit effizienterer Anwendung datenverarbeitungsgestützter Technologien und mit einer Flexibilisierung und Enthierarchisierung der Organisationsstrukturen. Aus den sich rasch ändernden externen Umweltfaktoren ergeben sich gänzlich neue Ansprüche an die Anpassungsfähigkeit der Unternehmen, die unter dem Zielbegriff der »Lernenden Organisation« zusammengefaßt werden.

Im Zusammenhang der vorliegenden Arbeit wird das Konzept der »Lernenden Organisation« aus diesem Kontext gelöst und auf Umsetzungsmöglichkeiten arbeitsplatznaher Weiterbildung bezogen; hier kann es zur Beschreibung von Konsequenzen für die Implementation arbeitsplatznaher Weiterbildung dienen, die über die Trennung von Arbeitsorganisation und Weiterbildung hinausweisen. Es wird damit nicht nur die

Qualifikation und selbständige Handlungskompetenz des einzelnen Beschäftigten als Produktionsfaktor gewürdigt, sondern die gesamte Betriebsorganisation als Subjekt von Lernprozessen betrachtet. Die Frage, ob und wie eine Organisation »lernen« kann, ist in der herkömmlichen pädagogischen Wissenschaft ungewohnt und unangebracht: Wie selbstverständlich werden in deren Theorien Individuen als Subjekte eines jeden Lernprozesses gesehen – zurecht insofern, als »auch Organisationen nur über die in ihnen tätigen Menschen ›lernen‹ können« [Arnold 1991 a, S. 84].

Nicht zufällig jedoch haben vor allem Theoretiker der Betriebspädagogik Konzepte der »learning company« aufgebracht: weil sich die klassische universitäre Pädagogik vor allem mit dem Lernen in pädagogischen Institutionen befaßt, Institutionen also, deren wesentliches Ziel in Bildung und Wissenserwerb der von ihnen Betreuten besteht, muß sie ihr Augenmerk in anderer Weise auf prekäre Verhältnisse zwischen den Zielen einer Organisation und denen des Lernens in ihr richten. Wo diese Verhältnisse zum Gegenstand werden, da in der Regel als Kritik an ihrem eigentlichen Ziel unangemessenen Eigenschaften der pädagogischen Institution. Pädagogische Maßstäbe sind den formalen Zielen solcher Institutionen komensurabel.

Die Betriebspädagogik hat es weniger bequem. Sie befaßt sich mit dem Lernen in Wirtschaftsunternehmen, d. h. in nicht-pädagogischen Institutionen, deren vorrangiges Ziel die Wertproduktion und in der Regel nur nach Maßgabe von deren Notwendigkeiten das Lernen ihrer Mitarbeiter ist [vgl. Abschnitt 6.3.1.]. Insofern spielten für die Betriebspädagogik schon immer die Umfeldbedingungen des Lernens eine bedeutende Rolle.

Neuere Ansätze nun vollziehen einen grundlegenden Wechsel der Perspektive. Sie verwenden nicht mehr alle »pädagogische Energie auf das einzelne Lernsubjekt« [Geißler, H., 1990b, S. 3], sondern fassen das Unternehmen selbst als »lernendes System« [Glücksberg 1985] auf:

Das traditionelle pädagogische Grundproblem »kann heute […] nicht mehr nur auf einen einzelnen Mittelpunkt hin, d. h. auf das individuelle Lernsubjekt, zentriert sein, sondern es muß um einen zweiten Brennpunkt erweitert werden […]. Die […] konstruktive Weiterentwicklung pädagogischer Theorie ist vergleichbar mit der Transformation eines Kreises in eine Ellipse, die im Gegensatz zum Kreis nicht mehr nur einen, sondern bekanntlich zwei Brennpunkte hat. Der eine ist dabei weiterhin das individuelle Lernsubjekt; und der zweite ist die Organisation als Lernsubjekt […]« [Geißler, H., 1990b].

Zum Gegenstand der Betriebspädagogik sind damit sowohl dem Lernen vorausgesetzte als auch durch es ausgelöste Prozesse der Entwicklung von Organisationen geworden. Durch diese Erweiterung der Perspektive wird es auch von pädagogischen Gesichtspunkten aus möglich, sich nicht nur mit dem Lernen von unter die Regeln einer Organisation gestellten Individuen zu befassen, sondern diese Regeln selbst in Frage zu stellen: »Ändern soll sich die Organisation als Ganzes« [Freiesleben 1989, S. 197]

Lernen der Organisation meint in diesem Zusammenhang nicht nur, daß sich der Wissensbestand der Organisation durch das Lernen der in ihr tätigen Individuen verändert, sondern auch, daß die Organisation ihre Eigenschaften verändert – und dabei unter anderem die Bedingungen des Wissenserwerbs in sich verbessert: »The Learning Organisation turns the strategy, structure and culture of the enterprise itself into a learning system. The transformation of the whole system is the goal of learning enterprises, and management development is transformed into a selflearning, self management process« [Stahl et al. 1993, S. 52].

Diese neue Perspektive hat Konsequenzen für das Verhältnis von Weiterbildung und Unternehmensstruktur:

☐ Das Unternehmen selbst öffnet sich Impulsen aus der betrieblichen Bildung: Weiterbildungsleistungen werden nicht mehr isoliert, quasi wie externe Dienstleistungen gesehen, sondern können von vornherein ihre Umsetzung im Betrieb, d. h. den organisatorischen Anwendungskontext, das soziale Umfeld etc., berücksichtigen und sie können in »lernfähigen Unternehmen« solche Umfeldbedingungen so beeinflussen, das der Erfolg von betrieblicher Weiterbildung besser gesichert werden kann. In der Konsequenz lösen sich damit auch die bislang üblichen organisatorischen Abschottungen von Bildungs- und Produktionsabteilungen in den Unternehmen auf [vgl. Meyer-Dohm 1991 a, S. 19].

☐ Auf der anderen Seite wandelt sich der Begriff des Lernens im Betrieb: «[…] the process of learning is *permanent,* not intermittend, is *holistic,* not segmented, is problem-centered and context related and includes all members of the enterprise« [Stahl et al. 1993, S. 96; Hervorhebungen im Original].

Konzepte der »lernenden Organisation« können damit auch dazu beitragen, die oft unklaren Schnittstellen zwischen betrieblicher Weiterbildung und Organisations- und Personalentwicklung zu thematisieren und theoretisch fundierter zu definieren. Bei klassischen betriebswirtschaftlichen Theoretikern der Organisationsentwicklung gilt diese insofern auch als »pädagogische Strategie« [Bennis 1972, S. 19]. BENNIS geht davon aus, daß eine optimale Entwicklung wirtschaftlicher Organisationen kooperative Lernprozesse und Konfliktlösungen voraussetzt [Bennis 1972, S. 21].[26] In dieser Perspektive werden Vorgesetztenpositionen hohe pädagogische Anforderungen für Trainings- und Moderationsfunktionen zugeschrieben. Damit ist auf der anderen Seite eine Dezentralisierung bisher meist innerbetrieblich monopolisierter Weiterbildungsfunktionen verbunden:»Ansätze einer beabsichtigten Unterstützung lernorientierten Arbeitens zielen auf die zusätzliche Einbeziehung pädagogisch-didaktischer Aspekte in der Arbeitsgestaltung, sind also immer auch Ansprüche an die Organisationsentwicklung« [Siehlmann et al. 1991, S. 48]

Der Anspruch, der mit dem Ansatz der»learning company« gesetzt ist, ist bis heute noch nicht mit einer konsistenten pädagogischen Theorie des Organisationslernens (übliche organisationssoziologische Anleihen können nicht die pädagogische Frage nach Zielen und Inhalten des Lernens der Organisation ersetzen) oder mit erfolgreichen praktischen Umsetzungen in den Unternehmen erfüllt [vgl. Arnold 1991 a, S. 84].

Dieser Anspruch ist jedoch als Maßstab der neueren Betriebspädagogik wirksam, die sich nicht nur mit dem lernenden Individuum, sondern auch mit der es umgebenden Lernkultur befaßt.

Es ist allerdings kritisch anzumerken, daß Konzepte der lernenden Organisation das Verhältnis von Organisationszielen und Zielen der Individuen in der Organisation thematisieren und in seinem Problemgehalt erfassen müssen; dieses Verhältnis ist mit geometrischen Analogien von Kreis und Ellipse [s. o.: Geißler, H. 1990b] nicht ausreichend beschrieben. Die Mehrzahl der Veröffentlichungen geht wie selbstverständlich von Zielen der Unternehmen und nicht von Zielen ihrer Mitarbeiter aus, wenn sie Vorteile des lernenden Unternehmens benennt.

Stellvertretend für andere sei hier STIEFEL zitiert:»Im Kern […] steht die Frage:›Welche Art von Lernen und Entwicklung braucht ein Unternehmen, um schneller als die Konkurrenz das zu lernen, was es zur Realisierung seiner strategischen Erfolgspositionen benötigt?‹« [Stiefel 1989, S. 38].

Die Beschäftigten zählen aus dieser Perspektive als »*imitationsgeschützte* Wettbewerbsfaktoren«:»In einer Zeit der zunehmenden Austauschbarkeit von Produkten wird die Qualität der Mitarbeiter und ihre Fähigkeit, zu lernen, sich zu entwickeln und neue Antworten auf Probleme und Herausforderungen zu finden, zu einem imitationsgeschützten Wettbewerbsfaktor« [Stiefel 1989, S. 38].

---

[26] Visionäre Soziologen wie COLEMAN erheben auf dieser Grundlage Forderungen nach einer Pädagogisierung von Unternehmen und anderen»corporate actors« mit sehr weitreichenden Konsequenzen; sie halten auch die Integration von Kinder- und Jugenderziehung in»agebalenced organisations« für denkbar [vgl. Coleman 1982, S. 142 ff.].

Es ist zu bezweifeln, daß eine solche einseitige Fassung des Verhältnisses von lernenden Mitarbeitern und durch sie lernendem Unternehmen in der praktischpädagogischen Umsetzung die individuellen Fähigkeiten und Interessen der Subjekte ausreichend berücksichtigt [vgl. dazu auch: Wittwer 1991, S. 24 f.].

6.4. Besondere Bedingungen arbeitsplatznaher Weiterbildung

6.4.1. Rahmenbedingungen arbeitsplatznahen Lernens im kleinen und mittleren Betrieb

Die Rahmenbedingungen für arbeitsplatznahes Lernen stellen sich nicht in allen Unternehmen in gleicher Weise dar. Sie differieren nicht nur nach Branche und Arbeitsstruktur (handwerklich, industriell etc.), sondern vor allen nach der *Betriebsgröße*.

Während eine ganze Reihe von Untersuchungen zur Lage der kleinen und mittleren Unternehmen [KMU] in bezug auf die arbeitsplatznahe betriebliche Erstausbildung im dualen System vorliegt, ist die arbeitsplatznahe *Weiterbildung* in KMU nur selten Gegenstand betriebspädagogischer Forschung geworden. Um die Potenzen von Konzepten der arbeitsplatznahen, handlungsorientierten Weiterbildung in KMU darzustellen, sollen daher zunächst die spezifischen Probleme von KMU auch mit traditionellen Formen von Weiterbildung erläutert werden.

KMU haben sich auch in der Zeit der »Qualifizierungsoffensive« während des Umbruchs zu neuen Technologien in Verwaltung und Produktion an Prozessen der betrieblichen Weiterbildung in unerwartet geringem Umfang beteiligt, obwohl gerade sie auf den flexiblen und effektiven Einsatz dieser Technologien besonders angewiesen sind [vgl. Scherer 1989; Stahl 1991; Maschmeyer 1989, S. 128; kritisch: IW 1990, S. 31 und S. 91 f.].

Die Weiterbildungsabstinenz von KMU hat wegen deren besonderer Bedeutung auf dem Arbeitsmarkt wissenschaftliche Aufmerksamkeit auf sich gezogen. KMU stellen nicht nur die Mehrheit der Unternehmen (81 % der Betriebe in den alten deutschen Bundesländern haben weniger als zehn Mitarbeiter [Cramer 1987]), sondern sie beschäftigen auch 75 % aller abhängig Erwerbstätigen. Zudem werden ihnen besondere Potentiale bei der Schaffung von neuen Arbeitsplätzen zugemessen [vgl. EG-Kommission 1990; Stahl 1993, S. 76; in bezug auf Untersuchungen in den USA: Cramer 1987].

Als Gründe der Zurückhaltung von KMU bei Weiterbildungsaktivitäten werden in der betriebspädagogischen Literatur angeführt [Zusammenfassung nach Severing 1993 b]:

☐ Weiterbildungsbedarf äußert sich in der Regel nicht eindeutig und manifest. Wenn im betrieblichen Ablauf Probleme auftreten, können technische, organisatorische und viele andere Ursachen neben Qualifikationsmängeln vorliegen. Es erfordert Kenntnisse und Erfahrungen, Bildungsbedarfe zu erkennen. In KMU mit geringerer Funktionsteilung in Personal- und Organisationsleitung als in großen Unternehmen [IW 1990, S. 90 f.] werden individuelle Bildungsbedarfsanalysen aber kaum je vorgenommen; wenn überhaupt, sind standes- oder branchenbezogene Handreichungen verfügbar.

☐ KMU befürchten eher als große Unternehmen, mit Weiterbildungsleistungen Fluktuationsbewegungen der dann qualifizierten Beschäftigten auszulösen.

☐ Der finanzielle Spielraum von KMU ist geringer als der von großen Unternehmen. Da Bildungsinvestitionen zwar berechenbare Kosten verursachen, ihr Ertrag aber schwer bezifferbar ist, neigen KMU häufig dazu, sie für entbehrlich zu halten. Das hat Wirkungen auf die Anbieterseite: »Unter ausschließlich kommerziellen Gesichtspunkten kommt [...] das für kleine und mittlere Betriebe erforderliche Weiterbildungsangebot nicht zustande« [Kraak 1992, S. 110; vgl. auch Baethge 1990, S. 348 f. und BSW 1992, S. 50].

☐ Die Intensität der mittel- und langfristigen Unternehmensplanung ist in KMU gering. Daher wird auch die Qualifikation der Beschäftigten kaum je geplant, sondern eher auf kurzfristige unabweisbare Bedarfe im fachlichen Bereich reagiert, etwa nach der Beschaffung neuer Maschinen oder EDV-Geräte. Qualifikationen bewegen sich dann oft im Rahmen von Herstellereinweisungen und kurzen Anlernmaßnahmen und sind damit kaum geeignet, den selbständigen Umgang der so Qualifizierten mit ihren neuen Arbeitsmitteln zu sichern [vgl. Kraak 1992, S. 105 f.; kritisch: Severing 1994].

☐ Der Weiterbildungsmarkt stellt sich heute den Nachfragern sehr intransparent und unübersichtlich dar [vgl. BMBW 1993, S. 148]. Bildungsverantwortliche großer Unternehmen verbringen einen großen Teil ihrer Zeit mit der Sichtung, Sortierung und Beurteilung von Weiterbildungsangeboten. Kleinere Unternehmen können das nicht leisten. Unsicherheiten führen hier dann oft zu genereller Ablehnung. Die Personalverantwortlichen dort können nur schwer einen Bezug der Seminarangebote von externen Weiterbildungsträgern zu ihrer täglichen Betriebspraxis herstellen.

☐ KMU haben wegen enger Personalausstattung häufig Probleme, ihre Mitarbeiter für Bildungsmaßnahmen freizustellen: »Der kleine Betrieb hat aufgrund mangelnder Kapital-Decke in der Regel nur die Mitarbeiterzahl, die er zur Erledigung aktueller Aufgaben benötigt. Deshalb reißen Freistellungen von mehreren Tagen oder sogar von ein bis zwei Wochen große Löcher [...]« [Kraak 1992, S. 111]. Zur geringen Personalausstattung treten oft Probleme der Aufgabendelegation in Kleinbetrieben. [Zur Freistellungsproblematik vgl. auch IW 1990, S. 93; Battelle Institut 1987, S. 1] Weiterbildung wird daher unterlassen oder der Privatinitiative der Beschäftigten überlassen. Daher rührt die Ablehnung der Angebote vieler Träger, die Formen des arbeitsplatznahen Lernens kaum entwickeln, sondern ausschließlich auf konventionelle externe Seminare setzen.

☐ Die Angebote vieler Weiterbildungsträger sind nicht anwendungs-, sondern technik- oder wissenschaftszentriert. Weiterbildung orientiert sich weitgehend noch am schulisch organisierten Erstausbildungswesen. KMU können den Bezug dieser Angebote zu ihren Qualifizierungsbedürfnissen nicht erkennen.

Große Unternehmen unterhalten in der Regel eigenständige Funktionsstellen, die sich mit der innerbetrieblichen Weiterbildung befassen und die die Schritte von der Bedarfserhebung bis zur konkreten Formulierung eines Qualifizierungskonzepts selbständig leisten. Kleine und mittlere Unternehmen haben jedoch kaum die fachlichen und personellen Ressourcen für derartige Vorleistungen: Sie sind hier auf die Beratung durch externe Träger angewiesen, die gerade dafür jedoch häufig nicht gerüstet sind, und die naturgemäß größere Probleme bei der genauen Adaption ihrer Maßnahmen an betriebliche Erfordernisse haben.

Betriebs- und Berufspädagogen sorgen sich daher um die geringe Planungsintensität von KMU in Fragen der Personalentwicklung und Weiterbildung. In zahlreichen Umfragen haben sie ermittelt, daß KMU im Vergleich zu Großunternehmen nur in geringem Umfang vorausschauende Weiterbildungsplanung betreiben. Wo große Unternehmen ganze Stäbe ausschließlich mit der Weiterbildungsplanung und -organisation beschäftigen, verfügen kleinere in der Regel nicht einmal über eine dezidierte Budgetierung von Weiterbildungsleistungen:

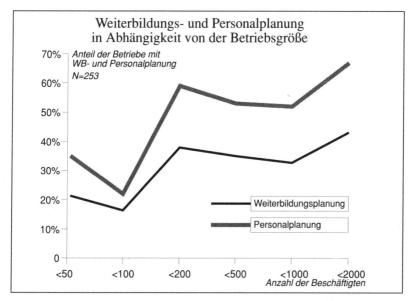

Grafik 21

Daten aus einer Befragung von 253 KMU in Bayern
[vgl. Stahl 1993, S. 143][27]

Die geringere Planungsintensität in KMU bezieht sich auf nahezu alle Bereiche, auch auf die unmittelbaren Unternehmensziele und nicht nur auf die Weiterbildung. Wenn KMU sich im Wettbewerb trotzdem nicht generell schlechter behaupten als große Unternehmen, muß der Verzicht auf langfristige Planung auch Vorzüge mit sich bringen.

»Eine Hypothese geht davon aus, daß sich Klein- und Mittelbetriebe durch ganzheitliche Arbeitsaufgaben, transparente Organisationsstrukturen und überschaubare Zusammenhänge auszeichnen. Abgrenzungen zwischen Funktionsbereichen (wie Einkauf, Verwaltung, Konstruktion, Arbeitsvorbereitung, Fertigung und Abnahme) sind meist weniger ausgeprägt als in Großbetrieben oder bestehen gar nicht.« [Dehnbostel 1993 b, S. 5]

Ein wesentlicher Wettbewerbsvorteil von KMU besteht in der damit gegebenen Flexibilität. Sie können auf Veränderungen von Märkten

---

[27] Der auffällige »Knick« der linearen Abhängigkeit von Planung und Betriebsgröße bei den Betrieben mit 50 bis 100 Beschäftigten verdankt sich nach Auffassung der Autoren weniger einer relativ höhen Planungsintensität der Betriebe unter 50 Beschäftigten als dort zu vermutenden häufigen Mißverständnissen darüber, was unter systematischer Planung zu verstehen sei.

und Technologien oft schneller reagieren. In bezug auf ihre Beschäftigten heißt das: Sie benötigen Mitarbeiter, deren Qualifikation sicherstellt, daß sie mit in kurzen Zeiträumen wechselnden Anforderungen zurechtkommen, und die sicherstellt, daß sie auf Grundlage einer geringeren Ausdifferenzierung der Arbeitsteilung vielerlei verschiedene Funktionen ausüben können. Die »Qualifikations-Erfordernisse sind [...] kohärent und ganzheitlich« [Dehnbostel 1993 b, S. 5]. Zur Entwicklung solcher Qualifikationen brauchen KMU aber keine detaillierte langfristige Planung aller Bildungsmaßnahmen, sondern eine kontinuierliche Entwicklung der *Potentiale*, d. h. der Flexibilität und Kreativität ihrer Mitarbeiter, verbunden mit fachlichen Schulungen, die ad hoc durch aktuelle Bedarfe ausgelöst werden [vgl. Severing 1994].

Methoden des arbeitsplatznahen Lernens können geeignet sein, einer Reihe von Restriktionen von KMU bei der Weiterbildung ihrer Mitarbeiter zu begegnen. Anders als seminaristische Weiterbildungsformen sind arbeitsplatznahe leichter an deren besondere betriebliche Erfordernisse adaptierbar.

☐ Als erster Vorteil gerade für KMU kann gelten, daß Formen der arbeitsplatznahen Weiterbildung leichter an die gegebene Arbeitsorganisation anpaßbar sind, und daher Probleme der Personalfreistellung voraussichtlich weniger virulent auftreten werden. Durch die meist größere Flexibilität der Arbeitsorganisation in KMU kann die Integration von Qualifizierungsmaßnahmen in den Arbeitsprozeß auch leichter gelingen als in Großbetrieben, deren strikte technische und organisatorische Planung der Produktion dieser Integration geringere Spielräume läßt, die zudem nur unter größerem Aufwand zu nutzen sind.

☐ Informelle Multiplikatorsysteme, etwa die Qualifikation durch kollegiale Unterstützung, scheinen nach mehreren Untersuchungen in KMU stärker ausgeprägt zu sein als in Großbetrieben [vgl. Stahl 1993; Kraak 1992]. Hierarchische Barrieren behindern die Qualifizierung am Arbeitsplatz in geringerem Maße. Im Bereich der Erstausbildung werden solche Strukturen gefördert und genutzt. Formen der arbeitsplatznahen Weiterbildung könnten daher in KMU auf solche Multiplikatorsysteme aufbauen.

☐ Die geringere Tiefe der Arbeitsteilung und der häufigere Wechsel der Funktionszuweisungen in KMU läßt arbeitsplatznahe Weiterbildung hier als besonders attraktiv erscheinen. Sie sichert einen kontinuierlichen Anwendungsbezug auf wechselnde Anforderungen besser als die notwendig nur punktuelle Weiterbildung in Seminaren und Lehrgängen.

Es ist kaum generalisierend zu entscheiden, ob arbeitsplatznahe Weiterbildungsformen für KMU auch finanziell attraktiver sind als die traditionelle seminaristische Weiterbildung. Zwar sind Kostenreduzierungen hier weniger feste Grenzen gesetzt als in formalisierteren Bildungsmaßnahmen; es bleibt jedoch zu fragen, inwiefern diese nicht die Qualität von Weiterbildung erheblich beeinträchtigen können. Aus vielen Erfahrungen mit der Erstausbildung in KMU kann geschlossen werden, daß hier Risiken für anspruchsvolle Qualifizierungsmaßnahmen liegen. Im Bereich der Erstausbildung in KMU gilt vor allem aus diesem Grunde als evident, »daß die bei ihnen vorherrschende Ausbildung am Arbeitsplatz eine zwar wichtige, aber keine hinreichende Bedingung dafür ist, daß dort vermittelt und gelernt wird, was vermittelt und gelernt werden soll« [Schmidt-Hackenberg et al. 1989, S. 85]. Ein Mittel zur Ökonomisierung arbeitsplatznaher Weiterbildung in KMU könnte ihre Realisierung in Form eines Firmenverbundes sein [vgl. Dehnbostel 1993 a, S. 7]. Solche Verbundlösungen sichern zudem eher die Vermittlung betriebsübergreifender Qualifikationsinhalte.

Tatsächlich spielt nach einer empirischen Untersuchung des IW aus dem Jahr 1990 die arbeitsplatznahe Weiterbildung in KMU eine gewichtigere Rolle als in Großunternehmen; im Vordergrund stehen dabei allerdings Einarbeitungs- und Unterweisungsmaßnahmen [vgl. Schlaffke, Weiß 1991, S. 138; Bardeleben et al. 1986]; auch ist der Bereich der nur funktionalen Qualifizierung weitgehend mit einbezogen. Es erscheint allerdings problematisch, die Bildungsabstinenz von KMU gegenüber seminaristischer Weiterbildung damit zu erklären, daß dort mehr Weiterbildung im Arbeitsprozeß stattfinde [vgl. IW1990, S. 31 und S. 140 f.].

Ein durch das BIBB 1994 begonnener Modellversuch soll die Realisierungsmöglichkeiten arbeitplatznaher Weiterbildung in KMU zum Gegenstand haben; hier sind Aufschlüsse vor allem über Probleme der praktischen Umsetzung zu erwarten.[28]

---

[28] Im Rahmen einer Erweiterung des Modellversuchs »Bildungsmarketing für kleine und mittlere Unternehmen«, durchgeführt von den Beruflichen Fortbildungszentren der Bayerischen Arbeitgeberverbände e. V. (bfz), werden in mehreren mittelständischen Unternehmen in Bayern Lernstationen zur Weiterbildung der Beschäftigten in der Produktion eingerichtet. Es soll in einem handlungsorientierten Forschungsansatz die Art und die Intensität der Nutzung solcher Weiterbildungsangebote in KMU und deren Lerneffizienz untersucht werden. Wesentliche Gegenstände des Modellversuchs sind darüber hinaus Fragen der ökonomischen und organisatorischen Umsetzung solcher Lernformen im kleineren Betrieb. Die Pilotprojekte sollen als Fallstudien so dokumentiert werden, daß weiteren mittelständischen Unternehmen ein Leitfaden zur Einrichtung von Lernstationen in der Produktion zur Verfügung steht.

6.4.2 Arbeitsplatznahe Weiterbildung als Angebot externer Weiterbildungsträger

Ein großer Teil der konventionellen betrieblichen Weiterbildung in Form von Seminaren und Lehrgängen wird durch externe Weiterbildungsanbieter durchgeführt. Die betrieblichen Personal- oder Personalentwicklungsabteilungen treten als Nachfrager auf einem freien, staatlich kaum geregelten Weiterbildungsmarkt auf und buchen Standardangebote oder für ihren besonderen Bedarf modifizierte Veranstaltungen. Während kleine und mittlere Unternehmen fast ausschließlich auf diese externen Anbieter verwiesen sind, verfügen große Unternehmen oft über eigene Bildungseinrichtungen. Die betrieblichen Bildungseinrichtungen allerdings stellen sich den Nachfragern aus Personal- und Fachabteilungen in der Regel kaum anders dar als externe; sie bieten einen auf den Bedarf des Unternehmens begrenzten Katalog an Lehrgängen, und sind oft – als eigenständige Wirtschaftseinheiten organisiert – durch innerbetriebliche Verrechnungen zu bezahlen wie externe Anbieter auch.

Die Form des Seminars oder Lehrgangs erlaubt die klare Trennung zwischen betrieblichen Bildungsnachfragern und Bildungs-Dienstleistern. Es entstehen zwar regelmäßig Transferprobleme bei der vorgängigen Bildungsbedarfsfeststellung und bei der späteren Anwendung des Gelernten [vgl. Severing 1993 b, Stahl 1991], die Leistungen der Weiterbildungsinstitution sind aber abgrenzbar und insofern marktfähig.

Arbeitsplatznahe und erst recht arbeitsplatzintegrierte Formen der Weiterbildung erlauben klare Leistungszuordnungen nicht. Mehr noch: es ist überhaupt erst zu bestimmen, inwieweit externe Leistungen für solche Weiterbildungsformen erforderlich sind und in welcher Weise sie erbracht werden können.

Zunächst einmal wird entsprechend einer Reihe von oben dargestellten Gründen [vgl. Abschnitt 5.8.] das Lernen am Arbeitsplatz meist mit anderen, in aller Regel seminaristischen, Weiterbildungsformen kombiniert sein. Allein schon deshalb ergibt sich die Notwendigkeit, Leistungen externer Weiterbildungsträger mit innerbetrieblich durchgeführten arbeitsplatznahen Lernformen zu koordinieren. Darüber hinaus muß mit Problemen vor allem kleiner und mittlerer Unternehmen bei der Entwicklung und Implementation arbeitsplatznaher Weiterbildungsformen gerechnet werden. Kleine und mittlere Unternehmen verfügen selten über die notwendigen betriebspädagogischen Ressourcen [vgl. Abschnitt 6.4.1.]. Hier können externe Bildungsträger betriebspädagogisches, didaktisches und methodisches Fachwissen in die Gestaltung arbeitsplatznaher Lernarrangements einbringen. Sie können zudem in kleineren wie auch in großen Unternehmen die Rolle von gleichsam neutralen, in betriebliche Interessengegensätze nicht involvierten Moderatoren übernehmen [vgl. Koch, J., 1992 c]. Gerade Lernprozesse am Arbeitsplatz können durch Überlagerung mit hierarchischen Problemen, Durchsetzungs- und Führungsfragen leicht beeinträchtigt werden. Die Hinzuziehung von betriebs- bzw. abteilungsexternen Weiterbildungsexperten kann diese Gefahr mindern.

Es liegt jedoch auf der Hand, daß die Nutzung der Leistung von großbetrieblichen Bildungsabteilungen oder der von betriebsexternen Bildungsträgern für die Gestaltung von arbeitsplatznahen Weiterbildungsformen eine andere Intensität der Kooperation voraussetzt als etwa die Buchung von Lehrgängen. Die Verzahnung von Lern- und Arbeitsprozessen kann nur dann gelingen, wenn sich Bildungsträger näher mit den Details der Anwendung neuer Qualifikationen befassen und wenn Betriebspraktiker den Bildungsträgern Einfluß auf die pädagogische Gestaltung von Arbeitsprozessen einräumen.

Leistungen externer Bildungsinstitutionen im Bereich der arbeitsplatznahen Weiterbildung könnten bestehen in:

☐ der Beratung und Unterstützung der Unternehmen bei der lernfreundlichen Gestaltung von Arbeitsprozessen bzw. bei der Konzipierung dezidierter arbeitsplatznaher Lernarrangements;

☐ der Erhebung von Bildungsbedarf am Arbeitsplatz und der Beurteilung geeigneter Qualifizierungsformen;

☐ der Erstellung von Lernmaterialien, die den Anforderungen bestimmter Arbeitsplätze entsprechen;

☐ der ergänzenden Durchführung von Lehrgängen und Seminaren, die arbeitsplatznahes Lernen begleiten und unterstützen, z. B. zur Weiterbildung über Grundlagen oder Fachsystematiken oder über solche Inhalte, die über die Tätigkeit am aktuellen Arbeitsplatz hinausweisen;

☐ der Implementation arbeitsplatznaher Lernformen durch pädagogische Fachexperten;

☐ der Evaluierung von Erfolgen arbeitsplatznaher Weiterbildung: Lernerfolgen einerseits und soweit angestrebt, Erfolgen bei der Steigerung individueller Arbeitsproduktivität;

☐ der anleitenden Begleitung arbeitsplatznaher Lernprozesse durch Instruktoren und Moderatoren.

Punktuelle Kooperationsformen zwischen Unternehmen und Bildungsträgern, wie sie im Verhältnis von Seminaranbietern und -nachfragern üblich sind, reichen für die Erbringung solcher Leistungen nicht mehr aus.

Konzepte zur Intensivierung der Kooperation sind mit Bezug auf dem individuellen Betriebsbedarf angepaßte Seminare und Lehrgänge im Modell des *Bildungsmarketing* entwickelt worden. Qualifikationsbedarfsanalyse, Bildungsberatung und Maßnahmeevaluation sind die zentralen Elemente dieses Ansatzes [vgl. Stahl 1991, Severing 1993 b]:

☐ Kooperative Modelle der *Bedarfsanalyse* sollen Kenntnisse externer Bildungsberater ebenso nutzen wie betriebliches Know-how. Die Beteiligung der Beschäftigten bereits in dieser Phase sichert die spätere Akzeptanz von Bildungsangeboten.

☐ *Bildungsberatung* geht von den Resultaten der Bedarfsanalyse aus und berücksichtigt die finanziellen und organisatorischen Schranken des Unternehmens. Lernortkombinationen, Kooperationen verschiedener Bildungsträger, Selbstlernkonzepte und die Gestaltung lernfreundlicher Arbeitsumwelten sind Elemente individueller Curriculumsentwicklung.

☐ Die *Evaluation* der Weiterbildungsmaßnahmen dient zur Qualitätssicherung und schafft die Voraussetzungen stabiler und dauerhafter Relationen zwischen externen Bildungsträgern und Unternehmen.

Die Zusammenarbeit zwischen Bildungsträger und Unternehmen kann im Idealfalle nach folgendem Schema organisiert sein (siehe Grafik 22).

Mit dem Anspruch des Bildungsmarketing stellen sich Forderungen an externe Bildungsträger: Sie müssen Funktionen der Bildungsberatung schaffen, d. h. entsprechende Stellen einrichten, Mitarbeiter für diese Stellen gewinnen und qualifizieren und nicht zuletzt diese Funktionen finanzieren, und sie müssen geeignete Seminarangebote entwickeln.

Grafik 22   Rückkopplungsschleife zwischen Bildungsträger und Betrieb

Die Modelle des Bildungsmarketing können in modifizierter Form auch dazu dienen, Leistungen externer Bildungsträger für die Gestaltung arbeitsplatznaher Lernformen zu definieren, zu erbringen und in ökonomisch bemeßbarer Form abzugrenzen. Sie beziehen nämlich die Evaluation der Anwendung des Gelernten ausdrücklich in die Neukonzeptionierung von Weiterbildungsmaßnahmen ein und schaffen insofern einen Regelmechanismus, der den Tätigkeitsbezug der Weiterbildung verbessert und Transferprobleme vermindert.

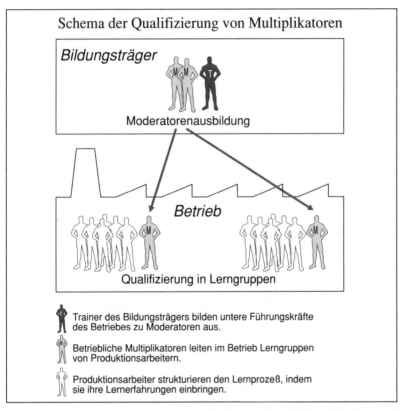

Schema der Qualifizierung von Multiplikatoren

Bildungsträger

Moderatorenausbildung

Betrieb

Qualifizierung in Lerngruppen

Trainer des Bildungsträgers bilden untere Führungskräfte des Betriebes zu Moderatoren aus.

Betriebliche Multiplikatoren leiten im Betrieb Lerngruppen von Produktionsarbeitern.

Produktionsarbeiter strukturieren den Lernprozeß, indem sie ihre Lernerfahrungen einbringen.

Grafik 23   Qualifizierung von Multiplikatoren [nach: QZR, Rheinhausen]

In Fortführung dieser Modelle könnte für die Konzipierung und Implementierung arbeitsplatznahen Lernens die Nahtstelle zwischen Unternehmen und Bildungsträgern noch weiter in die Betriebe hinein verschoben werden, und dadurch ihren unproduktiv trennenden Charakter verlieren. (In der Großindustrie selbstverständlich sind solche Konzepte bereits im Verhältnis zu Zulieferbetrieben, die in den Bereichen Produktentwicklung, Qualitätssicherung und Logistik unmittelbar in die großbetriebliche Organisation integriert sind [zur Ausweitung solcher Konzepte auf den Bereich der Weiterbildung vgl. Weimer 1993].) Eine besondere Rolle kann dabei die Schulung von betrieblichen Multiplikatoren durch den externen Bildungsträger spielen. Die Wirksamkeit der externen Weiterbildung wird vervielfacht, und die eigentliche Anwendungsqualifizierung in die Betriebe verlagert.[29]

Der Bezug auf arbeitsplatznahes Lernen kann eine Reihe von Kooperationsproblemen noch verschärfen, die sich bereits bei den Marktbeziehungen von Anbietern klassischer Lehrgänge und Seminare zu den Unternehmen zeigen.

☐ An erster Stelle ist das Problem der *Finanzierung individualisierter Bildungsleistungen* zu nennen. Arbeitsplatznahe Weiterbildung ist noch weniger standardisierbar als seminaristische; sie differenziert sich nach Inhalten und Vermittlungsformen entlang der betrieblichen Arbeitsteilung. Dies erfordert hohen, bei jeder Maßnahme neu zu erbringenden Konzipierungs- und Vorbereitungsaufwand. Entsprechende Angebote können gegenüber den Unternehmen als Nachfragern dann gemacht werden, wenn diese über eine große Anzahl gleichartiger Arbeitsplätze mit ähnlichen Lernbedarf verfügen. Das heißt: In der Regel werden nur große Unternehmen als Auftraggeber solcher Weiterbildungsleistungen in Betracht kommen. Kleinere und mittlere Unternehmen werden bestenfalls in betriebsübergreifenden sektoralen Weiterbildungsverbünden mit allen sich daraus ergebenden besonderen Schwierigkeiten [vgl. Stratmann 1993] über das nötige Nachfragepotential zur Gestaltung arbeitsplatznaher Weiterbildungskonzepte verfügen.

☐ Anders als manchen anderen externen Dienstleistungsträgern offenbart ein Unternehmen Bildungsträgern, die arbeitsplatznahe

---

[29] Das Qualifizierungszentrum Rheinhausen hat ein entsprechendes Konzept »Lerngruppen im Produktionsbetrieb« entwickelt und erprobt. In einer ersten Stufe werden Meister und untere Führungskräfte in konventionellen Seminaren zu Moderatoren betrieblicher Lernprozesse qualifiziert. Im Mittelpunkt dieser Seminare steht die Vermittlung didaktischer Kenntnisse zur Strukturierung von Lernprozessen. In der zweiten Stufe leiten die Moderatoren An- und Ungelernte im Betrieb an, sich neue Inhalte zu erschließen und Zusammenhänge des Arbeitsprozesses zu verstehen. Eine regelmäßige Präsentation der erworbenen Kenntnisse durch die Teilnehmer dient der Selbstevaluierung und der Fortentwicklung des Lernverfahrens [Quelle: QZR]. Konzepte dieser Art kombinieren betriebliche Detailkenntnisse der Meister und Fachkräfte mit den pädagogischen und didaktischen Kompetenzen externer Weiterbildungsfachleute.

Weiterbildungsmaßnahmen entwickeln sollen, interne Verfahren der Arbeitsorganisation und der Personalführung. Hier werden möglicherweise sensible Bereiche berührt, was die notwendige Intensität der Kooperation beeinträchtigen kann.

☐ Kooperationspartner von Bildungsträgern in den Unternehmen ist meist eine Weiterbildungs-, Personalentwicklungs- oder Personalabteilung und nur in Ausnahmefällen unmittelbar die Abteilung, für die Bildungsleistungen erbracht werden. Gerade bei der Konzipierung von Maßnahmen der arbeitsplatznahen Weiterbildung erscheint jedoch der direkte Kontakt zu den Weiterbildungsteilnehmern und deren Vorgesetzten bereits in der Phase der Maßnahmeplanung unabdingbar. Daher wären Verbindungen auf neuen Ebenen zu schaffen, die auch innerbetriebliche Funktionszuweisungen affizieren würden.[30]

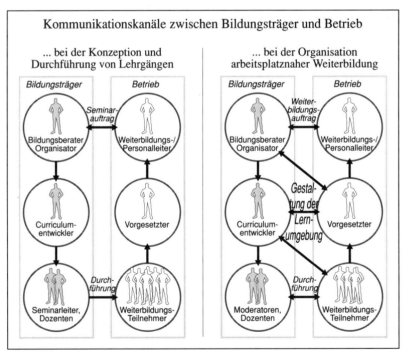

Grafik 24   Kommunikationskanäle zwischen Bildungsträger und Betrieb

---

[30] Insbesondere HEIDACK weist darauf hin, daß »die Rolle des Vorgesetzten als Trainer, Moderator etc. [..] eine ›Pädagogisierung‹ der Arbeitsumwelt [verlangt]«, und damit eine entsprechende Organisationsentwicklung auf seiten des Betriebes voraussetzt – diese aber auch initiieren kann [vgl. Heidack 1987, S. 26].

Die beschriebenen Schwierigkeiten der Kooperation von Bildungsträgern und Unternehmen könnten dazu führen, daß für den Bereich der arbeitsplatznahen Weiterbildung Marktbeziehungen Bedeutung gewinnen werden, die heute noch keine nennenswerte Rolle spielen: nämlich die zwischen Bildungsträgern einerseits und *Produzenten von Arbeitsplätzen* andererseits. Durch eine Kooperation mit Unternehmen des Maschinenbaus, der Informationstechnologie etc. könnten Bildungsträger arbeitsplatzbezogene oder -integrierte Weiterbildungskonzepte erstellen, die in einer untereinander unverbundenen Vielzahl von Anwenderbetrieben genutzt werden können. Bislang verbleiben Qualifizierungselemente, die z. B. von Maschinenbauunternehmen begleitend zu deren Produkten angeboten werden, weitgehend im Bereich kurzer Einarbeitungsanleitungen und genügen damit nicht berufspädagogischen Ansprüchen an eine Weiterbildung, die die Flexibilität und Selbständigkeit der Arbeitenden fördert.

7. PERSPEKTIVEN

7. Perspektiven

Dieses Buch ist ausgegangen von aktuellen Diskussionen zur arbeitsplatznahen Weiterbildung, hat einige pädagogische Theorien und Konzepte in Beziehung auf das Lernen am Arbeitsplatz gesetzt, betrieblich verbreitete Methoden der arbeitsplatznahen Qualifizierung dargestellt und schließlich die betrieblichen Umsetzungsbedingungen diskutiert. Gehen wir diesen Weg in der Zusammenfassung der Ergebnisse zurück.

Das Lernen an Arbeitsplätzen erfährt seit einigen Jahren eine Renaissance. Die Perfektionierung industrieller Fertigung nach tayloristischen Maßstäben hatte eine Trennung von Arbeits- und Lernprozessen mit sich gebracht: Lernen wurde in Lehrgänge, Seminare und Schulen verbannt; in der Produktion störte es.

So gründlich wurde diese Trennung vollzogen, daß sie vielen als Notwendigkeit industrieller Produktion galt. Berufspädagogen entwickelten unter ihren Kriterien – denen der erfolgreichen Vermittlung beruflicher Kompetenzen, Kenntnisse und Fertigkeiten – zwar Modelle handlungsorientierten Lernens, konnten diese jedoch meist nur in der Übungswelt der beruflichen Erstausbildung umsetzen. Aus der Welt der wirklichen Arbeit, aus dem Bereich der Qualifizierung der Beschäftigten im Arbeitsprozeß, blieben sie verbannt.

Seit einigen Jahren ändern sich diese Verhältnisse – nicht wegen der Beharrlichkeit von Berufspädagogen, sondern wegen betriebswirtschaftlicher Erwägungen in den Unternehmen, die die Entwicklung zu einer grundlegenden Umstrukturierung der Arbeitsorganisation einleiteten. Folgt man neuen Organisationsmodellen von Arbeitsprozessen, werden Funktionen der Planung, Durchführung und Qualitätskontrolle wieder an den einzelnen Arbeitsplätzen zusammengeführt und ist ein häufiger Wechsel der Tätigkeiten an den Arbeitsplätzen unter Beteiligung der Beschäftigten vorgesehen.

Solche Arbeitsstrukturen schaffen nicht nur Notwendigkeiten für neue Qualifikationsinhalte, sie schaffen auch Spielräume, diese in der Nähe des Arbeitsplatzes oder am Arbeitsplatz zu vermitteln:

☐ Die inhaltlichen Qualifikationsanforderungen erweitern sich mit der Funktionsanreicherung der Arbeitsplätze. Sie sind nicht nur fachlich bestimmt; übergreifende Kompetenzen, Schlüsselqualifikationen, sind erforderlich, um in einer enthierarchisierten, funktionsintegrierten Arbeitsorganisation zu bestehen.

☐ Höhere Selbständigkeit der Arbeitenden bringt auch größere Lernpotentiale am Arbeitsplatz mit sich. Es ist *möglich* geworden, Weiterbildung an den Ort zurückzuführen, an dem Qualifikationsprobleme auftreten. Und es ist *erforderlich* geworden, weil die mit dem häufigeren Wechsel von Arbeitstätigkeiten einhergehende Notwendigkeit der Verstetigung von betrieblicher Weiterbildung nur am Lernort Arbeitsplatz realisiert werden kann, und weil eine stärkere Beteiligung der Beschäftigten an der Gestaltung des Arbeitsprozesses Lernmöglichkeiten dort voraussetzt.

Es ist daher nicht verwunderlich, daß mit den neuen Modellen der betrieblichen Arbeitsorganisation auch tiefgreifende Änderungen der betrieblichen Weiterbildung einhergehen. Die Adaption der betrieblichen Weiterbildung an neue Formen der Arbeitsorganisation kann sich jedoch auf durchaus verschiedenen Wegen vollziehen.
Derzeit ist die Diskussion über die Verknüpfung von Arbeiten und Lernen stark von lernpsychologischen Ansätzen bestimmt. Es wird nach Gestaltungsprinzipien von Arbeitsplätzen gesucht, die funktionales Lernen en passant, während der Arbeitstätigkeit, ermöglichen und unterstützen. Diese Diskussion ist von großer Bedeutung, da sie die bislang vornehmlich technischen und betriebswirtschaftlichen Kriterien der Gestaltung von Arbeitsplätzen am Aspekt der kognitiven Integration der Arbeitenden relativiert: Arbeitsprozesse müssen verstehbar und ihre Zusammenhänge nachvollziehbar sein, und sie müssen Elemente der Arbeitsplanung und Ergebniskontrolle enthalten, wenn funktionale Lernprozesse möglich sein sollen.
Es darf jedoch nicht übersehen werden, daß die Notwendigkeiten des Arbeitsprozesses der Erweiterung funktionaler Lernpotentiale enge Grenzen setzen. Diese Grenzen rühren nicht nur aus der Zählebigkeit tradierter betrieblicher Organisationsstrukturen, die auch in vielen »modernen« Betrieben nur in die Form eines demokratisierten Taylorismus überführt werden. Selbst in nach modernen Modellen der Arbeitsorganisation bis hin zum einzelnen Arbeitsplatz grundlegend umstrukturierten Unternehmen ergeben sich Schranken des funktionalen arbeitsplatznahen Lernens aus den technischen und ökonomischen Bestimmungsfaktoren des Arbeitsprozesses. Qualifikation ist Mittel seines Fortgangs, nicht umgekehrt. Es ist daher zu bezweifeln, ob die in manchen lernpsychologischen Ansätzen unterstellte Vorstellung, eine geeignete Arbeitstätigkeit könne gleich selbst die zu ihrer Durchführung notwendige Qualifikation vermitteln, mehr ist als ein Ideal – und ein bildungsfeindliches dazu: Berufliche Bildung erschöpft sich schließlich nicht in einer den aktuellen Arbeitsanforderungen genau komplementären Qualifikation.
Pädagogisch angeleitete, intentionale Weiterbildung ist daher am Arbeitsplatz nicht entbehrlich. Das methodische Arsenal der Betriebspädagogik erst schlägt die Brücke zwischen den Lernvoraussetzungen der Arbeitenden und den nicht unter qualifikatorischen Kriterien

gestalteten Abläufen der industriellen Produktion. Pädagogisch
geplante Verfahren können etwa dazu dienen, zu erklären, was sich
nicht selbst erklärt, anschaulich zu machen, was als verborgener Prozeß abläuft, Kommunikations- und Interaktionswege zu etablieren, die
das Lernen fördern, im Arbeitsprozeß selbst aber nicht angelegt sind
etc. Dazu aber dürfen sie nicht nur eine bloße Ergänzung eines sonst
unveränderten Arbeitsablaufs sein, sondern benötigen sie Eingriffs-
möglichkeiten in die Abläufe selbst. Ihre Wirksamkeit entscheidet sich
nicht zuletzt an den Spielräumen, die ihnen gelassen werden, etwa einzelne Arbeitsplätze zeitweise aus dem Takt der Produktion auszukop-
peln, auf die Gestaltung von Bedienerführungen und Hilfsmitteln Einfluß zu nehmen, Lernbeziehungen zwischen den Arbeitenden zu organisieren etc.

Es ist offensichtlich, daß solche pädagogischen Interventionen in die
Gestaltung von Arbeitsprozessen eine intensive Zusammenarbeit, vielleicht sogar eine Integration von Produktions- und Bildungsabteilungen in den Unternehmen voraussetzen. Die bislang übliche Trennung
erweist sich als hinderlich, wenn Lernmöglichkeiten im Arbeitsprozeß
geschaffen werden sollen. Selbst die Trennung von Funktionen –
Dozent dort, »Vorgesetzter« hier – erscheint oft problematisch.

Die Betriebspädagogik verfügt bislang jedoch noch nicht über die notwendigen Konzepte, Methoden und Theorien, um eine breitangelegte
Unterstützung bei der Einrichtung intentionaler Formen des Lernens
am Arbeitsplatz anbieten zu können.

☐ Die *Methoden* arbeitsplatznahen Lernens, die sie bisher entwickelt
und in Modellversuchen erprobt hat, entstammen weitgehend dem
Bereich der beruflichen Erstausbildung, nicht dem der Weiterbildung. Gewiß sind sie weitgehend auch für die arbeitsplatznahe Weiterbildung adaptierbar, und werden auch tatsächlich in einigen
Großbetrieben entsprechend eingesetzt. Der Bereich der Erstausbildung ist jedoch unter pädagogischen Maximen gestaltet, der der
regulären Produktion nicht. Aus der Erstausbildung in die Weiterbildung transferierte Methoden des arbeitsplatznahen Lernens werden daher oft durch Interferenzen mit dem Arbeitsprozeß in ihrer
Wirksamkeit beeinträchtigt.

Andere Methoden, die in der arbeitsplatznahen Weiterbildung
Anwendung finden, beruhen auf der Nutzung betrieblicher Beteiligungsgruppen, die ursprünglich eingerichtet wurden, um die
Beschäftigten an der Qualitätssicherung oder der Verbesserung der
Arbeitsabläufe zu beteiligen, nicht um sie zu qualifizieren. Die Bindung solcher Methoden an unmittelbare Probleme des Arbeitsprozesses kann sich als Hindernis für die Weiterbildung auswirken.

Es bleibt daher festzuhalten: Bei allen Fortschritten, die mit der Transferierung und Nutzung von an anderen Stellen und zu anderen Zielen entworfenen Methoden für die arbeitsplatznahe Weiterbildung gemacht werden konnten, fehlen dezidiert entwickelte Methoden der betrieblichen Weiterbildung am Arbeitsplatz, die Interferenzen mit dem Arbeitsprozeß von vornherein berücksichtigen und die daher in besserer Weise in die Arbeitsabläufe integriert sind.

Entwicklungen in diesem Bereich lassen sich für die nähere Zukunft vor allem durch die verstärkte Nutzung des Lerninsel-Konzeptes in der Weiterbildung sowie durch die Entwicklung arbeitsplatzintegrierter multimedialer CBT-Systeme absehen.

☐ Konzepte und Methoden arbeitsplatznaher Weiterbildung bauen auf *Theorien* über das Verhältnis von Lernen und Arbeiten auf. Mit der Handlungsregulationstheorie hat die pädagogische Psychologie einen Ansatz geliefert, der die Beurteilung von Arbeitsprozessen unter qualifikatorischen Gesichtspunkten erlaubt. Mit Konzepten zu »Schlüsselqualifikationen« hat die Berufspädagogik eine Zielrichtung angegeben, die über die Vermittlung nur unmittelbar fachlich-tätigkeitsbezogener Qualifikationen hinausweist. Es fehlt noch, wie vielfach bedauert, eine analytische Theorie der Schlüsselqualifikationen, die ein solides Fundament böte für die Entwicklung von Methoden ihrer Vermittlung im Arbeitsprozeß.

Nach allgemeiner Einschätzung haben sich wissenschaftlich begleitete und dokumentierte *Modellversuche* als Mittel der Entwicklung und Erprobung neuer Konzepte der betrieblichen Bildung bewährt. In der Tradition der Handlungsforschung erlauben sie sowohl die Adaption von betriebspädagogischen Konzepten an die qualifikatorischen Anforderungen von Unternehmen und deren Beschäftigten als auch die Untersuchung von Voraussetzungen und Ergebnissen der praktischen Umsetzung. Im Bereich des arbeitsplatznahen Lernens sind in den letzten Jahren eine Reihe von Modellversuchen und Projekten begonnen worden – teilweise befaßten sie sich von Beginn an mit Fragen der Verknüpfung von Arbeiten und Lernen, teilweise wurden andere Aufgabenstellungen im Zuge der neueren Diskussionen entsprechend erweitert.

Bei der Sichtung dieser Modellversuche und Projekte zeigt sich jedoch, daß nur wenige explizit die betriebliche Weiterbildung am Arbeitsplatz zum Gegenstand haben. Die Mehrzahl widmet sich in erster Linie Fragen der betrieblichen Erstausbildung. Ergebnisse dieser Projekte sind wegen der unterschiedlichen Voraussetzungen in bezug auf die Struktur der Teilnehmer, wegen betrieblicher Erwartungen und wegen der öffentlichen Reglementierung nur bedingt in den Bereich der Weiterbildung übertragbar. Bei der Mehrzahl der aktuellen Projekte und Modellversuche zur Verknüpfung von Arbeiten und Lernen stehen pädagogische – methodische und didaktische – Fragestellungen im Vordergrund. Aus vielen Projektberichten ergibt sich jedoch, daß Umsetzungsprobleme weniger bei der pädagogischen Gestaltung von Bildungsmaßnahmen am Arbeitsplatz bestehen als bei der Einbettung dieser Maßnahmen in vorgegebene betriebliche Organisationsstrukturen. Die organisatorischen und administrativen Schnittstellen zwischen den betrieblichen Bildungs- und Produktionsbereichen sind jedoch kaum je Gegenstand der Modellversuche. Probleme an diesen Stellen werden als externe Restriktionen erfahren, mit denen im Rahmen der Modellversuche in der Regel nur in einer Form umgegangen wird, die den reibungslosen Projektverlauf absichert.

Aus dieser Diagnose ergeben sich zwei projektstrategische Konsequenzen:

☐ Die arbeitsplatznahe Weiterbildung in industriellen Arbeitsprozessen sollte in dezidierterer Weise zum Gegenstand von Modellversuchen gemacht werden. Der Bereich der Weiterbildung erscheint schon immer weniger transparent als der der Erstausbildung. In besonderem Maße gilt dies für Formen der Weiterbildung, die in Arbeitsprozesse eingebettet sind. Wissenschaftlich begleitete Modellversuche können dazu dienen, Konzepte intentionaler Weiterbildung am Arbeitsplatz zu erproben und zwischenbetrieblich übertragbar zu machen. Sie können weiterhin zur Abgrenzung solcher Konzepte von bloß funktionalen Lernprozessen beitragen.

☐ Die Aufgabenstellung solcher Modellversuche sollte von vornherein mögliche betriebliche Restriktionen und organisatorische Konsequenzen einbeziehen. Wenn es richtig ist, daß Maßnahmen der Weiterbildung am Arbeitsplatz auf Grundlage der überkommenen Trennung von Organisationsplanung einerseits und Personalentwicklung andererseits nur schwierig umzusetzen sind, dann gilt auch für Modellversuche und Projekte: Die Beschränkung auf die eigentlich pädagogische Seite von Weiterbildung wird Konzepte hervorbringen, die regelmäßig an betrieblichen Rahmenbedingungen scheitern werden. Modellversuche zur arbeitsplatznahen Weiterbildung müssen von Beginn an Fragen der Arbeitsorganisation zu ihrer Sache machen. Nur dadurch können betriebliche Restriktionen pädagogisch bzw. organisatorisch umgangen oder abgebaut werden. Es mag sein, daß Betriebspädagogen sich damit auf ein Feld begeben, das von anderen Disziplinen mit anderen Sichtweisen und

Maßstäben beansprucht wird. Dieser Schritt erscheint aber notwendig, wenn arbeitsplatznahe Weiterbildung mehr sein soll als der Umzug konventioneller Anlernmaßnahmen aus Bildungsstätten in Fabriken. Ein solcher integrierter Ansatz von Modellversuchen kann auch dazu dienen, Beiträge zu einer betrieblichen Organisationsplanung zu liefern, die bei der Einführung von Gruppenarbeit mehr und mehr qualifikatorische Aspekte berücksichtigen muß, und die lernfreundliche Arbeitsplätze gestalten muß, um einen häufigen Wechsel von Tätigkeiten des einzelnen Beschäftigten zu ermöglichen.

Auch wenn die arbeitsorganisatorische Implementation arbeitsplatznaher Weiterbildung erkennbar die größten Probleme bereitet, steht für Projekte zwischen betriebspädagogischer Forschung und praktischer Entwicklung auch noch eine Reihe von didaktischen Fragen an, die im Laufe dieser Darstellung gestreift worden sind. Dazu zählen:

☐ Können lernfreundlich gestaltete Arbeitsplätze auch dazu dienen, systematisches Grundlagenwissen zu vermitteln? Auf welche Weise kann der Erwerb fachübergreifender Schlüsselqualifikationen am Arbeitsplatz unterstützt werden?

☐ Auf welche Weise ist die Transferierbarkeit von Wissenselementen, die an bestimmten Arbeitsplätzen erworben wurden, auf andere Arbeitsplätze zu gewährleisten?

☐ Welche didaktischen und methodischen Hilfsmittel können am Arbeitsplatz eingesetzt werden, um mediatisierte und komplexe technische Arbeitsprozesse anschaulich und verständlich zu machen?

☐ In welcher Weise können Potentiale, die das Lernen in Gruppen mit sich bringt, für die Weiterbildung am einzelnen Arbeitsplatz nutzbar gemacht werden?

☐ Wie sind konventionelle, d. h. auf lehrgangsförmige, sequentielle Weiterbildung bezogene Materialien umzugestalten, damit sie für situatives Lernen am Arbeitsplatz verwendbar sind?

☐ Auf welche Weise können apersonale Lernverfahren wie CBT am Arbeitsplatz eingesetzt oder, einen Schritt weiter, mit der Steuerung des Arbeitsprozesses verbunden werden?

Modellversuche, die solchen Fragen in nachvollziehbaren und umsetzbaren Konzepten nachgehen, und die diese Konzepte unter betrieblichen Realbedingungen erproben, können zur weiteren Pädagogisierung der Arbeitsorganisation beitragen.
Eine solche Einflußnahme erscheint um so notwendiger, als die aktuelle betriebliche Diskussion über Formen des arbeitsplatznahen Lernens

nicht unbedingt von pädagogischen Prämissen ausgeht. So wenig die neue Bewegung hin zum Lernen im Arbeitsprozeß von der Betriebspädagogik ausgelöst worden ist, so wenig wird sie durch ihre Zurückhaltung gebremst werden. Es steht nicht in Frage, *daß* sich eine stärkere Integration von Lernen und Arbeiten vollziehen wird, sondern *wie* sie sich vollziehen wird.

Unter dem Gesichtspunkt der bloß ökonomischen Effektivierung betrieblicher Weiterbildung erscheinen solche Methoden arbeitsplatznahen Lernens attraktiv, die berufliche Bildung auf bloßes Anwendungswissen reduzieren. Damit werden nicht nur pädagogische Potentiale der Verbindung von Arbeiten und Lernen vergeben. Es werden auch bestehende soziale Segmentierungen der betrieblichen Weiterbildung noch verschärft: Knappen Handlangerqualifizierungen auf unteren Hierarchieebenen stehen umfassende Coaching-Maßnahmen für Führungskräfte gegenüber.

Wenn von der Integration von Lern- und Arbeitsprozessen die Rede ist, dann ist damit ausgesprochen, daß Lernen und Arbeiten nicht zusammenfallen. Auch die raffiniertesten betriebspädagogischen Methoden und lernpsychologischen Modelle werden nicht dazu führen, daß Arbeitstätigkeiten, die unter dem Gesichtspunkt bestmöglicher Arbeitseffizienz gestaltet sind, zugleich höchste Lerneffizienz aufweisen; die Methoden sollten sich daher auch nicht an diesem Ideal messen. Wenn die betriebliche Weiterbildung an den Arbeitsplatz zurückkehren soll, dann deshalb, weil das ein Weg zur Förderung beruflicher Kompetenzen und anwendungsorientierten Wissens sein kann, und nicht, damit das Lernen der Rationalität des Arbeitsprozesses untergeordnet wird.

Das im Zuge der Einführung neuer Formen der Arbeitsorganisation in den Unternehmen geöffnete »pädagogische Fenster« bietet der Betriebspädagogik Gelegenheit, Zweckbündnisse einzugehen und ihr Mandat im Arbeitsprozeß selbst wahrzunehmen, statt sich weiterhin hauptsächlich an nach schulischen Vorbildern konzipierten Lehr- und Lernformen auszurichten. Die Integration von betrieblicher Weiterbildung und Arbeitsorganisation ist eine originäre Aufgabe der Betriebspädagogik – eine, bei der ihr noch viel zu tun bleibt.

8. VERZEICHNISSE

8.1.	Literaturverzeichnis	233
8.2.	Verzeichnis der Verweisabkürzungen	255
8.3.	Verzeichnis der verwendeten Abkürzungen	257
8.4.	Verzeichnisse von Grafiken und Tabellen	258
8.4.1.	Verzeichnis der Grafiken	258
8.4.2.	Verzeichnis der Tabellen	259
8.5.	Verzeichnis von Projekten zur Lernen am Arbeitsplatz	260

8.1. Literaturverzeichnis

Abli 1980: Aebli, H.: Denken – das Ordnen des Tuns – Kognitive Aspekte der Handlungstheorie. Stuttgart 1980

Arnold 1988: Arnold, R.: Was (v)erschließen Schlüsselqualifikationen? *In:* Nuissl, E.; Siebert, H.; Weinberg, G. (Hrsg.): Literatur- und Foschungsreport Weiterbildung. Münster 1988, S. 85 ff.

Arnold 1991 a: Arnold, R.: Betriebliche Weiterbildung. Bad Heilbrunn: Klinkhardt 1991

Arnold 1991 b: Arnold, R.: Universitäre Berufsbildungsforschung »auf dem Prüfstand«. *In:* ZfP 5.1991, S. 599–612

Bader 1990: Bader, R.: Entwicklung beruflicher Handlungskompetenz in der Berufsschule. Dortmund: Landesinstitut für Schule und Weiterbildung 1990

Baethge 1990: Baethge, M.: Forschungsstand und Forschungsperspektiven im Bereich betrieblicher Weiterbildung – aus der Sicht von Arbeitnehmern. *In:* Bundesministerium für Bildung und Wissenschaft (Hrsg.): Betriebliche Weiterbildung. Bonn 1990

Bähr 1992: Bähr, W. H.: Strukturen eines arbeitsorientierten Lern- und Informationssystems. IFA-Institut; BIBB (Hrsg.): Modellversuchsinformation Nr. 1 zum Modellversuch »Entwicklungsverbund: Arbeitsorientiertes CBT für die Instandhaltung technischer Anlagen«. Bonn: IFA-Institut 1992

Bähr 1993: Bähr, W. H.: Selbst-Lern-Kompetenz – Ansätze und Erfahrungen in der Bundesrepublik. *In:* Nyhan, B: Entwicklung der Lernfähigkeit. Brüssel: Presses Interuniversitaires Europeenes 1993, S. 84–97

Bähr, Holz 1992: Bähr, W. H.; Holz, H.: Ein praxisbewährter Weg zur Gestaltung eines arbeitsplatzorientierten Weiterbildungskonzeptes. *In:* Dehnbostel, P.; Holz, H.; Novak, H. (Hrsg.): Lernen für die Zukunft durch verstärktes Lernen am Arbeitsplatz. Dezentrale Aus- und Weiterbildungskonzepte in der Praxis. Reihe: Berichte zur beruflichen Bildung 149. Berlin und Bonn 1992, S. 27–38

Baitsch, Frei 1980: Baitsch, C.; Frei, F.: Qualifizierung in der Arbeitstätigkeit; Reihe: Schriften zur Arbeitspsychologie 30. Bern 1980

Balk 1991 Balk, H.-J.: Problemanalyse zur Berufsausbildung in der Oberflächentechnik; Reihe: Berichte zur beruflichen Bildung 123. Berlin: BIBB 1991

Ballstaedt 1990: Ballstaedt, S.: Wenn Hören und Sehen vergeht: Grenzen der audiovisuellen Integration, S. 29 ff. [nach Freibichler et al. 1991]

Bardeleben et al. 1986: Bardeleben, R. v.; Böll, G.; Kühn, H.: Strukturen betrieblicher Weiterbildung – Ergebnisse einer empirischen Kostenuntersuchung; Reihe: Berichte zur beruflichen Bildung 83. Berlin, Bonn: BIBB 1986

Bardeleben et al. 1989: Bardeleben, R. v. et al: Weiterbildungsaktivitäten von

Klein- und Mittelbetrieben im Vergleich zu Großbetrieben. *In:* BWP 6.1989, S. 3 ff.

Barschak 1929: Barschak, E.: Die Idee der Berufsbildung und ihre Einwirkung auf die Berufserziehung im Gewerbe. Leipzig 1929

Battelle Institut 1987: Battelle Institut e. V. 1987 (Hrsg.): Thesenpapier zum Workshop »Weiterbildung in Klein- und Mittelbetrieben«. Bonn 1987

Bauer 1989: Bauer, B: Leittextmethode als Metatheorie zur Strukturierung von kognitiven Prozessen – Perspektiven im Bereich der EDV-Schulung mit Leittexten. *In:* ZBW 85, 5.1989, S. 499–457

Bauer 1992: Bauer, B: Der Leittext. *In:* LfB 2.1992, S. 28–30

Beck 1993: Beck, H.: Schlüsselqualifikationen aus schulischer Sicht. *In:* arbeiten+lernen/Wirtschaft, 10.1993, S. 6–11

Behrendt, Komrey 1991: Behrendt, E.; Komrey, H.: Lernen mit interaktiven Medien am Arbeitsplatz – Empirische Ergebnisse aus vier Fallstudien. *In:* Gorny, P. (Hrsg.): Informatik und Schule 1991, Berlin 1991, S. 167–174

Benner 1981: Benner, H.: Arbeitsplatzgebundenes Lernen in der Berufsausbildung. *In:* Wirtschaft und Berufserziehung 33, 11.1981, S. 337–340

Bennis 1972: Bennis, W. G.: Organisationsentwicklung. Baden-Baden, Bad Homburg 1972

Benteler 1991: Benteler, P.: Möglichkeiten und Grenzen der Übertragung von Modellversuchsergebnissen. *In:* BWP 6.1991, S. 7–12

Bergdoll et al. 1987: Bergdoll, K. et al.: Mischarbeit und elektronische Textverarbeitung – Erprobung in einer Kommunalverwaltung. Frankfurt, New York 1987

BIBB 1989: Bundesinstitut für Berufsbildung (Hrsg.): Forschungsschwerpunkte des Bundesinstituts für Berufsbildung. Berlin: BIBB 1989

BIBB 1991: Bundesinstitut für Berufsbildung (Hrsg.): Leittexte – ein Weg zu selbständigem Lernen. Reihe: Seminarkonzepte zur Ausbilderförderung; 3 Bde. I: Teilnehmerunterlagen, II: Referentenleitfaden, III: Veranstalterinfo. Berlin, Bonn 1991

BIBB 1993: Bundesinstitut für Berufsbildung (Hrsg.): Modellversuche in der außerschulischen Berufsbildung – Inhaltliche Förderbereiche und regionale Verteilung. Berlin: BIBB 1993

BIBB 1994: Bundesinstitut für Berufsbildung; Statistisches Bundesamt (Hrsg.): Berufliche Weiterbildung in Unternehmen – Ergebnisse der Vorerhebung bei ca. 9.300 Unternehmen im Rahmen des Aktionsprogramms FORCE in Deutschland Ende 1993. Typoscript. Berlin: BIBB 1994

Bildungsrat 1970: Deutscher Bildungsrat (Hrsg.): Empfehlungen der Bildungskommission, Strukturplan für das Bildungswesen. Stuttgart 1970

Bildungsrat 1974: Deutscher Bildungsrat (Hrsg.): Zur Neuordnung der Sekundarstufe II. Bonn 1974

Bittmann et al. 1992: Bittmann, A.; Erhardt, H.; Fischer, H.-P.; Novak, H.: Lerninseln in der Produktion als Prototypen und Experimentierfeld neuer Formen des Lernens und des Arbeitens. *In:* Dehnbostel, P.; Holz, H.; Novak, H. (Hrsg.): Lernen für die Zukunft durch verstärktes Lernen am Arbeitsplatz. Dezentrale Aus- und Weiterbildungskonzepte in der Praxis;

Reihe: Berichte zur beruflichen Bildung 149. Berlin und Bonn 1992, S. 39–64

BMBW 1992 a: Bundesminister für Bildung und Wissenschaft (Hrsg.): Berufsbildungsbericht 1992. Bad Honnef: Bock 1992

BMBW 1992 b: Bundesminister für Bildung und Wissenschaft (Hrsg.): Grund- und Strukturdaten 1991/92. Bonn: BMBW 1992

BMBW 1993: Bundesministerium für Bildung und Wissenschaft (Hrsg.): Berufsbildungsbericht 1993. Reihe: Grundlagen und Perspektiven von Bildung und Wissenschaft 34. Bad Honnef: Bock 1993

BMFT 1989: Bundesministerium für Forschung und Technologie et al. (Hrsg.): Forschungs- und Entwicklungsprogramm Arbeit und Technik. Bonn 1989

BMFT 1993 Bundesministerium für Forschung und Technologie (Hrsg.): Bundesbericht Forschung 1993. Bonn: BMFT 1993

Boehm et al. 1984: Boehm, U. et al.: Qualifikationsstruktur und berufliche Bildung. *In:* BIBB (Hrsg.): Schriften zur Berufsbildungsforschung 20. Hannover 1974

Borchers 1993: Borchers, D.: Teamgeist – Trends und Tendenzen auf dem Groupware-Markt. *In:* c›t 7.1993, S. 100–104

Borrety et al. 1988: Borretty, R.; Fink, H.; Holzapfel, H.; Klein, U.: PETRA – projekt- und transferorientierte Ausbildung. Berlin, München 1988

Bourdieu 1982: Bourdieu, P.: Die feinen Unterschiede. Frankfurt a. M.: Suhrkamp 1982

Bracht et al. 1992: Bracht, F.; Schaper, N.; Sonntag, K.; Tessendorf, W.: Modellversuch Steuerungstechnik – spangebender Bereich. *In:* Dehnbostel, P.; Holz, H.; Novak, H. (Hrsg.): Lernen für die Zukunft durch verstärktes Lernen am Arbeitsplatz. Dezentrale Aus- und Weiterbildungskonzepte in der Praxis. Reihe: Berichte zur beruflichen Bildung 149. Berlin und Bonn 1992, S. 65–82

Brater, Bauer 1990: Brater, M.; Bauer, H.G.: Schlüsselqualifikationen – der Einzug der Persönlichkeitsentwicklung in die berufliche Bildung. *In:* Herzer, H.; Dybowski, G.; Bauer, H.G. (Hrsg): Methoden betrieblicher Weiterbildung. Eschborn 1990, S. 51 ff.

Brater, Büchele 1991: Brater, M.; Büchele, U.: Persönlichkeitsorientierte Ausbildung am Arbeitsplatz. München: Langen Müller/Herbig 1991

Brenner 1981: Brenner, H.: Arbeitsplatzgebundenes Lernen in der Berufsausbildung. *In:* Wirtschaft und Berufserziehung, Jg. 33, 11.1981, S. 337–340

Brüggemann 1983: Brüggemann, W.: Die Lehre im Handwerk – Merkmale handwerklicher Berufsausbildung. *In:* Deutsches Handwerksblatt 6.1983, S. 193–194

Bruns 1990: Bruns, F. W.: Hypermedia als Simulationswerkzeug in der beruflichen Bildung. Arbeitspapier im Projekt »Simulation und rechnergestützte Facharbeit«. Bremen: Institut Technik und Bildung an der Universität Bremen 1990

BSW 1992: Kuwen, H. (Autor); Bundesministerium für Bildung und Wissenschaft (Hrsg.): Berichtssystem Weiterbildung 1991. Bonn 1992

Bunk, Stentzel 1990: Bunk, G. P.; Stentzel, M.: Methode der Weiterbildung im

Betrieb. *In:* Schlaffke, W.; Weiß, R.: Tendenzen betrieblicher Weiterbildung. Köln: Dt. Inst.-Verl. 1990, S. 177–213

Coleman 1982: Coleman, J. S.: The Asymetric Society. New York: Syracuse 1982

Cramer 1987: Cramer, U.: Klein- und Mittelbetriebe – Hoffnungsträger der Beschäftigungspolitik. *In:* MittAB 1.87, S. 15 – 29

Czycholl 1991: Czycholl, R.: Neue Lehr-/Lernverfahren im Dualen System – bildungspolitische und pädagogische Implikationen. *In:* Twardy, M. (Hrsg.): Duales System zwischen Tradition und Innovation. Köln 1991, S. 175– 194

Czycholl 1992: Czycholl, R.: ohne Titel [Thesen zum Lernen am Arbeitsplatz]. *In:* Kuratorium der Deutschen Wirtschaft für Berufsbildung (Hrsg.): Lernen am Arbeitsplatz. Köln 1992, S. 13–31

Davids 1988: Davids, S.: Die Berufsschule im Urteil von Auszubildenden und Ausbildern. *In:* BIBB (Hrsg.): Berichte zur beruflichen Bildung, 100. Berlin, Bonn: BIBB 1988

Debener et al. 1992: Debener, S.; Siehlmann, G.; Koch, J.: Arbeitsorientiertes Lernen – lernorientiertes Arbeiten. Neue Wege in der beruflichen Weiterbildung. Bonn: BMBW 1992

Debener, Siehlmann 1990: Debener, S.; Siehlmann, G.: Arbeitsorientiertes Lernen – lernorientiertes Arbeiten. *In:* LfB 5/6.1990, S. 44 ff.

Decker 1985: Decker, F.: Aus- und Weiterbildung am Arbeitsplatz. Neue Ansätze und erprobte berufspädagogische Programme; Reihe: Weiterbildung – Strukturen und Aspekte, Bd. 7. München: Lexika-Verlag 1985

Dehnbostel 1991: Dehnbostel, P.: Dezentrales Lernen in Modellversuchen. *In:* Dehnbostel, P.; Peters, S. (Hrsg.): Dezentrales und erfahrungsorientiertes Lernen im Betrieb. Alsbach/Bergstr. 1991, S. 11–20

Dehnbostel 1992: Dehnbostel, P.: Ziele und Inhalte dezentraler Berufsbildungskonzepte. *In:* Dehnbostel, P.; Holz, H.; Novak, H. (Hrsg.): Lernen für die Zukunft durch verstärktes Lernen am Arbeitsplatz. Dezentrale Aus- und Weiterbildungskonzepte in der Praxis; Reihe: Berichte zur beruflichen Bildung 149. Berlin und Bonn 1992, S. 9–24

Dehnbostel 1993 a: Dehnbostel, P.: Konzepte für eine dezentrale Berufsbildung. *In:* BWP 3.1993, S. 3–9

Dehnbostel 1993 b: Dehnbostel, P.: Eine Insel in der Firma. *In:* Moderne Metalltechnik 6.1993, S. 4–5

Dehnbostel 1994: Dehnbostel, P.: Erschließung und Gestaltung des Lernortes Arbeitsplatz. *In:* BWP 1.1994, S. 13–18

Dehnbostel, Walter-Lezius 1992: Dehnbostel, P.; Walter-Lezius, H.-J.: Didaktische Ansätze zur Untersuchung des Modellversuchsbereichs »Neue Technologien in der beruflichen Bildung«. *In:* Dehnbostel, P. et al. (Hrsg.): Neue Technologien und berufliche Bildung – Modellhafte Entwicklungen und theoretische Erkenntnisse; Reihe: Berichte zur beruflichen Bildung 151, Berlin und Bonn: BIBB 1992

DIN 1992: Deutsches Institut für Normung (Hrsg.): ISO 9004-2: Qualitätssicherung und Elemente eines Qualitätssicherungssystems. Berlin: Beuth 1992

Dobischat, Lipsmeier 1991: Dobischat, R.; Lipsmeier, A.: Betriebliche Weiterbildung im Spannungsfeld von Technikanwendung, Qualifikationsentwicklung und Personaleinsatz. *In:* MittAB, 24, 2.1991, S. 344–350

Dörr, Naschold 1982: Dörr, G.; Naschold, F.: Arbeitspolitische Entwicklungen der Industriearbeit. *In:* Schmidt, G. et al. (Hrsg.): Materialien zur Industriesoziologe. KZfSSp. Opladen: WV 1982, S. 433–456

Downs 1985: Downs, S.: Retraining for new skills. *In:* Ergonomics 28.1985, S. 1205–1211 [zitiert nach Hacker, Skell 1993, S. 17]

Duell et al. 1986: Duell, W.; Frei, F. et al.: Leitfaden für qualifizierende Arbeitsgestaltung, Köln: TÜV Rheinland 1986

Dunckel 1986: Dunckel, H.: Handlungstheorie. *In:* Rexilius, G.; Grubitzsch, S. (Hrsg.): Psychologie. Reinbek: Rowohlt TBV 1986

Dunkel 1976: Dunkel, D.: Versuch einer Systematisierung der betrieblichen Weiterbildung. *In:* Erwachsenenbildung 1.1976

Ebbinghaus 1983: Ebbinghaus, A.: Arbeiter und Arbeitswissenschaft. Opladen: Westdeutscher Verlag 1983

Ebmeyer 1993: Ebmeyer, K.-U.: Kurskorrekturen sind überfällig – QUEM-Kuratorium verabschiedet Thesen zur betrieblichen Weiterbildung. *In:* QUEM 5.1993, S. 1–2

Ebner 1992: Ebner, H. G.: Facetten und Elemente didaktischer Handlungsorientierung. *In:* Pätzold, G. (Hrsg.): Handlungsorientierung in der beruflichen Bildung. Frankfurt a. M.: G.A.F.B. 1992, S. 33–53

Eckert 1992: Eckert, M.: Handlungsorientiertes Lernen in der beruflichen Bildung – Theoretische Bezüge und praktische Konsequenzen. *In:* Pätzold, G. (Hrsg.): Handlungsorientierung in der beruflichen Bildung. Frankfurt a. M.: G.A.F.B. 1992, S. 55–78

Edding 1980: Edding, F.: Das duale System im Übergang zur Pluralität der Lernorte. *In:* BWP, Sonderheft 1980, S. 2 ff.

EG-Kommission 1990: Commission of the European Communities (Hrsg.): Enterprises in the European Community. Brüssel, Luxemburg 1990

EG-Kommission 1991: Memorandum der EG-Kommission über die Berufsbildungspolitik der Gemeinschaft für die 90er Jahre vom 12.12.1991

Ehrke et al. 1992: Ehrke, M.; Faber, H.-P.; Novak, H.: Computerorientiertes Lernen bei AUDI für die rechnerintegrierte Fabrik. *In:* Dehnbostel, P.; Holz, H.; Novak, H. (Hrsg.): Lernen für die Zukunft durch verstärktes Lernen am Arbeitsplatz. Dezentrale Aus- und Weiterbildungskonzepte in der Praxis; Reihe: Berichte zur beruflichen Bildung 149. Berlin und Bonn 1992, S. 95–116

Elbers 1975: Elbers, D.: Schlüsselqualifikationen – ein Schlüssel für die Berufsbildungsforschung? *In:* BWP 4, 4.1975, S. 26–29

Engel 1987: Engel, P.: Qualitätszirkel – erfolgreicher durch positive Verstärkung. *In:* Heidack, C. (Hrsg.): Neue Lernorte in der beruflichen Weiterbildung. Berlin: Schmidt 1987, S. 63–75

Erbe 1993 Erbe, K. H.: Simulation versus Lernen im Arbeitsprozeß im gewerblichtechnischen Bereich. *In:* ZBW, Beiheft 11: Entwicklungen in der Berufsausbildung, 1993, S. 110–116

Euler 1992: Euler, D.: Didaktik des computerunterstützten Lernens; Reihe: Multimediales Lernen in der Berufsbildung. Nürnberg: BW 1992

Faulstich 1990: Faulstich, P.: Qualifikations-Konversion – Arbeitsorientierung und Persönlichkeitsentwicklung. *In:* Giesecke, W.; Meueler, E.; Nuissl, E. (Hrsg.): Nur gelegentlich Subjekt – Beiträge der Erwachsenenbildung zur Subjektkonstitution. Heidelberg: DGfE 1990, S. 155–164

Faulstich 1991: Faulstich, P.: Erwachsenenbildung als Ansatz zur Technikgestaltung. *In:* ders. (Hrsg.): Erwachsenenbildung als Ansatz zur Technikgestaltung. Frankfurt a. M.: Pädagogische Arbeitsstelle des Deutschen Volkshochschul-Verbandes 1991, S. 10–13

Fischer 1991: Fischer, H.-P.: Lernen am Arbeitsplatz. *In:* Jahrbuch Weiterbildung 1991, S. 132–135

Frackmann 1991: Frackmann, M. (Hrsg.): Qualifizierungsbedarf und Weiterbildungsangebote für betriebliches Ausbildungspersonal. Alsbach 1991

Frackmann 1992: Frackmann, M.: Neue Anforderungen an handlungstheoretisch fundierte Konzepte in der beruflichen Bildung. *In:* Qualifizierungszentrum Rheinhausen et al. (Hrsg): Berufsbildung zwischen Stillstand und Fortschritt – handlungsorientierte Konzepte der Aus- und Weiterbildung auf dem Prüfstand von Theorie und Praxis. Bochum: E.i. S. 1992, S. 27–46

Frackmann et al. 1987: Frackmann, M., Koch, J., Schild, H.: Neue Formen des Lernens in der Berufsausbildung – Ist eine neue Fachdidaktik notwendig? *In:* Gewerkschaftliche Bildungspolitik 5.1987, S. 138–144

Franke 1982: Franke, G.: Qualitätsmerkmale der Ausbildung am Arbeitsplatz. *In:* BWP 4.1982, S. 5–6

Franke 1984: Franke, G.: Analyse der Bedingungen des Lernens am Arbeitsplatz. *In:* BWP 13; 2.1984, S. 45–49

Franke, Kleinschmitt 1987: Franke, G.; Kleinschmitt, M.: Der Lernort Arbeitsplatz – Eine Untersuchung der arbeitsplatzgebundenen Ausbildung in ausgewählten elektrotechnischen Berufen der Industrie und des Handwerks. Berlin, Köln: Beuth 1987

Frei et al. 1984: Frei, F.; Duell, W.; Baitsch, C.: Arbeit und Kompetenzentwicklungen – theoretische Konzepte zur Psychologie arbeitsimmanenter Qualifizierung; Reihe: Schriften zur Arbeitspsychologie 39. Bern etc.: Huber 1984

Frei et al. 1993: Frei, F.; Hugentobler, M.; Alioth, A.; Duell, W.; Ruch, L.: Die kompetente Organisation. Qualifizierende Arbeitsgestaltung – die europäische Alternative. Zürich, Stuttgart: Schäffer-Poeschel 1993

Frei, Ulich 1981: Frei, F.; Ulich, E. (Hrsg.): Beiträge zur psychologischen Arbeitsanalyse. Bern etc.: Huber 1981

Freibichler et al. 1991: Freibichler, H.; Mönch, C. T.; Schenkel, P.: Computergestützte Aus- und Weiterbildung in der Warenwirtschaft; Reihe: Multimediales
Lernen in der Berufsbildung. Nürnberg: BW 1991

Freiesleben 1989: Freiesleben, U.: Bildung im Strukturwandel von Unternehmen, Frankfurt a. M. etc.: Lang 1989

Frey 1982: Frey, K.: Die Projektmethode. Weinheim, Basel 1982

Fricke 1975: Fricke, W.: Arbeitsorganisation und Qualifikation. Bonn: Verlag
Neue Gesellschaft 1975

Frieling 1993: Frieling, E.: Personalentwicklung und Qualifizierung – neue
Ansätze und Probleme. *In:* Loebe, H.; Severing, E. (Hrsg.): Mitarbeiterpotentiale entwikkeln – Erfolgsfaktor für die Wettbewerbsfähigkeit der Unternehmen. München: bfz 1993

Geißler, H. 1990a: Geißler, H.: Erfahrungen und Visionen einer betrieblichen
Bildungspolitik. *In:* ders. (Hrsg.): Neue Aspekte der Betriebspädagogik.
Frankfurt a. M. etc. 1990, S. 7–14

Geißler, H. 1990b: Geißler, H.: Management als Bildungsaufgabe. Hamburg
1990 [Manuskript, zitiert nach Arnold 1991 a]

Geißler, H. 1992: Geißler, H.: Bildungscontrolling als Lernhilfe auf dem Weg
zur »lernenden Organisation«. *In:* GdWZ 1.1992, S. 47–53

Geißler, K.A. 1991: Geißler, K. A.: Das duale System der industriellen Berufsausbildung hat keine Zukunft. *In:* Leviathan 1.1991, S. 69

Geißler, K.A.; Wittwer 1989: Geißler, K. A.; Wittwer, W.: Die Entwicklung der
beruflichen Aus- und Weiterbildung – sechs Thesen. *In:* Arnold, R.; Lipsmeier, A. (Hrsg.): Berufspädagogik in nationaler und internationaler Perspektive. Baden-Baden 1989, S. 94 ff.

Georg 1989: Georg, W.: Marktmodell Japan – Thesen zur Verbetrieblichung
beruflicher Qualifizierung. *In:* Arnold R.; Lipsmeier, A. (Hrsg.): Berufspädagogik in nationaler und internationaler Perspektive. Baden-Baden 1989,
S. 391–408

Gesamtmetall 1986: Gesamtverband der metallindustriellen Arbeitgeberverbände e. V. (Gesamtmetall) (Hrsg.): Neue Techniken und Arbeit – Empfehlungen an die Unternehmen der Metallindustrie. Köln 1986

Gesamtmetall 1992: Gesamtverband der metallindustriellen Arbeitgeberverbände e. V. (Gesamtmetall) (Hrsg.): Qualifizierung als Beitrag zur Zukunfts-
gestaltung der Unternehmen – Die Metall- und Elektroindustrie zur betrieblichen Weiterbildung. Köln: edition aggripa 1992

Glücksberg 1985: Glücksberg, K.: Das Unternehmen als lernendes System –
Pädagogische Konsequenzen für die betriebliche Bildungsarbeit. Klagenfurt
1985

Göbel, Schlaffke 1987: Göbel, U.; Schlaffke, W. (Hrsg.): Die Zukunftsformel:
Technik – Qualifikation – Kreativität. Köln 1987

Götz, Häfner 1992: Götz, K.; Häfner, P.: Computerunterstütztes Lernen in der
Aus- und Weiterbildung; Reihe: Neue Formen des Lernens im Betrieb 1.
Weinheim: Deutscher Studien Verlag 1992[3]

Greif 1983: Greif, S.: Konzepte der Organisationspsychologie – Eine Einführung in grundlegende theoretische Ansätze; Reihe: Schriften zur Arbeitspsychologie 38. Bern etc.: Huber 1983

Grün 1993: Grün, J.: Lean Production und Gruppenarbeit – Qualifizierung vor Ort. *In:* Personalführung 2.1993

Grünewald, Kohleheyer 1974: Grünewald, U.; Kohleheyer, K.: Lernorte in der beruflichen Bildung. *In:* Die deutsche Berufs- und Fachschule 1974, S. 266–267

Gudjons 1987: Gudjons, H.: Handlungsorientierung als methodisches Prinzip im Unterricht. *In:* Westermann Pädagogische Beiträge 39; 5.1987, S. 8–13

Hacker 1973: Hacker, W: Allgemeine Arbeits- und Ingenieurpsychologie. Berlin (DDR): VEB Deutscher Verlag der Wissenschaften 1973 [1980³]

Hacker 1974: Hacker, W.: Psychologische Grundlagen persönlichkeitsfördernder und produktivitätssteigernder Arbeitsgestaltung. *In:* Sozialistische Arbeitswissenschaft 18.1974, S. 447 ff.

Hacker 1986: Hacker, W: Arbeitspsychologie. Berlin (DDR): VEB Deutscher Verlag der Wissenschaften 1986

Hacker, Jilge 1993: Hacker, W.; Jilge, S.: Vergleich verschiedener Methoden zur Ermittlung von Handlungswissen. *In:* ZfAO 37; 2.1993, S. 64

Hacker, Skell 1993: Hacker, W.; Skell, W.: Lernen in der Arbeit. Berlin, Bonn: BIBB 1993

Häfeli et al. 1988: Häfeli, U.; Kraft, U.; Schallberger, U.: Berufsausbildung und Persönlichkeitsentwicklung – Eine Längsschnittstudie. Bern: Huber 1987

Halfpap 1983: Halfpap, K.: Dynamischer Handlungsunterricht – Ein handlungstheoretisches Didaktikmodell. Darmstadt 1983

Hartge 1993: Hartge, T.: Weniger Geld, aber wachsende Aufgaben für die Weiterbildung. *In:* Wirtschaft und Weiterbildung 6, 3.1993, S. 18–21

Heeg 1991: Heeg, J.: Moderne Arbeitsorganisation. München, Wien: Hanser 1991

Heidack 1987: Heidack, C.: Neue Lernorte in der beruflichen Weiterbildung. *In:* ders. (Hrsg.): Neue Lernorte in der beruflichen Weiterbildung. Berlin: Erich Schmidt Verlag 1987, S. 9–28

Heidack 1989: Heidack, C.: Kooperative Selbstqualifikation – die effektivste Form der Aus- und Weiterbildung im Betrieb. *In:* ders. (Hrsg.): Lernen der Zukunft – Kooperative Selbstqualifikation – die effektivste Form der Aus- und Weiterbildung im Betrieb. München 1989

Heidack 1991: Heidack, C.: Lernort Computer – Qualifikation mit Computer-Based-Training. Hochheim/Main: Neres 1991

Helbich et al.: 1992 Helbich, B.; Stauber, E.; Feske, P.: Kooperatives Lernen in Arbeitsstrukturen der Eisen- und Stahlindustrie. *In:* Dehnbostel, P.; Holz, H.; Novak, H. (Hrsg.): Lernen für die Zukunft durch verstärktes Lernen am Arbeitsplatz. Dezentrale Aus- und Weiterbildungskonzepte in der Praxis. Reihe: Berichte zur beruflichen Bildung 149. Berlin und Bonn 1992, S. 129–141

Helbich, Reppel 1994: Helbich, B.; Reppel, R.: Auf Entdeckungsreise im Lernfeld Arbeitsstruktur. *In:* bb, Heft 25, 2.1994, S. 23–29

Hentke 1989: Gegen die Rückkehr zur reinen Ausbildungspädagogik. *In:* Neue Deutsche Schule, 7.1989, S. 20–21 und 8.1989, S. 23–24

Herz et al. 1990: Herz, G.; Bauer, H. G.; Brater, M.; Vossen, K.: Der Arbeitsplatz als Lernfeld – ein innovatives Weiterbildungskonzept. *In:* BWP 3.1990, S. 10–14

Hiery 1992: Hiery, H.-J.: Berufliches Lernen am Arbeitsplatz – Investition in die Zukunft. *In:* arbeit und beruf 9.1992, S. 261–263

Himmelreich 1993: Himmelreich, F.-H.: Personalentwicklung als Wettbewerbsfaktor. *In:* Loebe, H.; Severing, E. (Hrsg.): Mitarbeiterpotentiale entwikkeln – Erfolgsfaktor für die Wettbewerbsfähigkeit der Unternehmen. München: bfz 1993, S. 29–36

Hoesch 1986: Hoesch Stahl AG (Hrsg.): Selbstlernsystem mit Hilfe des auftragsbezogenen Leittextes. Dortmund 1986

Hoff et al. 1982: Hoff, E.-H.; Lempert, W.; Lappe, L.: Sozialisationstheoretische Überlegungen zur Analyse von Arbeit, Betrieb und Beruf. *In:* Soziale Welt Jg. 33, 3/4.1982. Göttingen

Hoff et al. 1991: Hoff, E.-H.; Lempert, W.; Lappe, L.: Persönlichkeitsentwicklung in Facharbeiterbiographien. *In:* Ulrich, E. (Hrsg.): Schriften zur Arbeitspsycholgie Nr. 50. Bern, Stuttgart, Toronto: Huber 1991

Hohmann 1987: Hohmann, R.: Institutionalisierte Gruppenarbeit als pädagogische Strategie am Beispiel der Lernstatt. *In:* Heidack, C. (Hrsg.): Neue Lernorte in der beruflichen Weiterbildung. Berlin 1987, S. 45–62

Holz 1993: Holz, H.: Personalentwicklung und Qualifizierung – neue Modelle und Methoden. *In:* Loebe, H.; Severing, E. (Hrsg.): Mitarbeiterpotentiale entwickeln – Erfolgsfaktor für die Wettbewerbsfähigkeit der Unternehmen. München: bfz 1993, S. 127–140

Holzer 1990: Holzer, A.: Neue Wege der Aus- und Weiterbildung – Dezentrales Lernen. *In:* Kailer, N. (Hrsg.): Neue Ansätze der betrieblichen Weiterbildung in Österreich, Bd. II: Neue Organisationsformen des Lehrens und Lernens. Wien: ibw 1990[3], S. 17–26

Hommes 1987: Hommes, H.: Lernort/Lernstatt: Eine kritische Darstellung der Chancen und Probleme betrieblichen Lernens. *In:* Heidack, C. (Hrsg.): Neue Lernorte in der beruflichen Weiterbildung. Berlin 1987, S. 39 ff.

Höpfner 1991: Höpfner, H.-D.: Entwicklung selbständigen Handelns in der beruflichen Aus- und Weiterbildung. *In:* BIBB (Hrsg.): Berichte zur beruflichen Bildung 142. Berlin, Bonn: BIBB 1991

Höpfner 1992: Höpfner, H.-D.: Ein didaktisches Modell zur Entwicklung selbständigen Handelns. *In:* ZBW, Bd. 88, Heft 5.1992, S. 379–392

Hoyos 1974: Hoyos, C. Graf: Arbeitspsychologie. Stuttgart etc.: Kohlhammer 1974

Huisken 1992 a: Huisken, F.: Weder für die Schule noch fürs Leben – Kritik der Erziehung, Teil 2. Hamburg: VSA 1992

Huisken 1992 b: Huisken, F.: Berufliche Aus- und Weiterbildung, oder: Über das Pech, auf die lebenslange Verknüpfung von Qualifikation und Einkommen angewiesen zu sein. *In:* Giger, H.: Bildungspolitik im Umbruch. Zürich 1992

IW 1990: Institut der deutschen Wirtschaft (Hrsg.): Forschungsstand und Forschungsperspektiven im Bereich betrieblicher Weiterbildung – aus betrieblicher Sicht. *In:* Bundesministerium für Bildung und Wissenschaft (Hrsg.): Betriebliche Weiterbildung. Bonn 1990

Kailer 1990: Kailer, N.: Möglichkeiten der Kooperation zwischen Weiterbildungsinstitutionen und Unternehmen. *In:* ders. (Hrsg.): Neue Ansätze der betrieblichen Weiterbildung in Österreich, Bd. II: Neue Organisationsformen des Lehrens und Lernens. Wien: ibw 19903, S. 127–160

Kailer, Scheff 1993: Kailer, N.; Scheff, J.: Personalentwicklung und Weiterbildung in österreichischen Unternehmungen – Erste Ergebnisse. Wien, Graz: ibw 1993 [Typoskript]

Katzlinger-Felhofer 1992: Katzlinger-Felhofer, E.: Endbenutzerwerkzeuge und berufsbezogene Aus- und Weiterbildung. Wien: VWGÖ 1992

Kell 1989: Kell, A.: Berufspädagogische Überlegungen zu den Beziehungen zwischen Lernen und Arbeiten. *In:* Kell, A.; Lipsmeier, A.: Lernen und Arbeiten (Beiheft 8 zur ZBW). Stuttgart: Steiner 1989, S. 9–25

Kern, Schumann 1970: Kern, H.; Schumann, M.: Industriearbeit und Arbeiterbewußtsein. Frankfurt a. M.: EVA 1970

Kern, Schumann 1984: Kern, H.; Schumann, M.: Das Ende der Arbeitsteilung. München: Beck 1984

Klein 1992: Klein, R.: Zum Stand ›neugeordneter‹ Berufsausbildung in Klein- und Mittelbetrieben – Chancen und Grenzen handlungsorientierter Konzepte. *In:* Qualifizierungszentrum Rheinhausen et al. (Hrsg): Berufsbildung zwischen Stillstand und Fortschritt – handlungsorientierte Konzepte der Aus- und Weiterbildung auf dem Prüfstand von Theorie und Praxis. Bochum: E.i. S. 1992, S. 98–105

Kleinschmitt 1984: Kleinschmitt, M.: Ausbilden am Arbeitsplatz. *In:* BWP 13.1984, S. 50-54

Kloas 1991: Kloas, P.-W.: Einarbeitung als Qualifizierungsphase – Bindeglied zwischen Ausbildung und institutionalisierter Weiterbildung. *In:* MittAB 2.1991, S. 333–343

Kloas et al. 1990: Kloas, P.-W.; Schöngen, K.; Spree, B.: Berufseinmündung und Weiterbildung in den ersten Berufsjahren. *In:* LfB 3.1990, S. 39–43

Kloas, Puhlmann 1991: Kloas, P. W.; Puhlmann, A.: Arbeit qualifiziert – aber nicht jede; Reihe: Berichte zur beruflichen Bildung, Heft 132. Berlin, Bonn: BIBB 1991

Kloas, Puhlmann 1992: Kloas, P. W.; Puhlmann, A.: Qualifizierung in den ersten Berufsjahren – Zur Bedeutung des Lernfelds »Arbeitsplatz« für junge Fachkräfte. *In:* Dehnbostel, P.; Holz, H.; Novak, H.: Lernen für die Zukunft durch verstärktes Lernen am Arbeitsplatz. Dezentrale Aus- und Weiterbildungskonzepte in der Praxis. Berlin: BIBB 1992, S. 303–318

Koch, C. 1992 Koch, C.: Muß ein Mensch denn alles können. *In:* Muß ein Mensch denn alles können – Schlüsselqualifikationen: eine Bestandsaufnahme von (berufspädagogischer) Theorie und (betrieblicher) Praxis. Berlin, Bonn: BIBB 1992, S. 21–117

Koch, J. 1984: Koch, J.: Leittextmethode in der betrieblichen Berufsausbildung. *In:* Betriebliche Ausbildungspraxis 30.1984, S. 25–27

Koch, J. 1992 a: Koch, J.: Aspekte zum Thema: Handlungsorientiertes Lernen in der beruflichen Weiterbildung. *In:* Qualifizierungszentrum Rheinhausen et al. (Hrsg): Berufsbildung zwischen Stillstand und Fortschritt – handlungsorientierte Konzepte der Aus- und Weiterbildung auf dem Prüfstand von Theorie und Praxis. Bochum: E.i. S. 1992, S. 80–82

Koch, J. 1992 b: Koch, J.: Ansichten, Einsichten und Mißverständnisse in der Ausbildung mit Leittexten. *In:* BWP 3.1992, S. 29–32

Koch, J. 1992 c: Koch, J.: Lernen am Arbeitsplatz durch Erkunden und Präsentieren, EUROTECNET-Kongreßvortrag 23.01.1992 in Dresden [zitiert nach: Severing, Worschech 1992]

Koch, R. 1987: Koch, R.: Weiterbildung in Zusammenhang mit der technischen Modernisierung der Arbeitswelt. *In:* IAB (Hrsg.): Neue Technologien – Verbreitungsgrad, Qualifikation und Arbeitsbedingungen; Analysen aus der BIBB/IAB-Erhebung 1985/86; Reihe: Beiträge zur Arbeitsmarkt- und Berufsforschung 118. Nürnberg 1987, S. 149–248

Korte 1993: Korte, G.: Erfahrungsgestütztes Lernen – Qualifizierung älterer Facharbeiter in CNC und SPS. *In:* Paulsen, B., Worschech, F. (Hrsg.): Arbeitsorientierte Weiterbildung für KMU. Brüssel: Eurotecnet 1993, S. 133–142

Kösel 1991: Kösel, E.: Wie können wir Schlüsselqualifikationen vermitteln. *In:* Dehnbostel, P.; Peters, S.: Dezentrales und erfahrungsorientiertes Lernen im Betrieb. Alsbach/Bergstr.: Leuchtturm 1991, S. 161–180

Kraak 1992: Kraak, R.: Auch der kleine Betrieb braucht die Weiterbildung»am Arbeitsplatz« – Übergreifende Erfahrungen aus der Weiterbildung für Klein- und Mittelbetriebe für die wirtschaftliche Nutzung neuer Technologien. *In:* Dehnbostel, P. et al. (Hrsg.): Neue Technologien und berufliche Bildung – Modellhafte Entwicklungen und theoretische Erkenntnisse; Reihe: Berichte zur beruflichen Bildung 151, Berlin: BIBB 1992, S. 98–118

Kruse et al. 1989: Kruse, W.; Kühnlein, G.; Paul-Hohlhoff, A.; Straub, J.: Berufsausbildung im Wandel – Neue Aufgaben für die Berufsschule. Frankfurt: Max-Traeger-Stiftung 1989, S. 143 ff.

Küchler 1981: Küchler, I.: Theorie und Praxis der Qualitätszirkel. Köln 1981

Kuratorium 1981: Kuratorium der Deutschen Wirtschaft für Berufsbildung (Hrsg.): Zur Zukunft der beruflichen Bildung. Bonn 1981, S. 11–13

Kuwan 1992: Kuwan, H.: Einstellungen zur Weiterbildung. *In:* BMBW(Hrsg.): Bildung Wissenschaft Aktuell 1.92. Bonn 1992

Kuwan et al. 1991: Kuwan, H.; Gnahs, D.; Seusing, B.: Weiterbildungsstatistik in Deutschland – Ausgangslage und zukünftige Anforderungen. *In:* MittAB 2.1991, S. 277–290

Lange 1990: Lange, A.: Formen der betrieblichen Weiterbildung. *In:* Grundlagen der Weiterbildung – Praxishilfen. Neuwied 1990 [Register 4.50.50]

Lappe 1981: Lappe, L.: Die Arbeitssituation erwerbstätiger Frauen – Geschlechtsspezifische Arbeitsmarktsegmentation und ihre Folgen. Frankfurt a. M., New York: Campus 1981

Lappe 1992: Lappe, L.: Handlungstheoretische Grundlagen des Lernens in der Arbeit. *In:* Qualifizierungszentrum Rheinhausen et al. (Hrsg): Berufsbildung zwischen Stillstand und Fortschritt – handlungsorientierte Konzepte der Aus- und Weiterbildung auf dem Prüfstand von Theorie und Praxis. Bochum: E.i. S. 1992

Laur-Ernst 1984: Laur-Ernst, U.: Entwicklung beruflicher Handlungsfähigkeit – theoretische Analyse und praktische Konsequenzen für die Berufsbildung. Frankfurt a. M.: Lang 1984

Lellmann 1993: Lellmann, D.: Europäische Perspektiven der beruflichen Weiterbildung aus Sicht der Bundesregierung. *In:* Paulsen, B.; Worschech, F.: Arbeitsorientierte Weiterbildung für KMU – Strategien, Konzepte, Methoden. Brüssel: EUROTECNET 1993, S. 69–75

Lemke 1989: Lemke, I. G.: Ausbildungsmethoden und Ausbildungsorganisation vor dem Hintergrund neuer Anforderungen. *In:* Schmidt-Hackenberg, B.; Höpke, I.; Lemke, I. G.; Pampus, K.; Weissker, D. (Hrsg.): Neue Ausbildungsmethoden in der betrieblichen Berufsausbildung – Ergebnisse aus Modellversuchen; Reihe: Berichte zur beruflichen Bildung 107. Berlin, Bonn: BIBB 1989

Lempert 1990: Lempert, W.: »Weiße Felder« in der Berufsbildungsforschung. *In:* BIBB (Hrsg.): Festschrift – 20 Jahre Bundesinstitut für Berufsbildung. Berlin, Bonn: BIBB 1990, S. 253–259

Lenske 1988: Lenske, W.: Einleitung, zu: ders. (Hrsg.): Qualified in Germany. Ein Standortvorteil für die Bundesrepublik Deutschland. Köln 1988

Liebau 1987: Liebau, E.: Gesellschaftliches Subjekt und Erziehung – zum pädagogischen Beitrag der Sozialisationstheorien von Pierre Bourdieu und Ulrich Oevermann. Weinheim, München: Juventa 1987

Lipsmeier 1982: Lipsmeier, A.: Historische und aktuelle Beispiele der Verbindung von Arbeiten und Lernen. *In:* Biermann, H. et al. (Hrsg.): Berufsbildungsreform als politische und pädagogische Verpflichtung. Velber 1982, S. 299–313

Lipsmeier 1984: Lipsmeier, A.: Berufliches Lernen unter den Bedingungen von Arbeitslosigkeit und neuen Technologien. *In:* ZfBW, Beiheft 5.1984, S. 4–13

Lipsmeier 1989: Lipsmeier, A.: Möglichkeiten und Probleme einer Kooperation in der Berufsbildungsforschung zwischen BIBB und Universitäten. *In:* BWP 7.1989, S. 19–26

Loeber 1992: Loeber, H.-D.: Beruf, Arbeitssituation und Weiterbildung (Dissertation). Oldenburg 1982

Lutz 1987: Lutz, T.: Lernort Computer. *In:* Heidack, C. (Hrsg.): Neue Lernorte in der beruflichen Weiterbildung. Berlin: Erich Schmidt Verlag 1987, S. 77–87

Lutz 1991: Lutz, B.: Herausforderungen an eine zukunftsorientierte Berufsbildungspolitik. *In:* BIBB (Hrsg.): Die Rolle der beruflichen Bildung und Berufsbildungsforschung im internationalen Vergleich. Berlin, Bonn 1991, S. 27–36

Markert 1985: Markert, W.: Die Lernstatt – ein Modell zur beruflichen Qualifizierung von Ausländern am Beispiel der BMWAG. Berichte zur beruflichen Bildung 79. Berlin, Bonn: BIBB 1985

Marx 1890: Marx, K.: Das Kapital – Kritik der politischen Ökonomie, Band I (MEW23). Berlin (DDR): Dietz 1972

Maschmeyer 1989: Maschmeyer, M.: Soziale und wirtschaftliche Aspekte des Wandels betrieblicher Weiterbildung mittelständischer Unternehmen aus Anlaß neuer Technologien (Dissertation). Hamburg 1989

Meerten 1992: Meerten, E.: Handlungsbezogene Lernsystematisierung in der Projektausbildung – Ergebnisse aus dem Modellversuch »LOLA« bei der Telekom. *In:* BWP 4.1992, S. 34–39

Menck 1989: Menck, P.: Arbeit und Bildung – Historisch-systematische Erörterung zu ihrem Verhältnis. *In:* Kell, A.; Lipsmeier, A.: Lernen und Arbeiten (Beiheft 8 zur ZBW). Stuttgart: Steiner 1989, S. 26–33

Mertens 1974: Mertens, D.: Schlüsselqualifikationen – Überlegungen zu ihrer Identifizierung im Erst- und Weiterbildungssystem. *In:* Faltin, G.; Herz, O. (Hrsg.): Berufsforschung und Hochschuldidaktik I – Sondierung des Problems. Blickpunkt Hochschuldidaktik 32. Hamburg 1974, S. 204–230

Mertens 1988: Mertens, D.: Das Instrument der Schlüsselqualifikation als Flexibilitätsinstrument. *In:* Literatur- und Forschungsreport Weiterbildung 22.1988, S. 33–46

Meyer-Dohm 1991 a: Meyer-Dohm, P.: Bildungsarbeit im lernenden Unternehmen. *In:* Meyer-Dohm, P.; Schneider, P. (Hrsg.): Berufliche Bildung im lernenden Unternehmen – Neue Wege zur beruflichen Qualifizierung. Stuttgart, Dresden 1991, S. 19–31

Meyer-Dohm 1991 b: Meyer-Dohm, P.: Lernen im Unternehmen – Vom Stellenwert betrieblicher Bildungsarbeit. *In:* Meyer-Dohm, P.; Schneider, P. (Hrsg.): Berufliche Bildung im lernenden Unternehmen – Neue Wege zur beruflichen Qualifizierung. Stuttgart, Dresden 1991, S. 195–211

Mickler et al. 1976: Mickler, O.; Dittrich, E., Neumann, U.: Technik, Arbeitsorganisation und Arbeit – eine empirische Analyse in der automatisierten Produktion. Frankfurt: Aspekte-Verlag 1976

Mickler et al. 1977: Mickler, O.; Mohr, W.; Kadritzke, U.: Produktion und Qualifikation; Bericht über die Hauptstudie im Rahmen der Untersuchung von Planungsprozessen im System der beruflichen Bildung – eine empirische Studie zur Entwicklung von Qualifikationsanforderungen in der industriellen Produktion und deren Ursachen (Teile I und II). Göttingen: SOFI 1977

Middendorf 1991: Middendorf, W.: Anmerkungen zum Wert von Schlüsselqualifikationen in der beruflichen Bildung. *In:* ZBW2.1991, S. 152–155

Miller et al. 1960: Miller, G. A.; Galanter, E.; Pribram, K. H.: Plans and the structure of behavior. New York: Holt, Rinehart & Winston 1960

Mintken 1990: Mintken, K. H.: Lernwirksame Gestaltung von Leittexten. *In:* BWP 19, 4.1990, S. 23–29

Moldaschl 1991: Moldaschl, M.: Frauenarbeit oder Facharbeit? Montagerationalisierung in der Elektronikindustrie (Teil II). Frankfurt a. M., New York 1991

Moldaschl 1993: Moldaschl, M.: Frauenarbeit als Bastion des Taylorismus – keine Chancen für Qualifizierungsoffensiven in der Montage? *In:* Paulsen, B.; Worschech, F. (Hrsg.): Arbeitsorientierte Weiterbildung für KMU. Brüssel: Eurotecnet 1993, S. 365–390

Moldaschl, Weber 1986: Moldaschl, M.; Weber, W.: Prospektive Arbeitsplatzbewertung an flexiblen Fertigungssystemen. Berlin: TU, Institut für Kommunikationstherapie 1986

Müller 1992: Müller, K.: Lernen am Arbeitsplatz in der Aus- und Weiterbildung – Der Arbeitsplatz als Bildungsstätte. *In:* Kuratorium der Deutschen Wirtschaft für Berufsbildung (Hrsg.): Lernen am Arbeitsplatz. Köln 1992, S. 16–18

Müllges 1967: Müllges, U.: Bildung und Berufsbildung. Ratingen: Henn Verlag 1967

Münch 1977: Münch, J.: Pluralität der Lernorte – Vorüberlegungen zu einer Theorie. *In:* ders. (Hrsg.): Lernen – aber wo? Der Lernort als pädagogisches und lernorganisatorisches Problem. Trier 1977, S. 76–110

Münch 1985: Münch, J.: Lernorte und Lernortkombinationen – Begriffliche und theoretische Vorklärungen. *In:* CEDEFOP (Hrsg.): Lernorte und Lernortkombinationen im internationalen Vergleich. Berlin 1985, S. 23–38

Münch 1990: Münch, J.: Lernen am Arbeitsplatz – Bedeutung innerhalb der betrieblichen Weiterbildung. *In:* Schlaffke, W.; Weiß, R.: Tendenzen betrieblicher Weiterbildung. Köln: Dt. Inst.-Verl. 1990. S. 141–176

Münch et al. 1981: Münch, J.; Müller, H.-J.; Oesterle, H.; Scholz, F.: Interdependenzen von Lernort-Kombinationen und Output-Qualitäten betrieblicher Berufsausbildung in ausgewählten Berufen. Berlin 1981

Münch, Kath 1973: Münch, J.; Kath, F. M.: Zur Phänomenologie und Theorie des Arbeitsplatzes als Lernort. *In:* Zeitschrift für Berufsbildung 1.1973, S. 19–30

Neubert 1991: Neubert, R.: Lernen am Arbeitsplatz im System der Berufsausbildung der ehemaligen DDR. *In:* Dehnbostel, P.; Peters, S.: Dezentrales und erfahrungsorientiertes Lernen im Betrieb. Alsbach/Bergstr.: Leuchtturm 1991, S. 65–85

Neumann 1992: Neumann, E.: Anmerkungen zur Entwicklung handlungsorientierter Ansätze in der beruflichen Erstausbildung. *In:* Qualifizierungszentrum Rheinhausen et al. (Hrsg): Berufsbildung zwischen Stillstand und Fortschritt – handlungsorientierte Konzepte der Aus- und Weiterbildung auf dem Prüfstand von Theorie und Praxis. Bochum: E.i. S. 1992

Novak 1992: Novak, H.: Systematisierung und Strukturierung von Erfahrungswissen an Gruppenarbeitsplätzen in der Fertigung. *In:* Dehnbostel, P.; Holz, H.; Novak, H. (Hrsg.): Lernen für die Zukunft durch verstärktes Lernen am

Arbeitsplatz. Dezentrale Aus- und Weiterbildungskonzepte in der Praxis. Reihe: Berichte zur beruflichen Bildung 149. Berlin und Bonn 1992, S. 204–221

Nuissl 1991: Nuissl, E.: Lernorte in der Erwachsenenbildung. *In:* Nuissl, E.; Siebert, H.; Weinberg, J.; Tietgens, H. (Hrsg.): Literatur- und Forschungsreport Weiterbildung Nr. 27, Juni 1991, S. 11–14

Nyhan 1989: Nyhan, B.: The importance of self-learning-competency in reaping the benefits of CIM. Maastricht 1989

Nyhan 1991 a: Nyhan, B.: Developing peoples ability to learn, Brüssel: EUROTECNET 1991

Nyhan 1991 b: Nyhan, B.: Die EUROTECNET-Forschung auf dem Gebiet des Selbststudiums und der innovativen Bildungsmethoden. *In:* Innovative Ansätze der Berufsbildung und erweiterte Berufsanforderungen. Monographie der EUROTECNET-Konferenz in Luxemburg. Brüssel 1991

Oesterreich 1981: Oesterreich, R.: Handlungsregulation und Kontrolle. München 1981

Ohm, Treek 1990: Ohm, C.; Treeck, W.: Arbeits- und organisationswissenschaftliche Aspekte des Einsatzes von Lernsoftware. *In:* Zimmer, G. (Hrsg.): Interaktive Medien für die Aus- und Weiterbildung; Marktübersicht, Analysen, Anwendung; Reihe Multimediales Lernen in der Berufsbildung, Bd. 1. Nürnberg 1990, S. 93–101

Ortleb 1993: Ortleb, R. (Bundesminister für Bildung und Wissenschaft): Referat zur Eröffnung der Fachtagung »Das lernende Unternehmen« am 06.05.1993 in München, zitiert nach: QUEM 6.1993, S. 2

Pampus 1987: Pampus, K.: Ansätze zur Weiterentwicklung betrieblicher Ausbildungsmethoden. *In:* BWP 2.1987, S. 43–51

Pampus 1990: Pampus, K.: Modellversuche im beruflichen Bildungsbereich. *In:* Festschrift: 20 Jahre Bundesinstitut für Berufsbildung. Berlin, Bonn: BIBB 1990, S. 227–245

Pätzold 1990: Pätzold, G.: Lernortkooperation – Impulse für die Zusammenarbeit in der beruflichen Bildung. Heidelberg: Sauer 1990

Pätzold 1992: Pätzold, G.: Handlungsorientierung in der beruflichen Bildung – Zur Begründung und Realisierung. *In:* ders. (Hrsg.): Handlungsorientierung in der beruflichen Bildung, Frankfurt a. M.: G.A.F.B. 1992, S. 9–28

Pätzold 1993: Pätzold, G.: Lernort Arbeitsplatz – Voraussetzungen und Konsequenzen aus pädagogischer Perspektive. *In:* Kuratorium der Deutschen Wirtschaft für Berufsbildung (Hrsg.): Lernen am Arbeitsplatz. Köln 1992, S. 32–41

Pätzold et al. 1993: Pätzold, G.; Drees, G.; Thiele, H.: Lernortkooperation – Begründungen, Einstellungen, Perspektiven. *In:* BWP 2.1993, S. 24–32

Paulsen 1991: Paulsen, B.: Arbeitsorientiertes Lernen im Weiterbildungsverbund. *In:* BWP 1.1991, S. 31 ff.

Peters 1990: Peters, S.: Lernstattkonzepte als methodischer Ansatz der betrieblichen Weiterbildung. *In:* Herzer, H.; Dybowski, G.; Bauer, H.G. (Hrsg): Methoden betrieblicher Weiterbildung. Eschborn 1990, S. 10 ff.

Peters 1991: Peters, S.: Erfahrungslernen – ein Modebegriff für die Verknüpfung von neuen Methoden und Zielen in der beruflichen Weiterbildung. *In:* Dehnbostel, P.; Peters, S.: Dezentrales und erfahrungsorientiertes Lernen im Betrieb. Alsbach/Bergstr.: Leuchtturm 1991, S. 21–34

Peters et al. 1990: Peters, S.; Weddig, D.; Lohberg, M.: Qualifizieren – Beteiligen – Gestalten: Interessenperspektiven der Beschäftigten in einer betrieblichen Lernstatt. *In:* ZfBW 86, 4.1990, S. 346 ff.

Pieper, Strötgen 1990: Pieper, A.; Strötgen, J.: Produktive Arbeitsorganisation – Handbuch für die Betriebspraxis. Köln: Dt. Inst.-Verl. 1990

QUEM 1993: Kuratorium der Arbeitsgemeinschaft QUEM: Thesen zur Transformation der Qualifikations- und Sozialisationspotentiale von Erwerbstätigen in den neuen Bundesländern. *In:* QUEM 6.93, S. 3–6

Retz 1989: Reetz, L.: Zum Konzept der Schlüsselqualifikation in der Berufsausbildung – Begründung und Legitimation eines pädagogischen Konzeptes. *In:* BWP, Heft 5.1989, S. 3–10 (Teil I) und BWP 6.1989, S. 24–30 (Teil II)

REFA 1975: REFA – Verband für Arbeitsstudien und Betriebsorganisation e. V. (Hrsg.); Bunk, G. P.: Methodenlehre des Arbeitsstudiums, Teil 6: Arbeitsunterweisung. München 1975

REFA 1991: REFA – Verband für Arbeitsstudien und Betriebsorganisation e. V. (Hrsg.): Arbeitspädagogik (Methodenlehre der Betriebsorganisation). München 1991

Resch 1988: Resch, M.: Die Handlungsregulation geistiger Arbeit. Bern, Stuttgart, Toronto: Huber 1991

Rosenstiel 1987: Rosenstiel, L. von: Grundlagen der Organisationspsychologie – Basiswissen und Anwendungshinweise. Stuttgart etc.: Kohlhammer 1987²

Rubinstein 1964: Rubinstein, S. L.: Sein und Bewußtsein. Berlin (DDR): Akademie-Verlag 1964

Rühle et al. 1980: Rühle, R.; Mattern, B.; Skell, B.: Training kognitiver Regulationsgrundlagen. *In:* Hacker, W.; Raum, B. (Hrsg.): Optimierung von kognitiven Arbeitsanforderungen. Berlin (DDR): VEB Deutscher Verlag der Wissenschaften 1980

Sachverständigenkommission 1974: Sachverständigenkommission Kosten und Finanzierung der beruflichen Bildung (Hrsg.): Kosten und Finanzierung der außerschulischen beruflichen Bildung (Abschlußbericht). Bielefeld 1974

Sattelberger 1992: Sattelberger, T.: Lernen auf dem Weg zur Lernenden Organisation. *In:* Geißler, H. (Hrsg.): Neue Qualitäten betrieblichen Lernens. Frankfurt a. M. etc. 1992, S. 61 ff.

Schelten 1991 a: Schelten, A.: Grundlagen der Arbeitspädagogik. Stuttgart: Steiner 1991²

Schelten 1991 b: Schelten, A.: Methodische Veränderungen der Ausbildung im Betrieb und in der Berufsschule. *In:* Gewerkschaftliche Bildungspolitik 4.1991, S. 94

Scherer 1989: Scherer, L. M.: Ermittlung von Qualifikationsdefiziten in Klein- und Mittelbetrieben. Kaiserslautern 1989

Schlaffke 1992: Schlaffke, W.: Arbeitsorientiertes Lernen – Lernorientiertes Arbeiten – Lernförderlichkeit von Arbeitssystemen. *In:* Arbeitsgemeinschaft betrieblicher Weiterbildungsforschung e. V. (Hrsg.): Perspektiven beruflich-betrieblicher Weiterbildungsforschung. Hochheim: Neres 1992

Schlaffke, Weiß 1991: Schlaffke, W.; Weiß, R.: Lernförderung am Arbeitsplatz. *In:* Wirtschaft und Berufserziehung 5.1991, S. 134–141

Schlottau 1992: Schlottau, W.: Ausbilden und Lernen am Arbeitsplatz – ein Entwicklungsprozeß; Ziele und Aktivitäten des Arbeitskreises »Dezentrales Lernen«. *In:* BWP 4.1992, S. 40 ff.

Schlund 1991: Schlund, M.: Erfolgsfaktor Teamqualifizierung. Köln: TÜV Rheinland 1991

Schmidt 1992 a: Schmidt, H.: Einleitung zu: Dehnbostel, P.; Holz, H.; Novak, H. (Hrsg.): Lernen für die Zukunft durch verstärktes Lernen am Arbeitsplatz. Dezentrale Aus- und Weiterbildungskonzepte in der Praxis. Reihe: Berichte zur beruflichen Bildung, Heft 149. Berlin und Bonn 1992, S. 7 ff.

Schmidt 1992 b: Schmidt, H.: Duales System in Not: Die Berufsschule baut ab. *In:* BWP 5.1992, S. 1

Schmidt, Severing, Stahl 1991: Schmidt, H.; Severing, E.; Stahl, T.: Arbeitsplatznahe Qualifizierung von un- und angelernten Arbeitskräften in kleinen und mittleren Betrieben unter Einbezug computergestützter Lernmedien. *In:* BWP 5.91, S. 20–25

Schmidt-Hockenberg et al. 1989: Schmidt-Hockenberg, B. et al.: Neue Ausbildungsmethoden in der betrieblichen Berufsausbildung – Ergebnisse aus Modellversuchen; Reihe: Berichte zur beruflichen Bildung 107. Berlin, Bonn: BIBB 1989

Schmiel 1976: Schmiel, M.: Berufspädagogik – Teil I: Grundlagen; Teil III: Berufliche Weiterbildung. Trier: Spee 1976

Schmiel 1990: Schmiel, M.: Lernverhalten und Lernförderung von Erwachsenen in der betrieblichen Weiterbildung. *In:* Schlaffke, W.; Weiß, R.: Tendenzen betrieblicher Weiterbildung. Köln: Dt. Inst.-Verl. 1990, S. 100–140

Schnauber, Zülch 1989: Schnauber, H.; Zülch, J.: Technische Umgestaltung in der Fertigung und Qualifizierung des Personals. *In:* Kell, A.; Lipsmeier, A.: Lernen und Arbeiten (Beiheft 8 zur ZBW). Stuttgart: Steiner 1989, S. 89–102

Schneider 1986: Schneider, P. J.: Mit Leittexten die kaufmännische Berufsausbildung wirksamer gestalten. *In:* TIBB 2.1986, S. 50–56

Schneider 1991: Schneider, P. J.: Selbstqualifizierung und Selbstorganisation: Zwei Leitideen einer neuen Berufsbildung. *In:* Meyer-Dohm, P.; Schneider, P. (Hrsg.): Berufliche Bildung im lernenden Unternehmen – neue Wege zur beruflichen Qualifizierung. Stuttgart, Dresden 1991, S. 45–71

Schnitzler 1993: Schnitzler, L.: Weiterbildung auf eigene Faust – Neue Lerntechniken bringen die betriebliche Bildung zurück an den Arbeitsplatz. *In:* Wirtschaftswoche 12 vom 19.03.1993, S. 58–60

Schulz 1991: Schulz, H.-D.: Zur didaktischen Entfaltung eines Lern- und Ausbildungskonzepts Handlungslernen. *In:* Hoppe, M. (Hrsg.): Versorgungstechnik und Berufsausbildung – Entwicklungen. Reihe: Tagungen und Expertengespräche zur beruflichen Bildung, Heft 17. Berlin: BIBB 1991, S. 101–126

Schurer 1984: Schurer, B.: Gegenstand und Struktur der Lernhandlung. Bergisch Gladbach: Thomas Holbein 1984

Selka 1992: Reinhard Selka: Neue Methoden in der betrieblichen Weiterbildung; EUROTECNET-Kongreßvortrag 23.01.1992 in Dresden

Senatskommission 1990: DFG-Senatskommission für Berufsbildungsforschung (Hrsg.): Berufsbildungsforschung an den Hochschulen in der Bundesrepublik Deutschland: Situation, Hauptaufgaben, Förderungsbedarf. Weinheim 1990

Severing 1993 a: Severing, E.: Qualifizierung von An- und Ungelernten – ausgerechnet mit computergestützten Lernmedien?. *In:* Bundesinstitut für Berufsbildung (Hrsg.): Multimediales Lernen in neuen Qualifizierungsstrategien – Entwicklungstendenzen und Lösungswege. Nürnberg: BW 1993, S. 81–85

Severing 1993 b: Severing, E.: Zum Verhältnis von Weiterbildungträgern und Unternehmen. *In:* Kailer, N.; Regner, H. (Hrsg.): Neue Wettbewerbsfaktoren in der Weiterbildung. Wien: Linde 1993, S. 125–137

Severing 1993 c: Severing, E.: Es fehlen Weiterbildungsangebote für ältere Arbeitnehmer aus der Industrie. *In:* BWP 04.93, S. 18–22

Severing 1994: Severing, E.: Funktionen externer Bildungsberatung für die Bildungsplanung in kleinen und mittleren Unternehmen. *In:* Stahl, T.; Stölzl, M. (Hrsg.): Bildungsmarketing im Spannungsfeld von Organisationsentwicklung und Personalentwicklung. Bielefeld: W. Bertelsmann 1994, S. 229–238

Severing, Worschech 1992: Severing, E.; Worschech, F.: Berufliche Weiterbildung in den neuen deutschen Bundesländern. Brüssel: EUROTECNET 1992

Siehlmann et al. 1991: Siehlmann, G.; Debener, S.; Ross, D.: Gutachten: Lernorientiertes Arbeiten – Arbeitsorientiertes Lernen, Frankfurt a. M.: Bildungswerk der Hessischen Wirtschaft e. V. 1991

Siemsen 1926: Siemsen, A.: Beruf und Erziehung. Berlin 1926

Skell 1972: Skell, W.: *Analyse von Denkleistungen bei der Planung und praktischen Durchführung von Produktionsarbeiten in der Berufsausbildung. In:* Skell, W. (Hrsg.): Psychologische Analysen von Denkleistungen in der Produktion. Berlin (DDR): VEB Deutscher Verlag der Wissenschaften 1972, S. 13 ff.

Skell 1992: Skell, W.: Methoden handlungsorientierten Lernens. *In:* Qualifizierungszentrum Rheinhausen et al. (Hrsg): Berufsbildung zwischen Stillstand und Fortschritt – handlungsorientierte Konzepte der Aus- und Weiterbildung auf dem Prüfstand von Theorie und Praxis. Bochum: E.i. S. 1992, S. 47–58

Skell 1993: Skell, W.: Psychische Handlungsregulation – Ein Theoriekonzept für berufliches Lernen. *In:* Paulsen, B.; Worschech, F.: Arbeitsorientierte Weiterbildung für KMU – Strategien, Konzepte, Methoden. Brüssel: EURO-TECNET 1993, S. 259–267

Sloane, Twardy 1990: Sloane, P. F.; Twardy, M.: Zur Gestaltung von Berufsbildungswirklichkeit durch Modellversuchsforschung. *In:* Festschrift: 20 Jahre Bundesinstitut für Berufsbildung. Berlin, Bonn: BIBB 1990, S. 209–225

Sommer 1990 Sommer, K.-H.: Betriebspädagogik als konkretes Tun und wissenschaftliches Bemühen. *In:* ders. (Hrsg.): Betriebspädagogik in Theorie und Praxis. Esslingen: Deugro 1990, S. 15–23

Sonntag 1985: Sonntag, K.: Qualifikationsanforderungen im Werkzeugmaschinenbereich. *In:* ders. (Hrsg.): Neue Produktionstechniken und qualifizierte Arbeit. Köln 1985, S. 87 ff.

Sonntag 1992: Sonntag, K.: Zum Wirkungszusammenhang von Technik, Arbeitsorganisation und Qualifikation – Implikationen für die Berufsbildungsforschung. *In:* Dehnbostel, P. u. a. (Hrsg.): Neue Technologien und berufliche Bildung. Modellhafte Entwicklungen und theoretische Erkenntnisse; Reihe: Berichte zur beruflichen Bildung 151. Berlin, Bonn: BIBB 1992

Stahl 1984: Stahl, T.: Betriebssoziologie und Moral. Frankfurt a. M., New York: Campus 1984

Stahl 1991: Stahl, T.: Bildungsmarketing und Neue Technologien in Klein- und Mittelbetrieben. *In:* BIBB (Hrsg.): Materialien zur beruflichen Bildung Erwachsener 5.1991. Berlin: BIBB 1991

Stahl 1993: Stahl, T.: Zum Stand der Personalentwicklung in kleinen und mittleren Unternehmen – Empirische Befunde zur Situation und zur Entwicklungsdynamik bei kleinen und mittleren Unternehmen. *In:* Berufliche Fortbildungszentren der Bayerischen Arbeitgeberverbände e. V. (Hrsg.): Bildungsmarketing für kleine und mittlere Betriebe. München: bfz 1993, S. 105–147

Stahl et al. 1993: Stahl, T.; Nyhan, B.; D›Aloja, P.: The Learning Organisation – A Vision for Human Resource Development. Brüssel: EUROTECNET 1993

Staudt 1987: Staudt, E: Bestimmungsfaktoren betrieblicher Personalpolitik. *In:* Staudt, E.; Emmerich, K.: Betriebliche Personalentwicklung und Arbeitsmarkt, Beitr. AB 103, Nürnberg 1987, S. 1 ff.

Staudt 1990: Staudt, E.: Defizitanalyse betrieblicher Weiterbildung. *In:* Schlaffke, W.; Weiß, R. (Hrsg.): Tendenzen betrieblicher Weiterbildung. Köln: Dt. Inst.-Verlag 1990, S. 36–78

Stexkes, Bauer 1987: Stexkes, A.; Bauer, B.: Leittextgestützte EDV-Vermittlung in Anwenderprogrammen. *In:* Wirtschafts- und Berufspädagogische Schriften, Band 3. Bergisch-Gladbach 1987, S. 1–18

Stiefel 1989: Stiefel, R.: Strategieumsetzendes Lernen. *In:* Sattelberger, T.: Innovative Personalentwicklung – Grundlagen, Konzepte, Erfahrungen. Wiesbaden 1989

Stooß 1990: Stooß, F.: Exkurs zur Prognosefähigkeit beruflicher Systematiken. *In:* MittAB 23, S. 52–63

Stötzel 1993: Stötzel, B.: Das Lernstattkonzept der Krupp-Stahl AG zur innerbetrieblichen Qualifizierung an- und ungelernter Arbeitnehmer. *In:* Paulsen, B.; Worschech, F. (Hrsg.): Arbeitsorientierte Weiterbildung für KMU. Brüssel: EUROTECNET 1993, S. 289–302

Stratmann 1993: Stratmann, P.: Nachfrager-Verbund in der betrieblichen Weiterbildung. *In:* Paulsen, B.; Worschech, F.: Arbeitsorientierte Weiterbildung für KMU – Strategien, Konzepte, Methoden. Brüssel: EUROTECNET 1993, S. 105–116

Taylor 1919: Taylor, F. W.: Die Grundsätze wissenschaftlicher Betriebsführung. München: Raben 1983² [Nachdruck der Originalausgabe von 1919]

Tietgens 1979: Tietgens, H.: Erwachsenenbildung. *In:* Groothoff, H. H. (Hrsg.): Die Handlungs- und Forschungsfelder der Pädagogik. Differentielle Pädagogik, Teil 2. Königstein: Scriptor 1979, S. 179–255

Tilch 1993: Tilch, H.: Weiterbildung und betriebliche Problemlösung – Verbindung in der betrieblichen Gruppenarbeit. *In:* GdWZ 3, 4.1993, S. 207–211

Triebe 1977: Triebe, J. K.: Entwicklung von Handlungsstrategien in der Arbeit. *In:* Zeitschrift für Arbeitswissenschaft 31.1977, S. 221–228

Twardy 1992: Twardy, M. (Hrsg.): Curriculumstrukturen selbstgesteuerter Weiterbildung. München: DHI 1992

Ulich 1984: Ulich, E.: Psychologie der Arbeit. *In:* Management-Enzyklopädie 7, Landsberg am Lech 1984², S. 914–929

Ulich 1989: Ulich, E.: Individualisierung und differentielle Arbeitsgestaltung. *In:* Zimilong, B.; Hoyos, C. Graf: Ingenieurpsychologie. Göttingen 1989

Volpert 1973 a: Volpert, W.: Psychologie der Ware Arbeitskraft – Zur Kritik der Arbeits- und Betriebspsychologie. *In:* Bruder, K. J. (Hrsg.): Kritik der bürgerlichen Psychologie. Frankfurt a. M.: Fischer TBV 1973, S. 218 ff.

Volpert 1973 b: Volpert, W.: Arbeitswissenschaftliche Grundlagen der Berufsbildungsforschung. *In:* BIBB (Hrsg.): Schriften zur Berufsbildungsforschung Nr. 3. Berlin: BIBB 1973, S. 49 ff.

Volpert 1974: Volpert, W.: Handlungsstrukturanalyse als Beitrag zu Qualifikationsforschung. Köln: Pahl-Rugenstein 1974

Volpert 1983: Volpert, W.: Verfahren zur Ermittlung von Regulationserfordernissen in der Arbeitstätigkeit. Köln: TÜV Rheinland 1983

Volpert 1987: Volpert, W.: Lernen und Aufgabengestaltung am Arbeitsplatz. *In:* Zeitschrift für Sozialisationsforschung und Erziehungssoziologie 7; 4.1987, S. 242 ff.

Volpert 1989: Volpert, W.: Entwicklungsförderliche Aspekte von Arbeits- und Lernbedingungen. *In:* Kell, A.; Lipsmeier, A.: Lernen und Arbeiten (Beiheft 8 zur ZBW). Stuttgart: Steiner 1989, S. 117–134

Weidenkamm 1991: Weidenkamm, B.: Learning by doing. *In:* PET, 4. Lfg., August 1991

Weimer 1993: Weimer, S.: Zulieferer/Abnehmer – ein Kooperationsmodell. *In:* Paulsen, B.; Worschech, F.: Arbeitsorientierte Weiterbildung für KMU – Strategien, Konzepte, Methoden. Brüssel: EUROTECNET 1993, S. 125–132

Weiß 1990: Weiß, R.: Die 26-Mrd.-Investition. Investitionen, Kosten und Strukturen betrieblicher Weiterbildung. Köln: Deutscher Instituts Verlag 1990

Weissker 1989: Weissker, D.: Neue Ausbildungsmethoden in der betrieblichen Berufsausbildung. *In:* Schmidt-Hackenberg, B.; Höpke, I.; Lemke, I. G.; Pampus, K.; Weissker, D. (Hrsg.): Neue Ausbildungsmethoden in der betrieblichen Berufsausbildung – Ergebnisse aus Modellversuchen; Reihe: Berichte zur beruflichen Bildung 107. Berlin, Bonn: BIBB 1989

Weissker 1991: Weissker, D.: Modellversuchsergebnisse zur Methodenpluralität und -kompetenz in der Berufsausbildung. *In:* Meyer-Dohm, P.; Schneider, P. (Hrsg.): Berufliche Bildung im lernenden Unternehmen – neue Wege zur beruflichen Qualifizierung. Stuttgart, Dresden 1991, S. 83–98

Weniger 1960: Weniger, E.: Didaktik als Bildungslehre, Teil 2: Didaktische Voraussetzungen der Methode in der Schule. Weinheim: Beltz 1960

Wiemann 1987: Wiemann, G.: Lernen an sinnstiftenden Aufgaben. *In:* arbeiten+lernen 54.1987, S. 8–13

Windschild 1992: Windschild, T.: Lernen am Arbeitsplatz in der Weiterbildung. *In:* Kuratorium der Deutschen Wirtschaft für Berufsbildung (Hrsg.): Lernen am Arbeitsplatz. Köln 1992, S. 19–22

Wittwer 1982: Wittwer, W.: Weiterbildung im Betrieb – Darstellung und Analyse. München etc.: Urban & Schwarzenberg 1982

Wittwer 1989: Wittwer, W.: Schlüsselqualifikation – Schlüssel zur beruflichen Zukunft. *In:* LfB 3.1989, S. 28–29

Wittwer 1991: Wittwer, W.: Lernort Betrieb – vom »Off-the-job«- zum »On-the-job«-Training. *In:* Nuissl, H.; Siebert, H.; Weinberg, J.; Tietgens, H. (Hrsg.): Literatur- und Forschungsreport Weiterbildung Nr. 27. Frankfurt 1991, S. 21–26

Witzgall, Wöcherl 1989: Witzgall, E.; Wöcherl, H.: Qualifizierungskonzept für Lernungewohnte in mittleren Industriebetrieben. Dortmund 1989

Witzgall 1994: Witzgall, E.: Inhalte, Methoden und Medien der aufgabenorientierten Qualifizierung – eine didaktische Skizze. Dortmund: Barbara Weißbach Verlag 1994

Wollert 1990: Wollert, A.: Weiterbildung als Führungsaufgabe statt Seminarbildung auf Vorrat. *In:* Der Arbeitgeber 42.1990, S. 684–687

Wollmann 1990: Wollmann, H.: Betriebliche Weiterbildung von Fachkräften. *In:* Schlaffke, W.; Weiß, R.: Tendenzen betrieblicher Weiterbildung. Köln: Dt. Inst.-Verl. 1990, S. 238–269

Zabeck 1989: Zabeck, J.: »Schlüsselqualifikationen« – zur Kritik einer didaktischen Zielformel. *In:* Wirtschaft und Erziehung 3.1989

Zeidler 1991: Zeidler, S: Weiterbildung im Betrieb – Ergebnisse des Mikrozensus Dezember 1989. *In:* Österreichisches Statistisches Zentralamt (Hrsg.): Statistische Nachrichten 8.1991, S. 689–693

Zimmer 1990: Zimmer, G.: Neue Lerntechnologien: Eine Strategie beruflicher Bildung. *In:* G. Zimmer (Hrsg.): Interaktive Medien für die Aus- und Weiterbildung. Nürnberg 1990, S. 14–27

Zimmer 1991: Zimmer, G.: Neue Weiterbildungsmethoden mit multimedialen Lernsystemen. *In:* BWP 5.1991, S. 2–9

Zimmer 1992: Zimmer, G.: Dezentrale Weiterbildung mit multimedialen Lernsystemen in Modellversuchen. *In:* Dehnbostel, P.; Holz, H.; Nowak, H. (Hrsg.): Lernen für die Zukunft durch verstärktes Lernen am Arbeitsplatz. Dezentrale Aus- und Weiterbildungskonzepte in der Praxis. Reihe: Berichte zur beruflichen Bildung, Heft 149. Berlin und Bonn 1992, S. 383–400

8.2. Verzeichnis der Verweisabkürzungen

ANBA — Amtliche Nachrichten der Bundesanstalt für Arbeit. Hrsg.: Bundesanstalt für Arbeit. Nürnberg (ISSN 0007-585X)

bb — Berufsbildung – Zeitschrift für Theorie und Praxis in Schule und Betrieb. Hrsg.: Kallmeyer'sche Verlagsbuchhandlung, Velber; Pahl, J.-P.; Uhe, E.

BWP: — Berufliche Bildung in Wissenschaft und Praxis; Hrsg.: Bundesinstitut für Berufsbildung. Berlin: Bertelsmann (ISSN 0341-4515)

c't — c't – Magazin für Computertechnik; Hrsg.: Heise, C. Hannover: Heise (ISSN 0724-8879)

GdWZ — Grundlagen der Weiterbildung – Zeitschrift für Weiterbildung und Bildungspolitik im In- und Ausland. Neuwied: Luchterhand (ISSN 0937-2172)

KZfSSp — Kölner Zeitschrift für Soziologie und Sozialpsychologie; Hrsg.: König, R.; Neidhardt, F.; Lepsius, R. Opladen: Westdeutscher Verlag

LfB — Lernfeld Betrieb – Das Magazin für Qualifikation und Weiterbildung. Isenhagen: Verlag Dr. Rabe (ISSN 0930-4460)

MittAB — Mitteilungen aus der Arbeitsmarkt- und Berufsforschung; Hrsg.: Bolte, K.M.; Buttler, F.; Ellinger, T.; Franke, H.; Gerlach, K.; Helberger, C.; Mertens, D. †; Sadowski, D.; Schäffer, K.-A.; Stingl, J. Stuttgart etc.: Kohlhammer (ISSN 0340-3254)

PET: — Handbuch Personalentwicklung und Training. Köln: Deutscher Instituts-Verlag

QUEM: — QUEM-Bulletin – Qualifikations-Entwicklungs-Management; Hrsg.: Arbeitsgemeinschaft QUEM – Öffentlichkeitsarbeit. Berlin

TIBB: — Technische Innovation und Berufliche Bildung. Hrsg.: IFA-Institut gGmbH (ISSN 0932-5093)

ZBW: — Zeitschrift für Berufs- und Wirtschaftspädagogik; Hrsg.: Dubs, R.; Heid, H.; Lipsmeier, A.; Stratmann, K. Stuttgart: Steiner

ZfAO: Zeitschrift für Arbeits- und Organisationspsychologie. Organ der Sektion Arbeits-, Betriebs- und Organisationspsychologie im Berufsverband Deutscher Psychologen (BDP). Göttingen: Hogrefe (ISSN 0932-4089)

ZfP: Zeitschrift für Pädagogik; Hrsg.: Benner, D.; Fatke, R.; Flitner, A.; Furck, C.-L.; Herrmann, U.; Hopf, D.; Hornstein, W.; Klafki, W.; Knab, D.; Krapp, A.; Leschinsky, A.; Oelkers, J.; Roeder, P. M.; Scheuerl, H.; Schiefele, H.; Tenorth, H.-E.

8.3. Verzeichnis der verwendeten Abkürzungen

BIBB   Bundesinstitut für Berufsbildung, Berlin

BMBW   Bundesministerium für Bildung und Wissenschaft

BMFT   Bundesministerium für Forschung und Technologie

BSW   Berichtssystem Weiterbildung des BMBW

CBT   Computer Based Training

CIM   Computer Integrated Manufacturing

CNC   Computerized Numerical Control

CUU   Computerunterstützter Unterricht

DV   Datenverarbeitung

IAB   Institut für Arbeitsmarkt- und Berufsforschung, Nürnberg

IW   Institut der deutschen Wirtschaft, Köln

KMU   kleine und mittlere Unternehmen

PPS   Produktions-Planung und -Steuerung

SOFI   Sozialwissenschaftliches Forschungsinstitut, Göttingen

8.4. Verzeichnisse von Grafiken und Tabellen

8.4.1. Verzeichnis der Grafiken

1.	Typologie der Lernorte [Grundlage: Münch 1985]	24
2.	Handlungsfelder betrieblicher Weiterbildung [nach: Heidack 1987]	25
3.	Dimensionen arbeitsplatznahen Lernens	26
4.	Schema: Wege des Wissenstranfers	33
5.	FORCE-Vorerhebung: Weiterbildungsverhalten der Unternehmen	55
6.	Bedeutung von Lernorten für die aktuelle Qualifikation	56
7.	Handlungsregulationsverfahren: TOTE- und VRR-Modell	83
8.	Schema operativer Abbildsysteme [nach: BIBB II, 1991]	84
9.	Funktion von Methoden zur Qualifikation am Arbeitsplatz	99
10.	Profil zur Beschreibung arbeitsplatznaher Qualifizierung	104
11.	Elemente von Qualitätszirkeln [nach: Engel 1987]	127
12.	Beispiel einer Lerninsel	131
13.	Beispiel eines integrierten Lern- und Arbeitsplatzes	140
14.	Typologie von CBT-Steuerungssytemen	148
15.	Interaktionstypen beim CBT-Einsatz	154
16.	Vergleich von Methoden arbeitsplatznaher Qualifizierung	157
17.	Determinanten des Lernpotentials [nach: Baitsch, Frei 1980, S. 35]	169
18.	Änderung von Qualifikationsanforderungen [nach: Sonntag 1985]	173
19.	Handlungsspielräume am Arbeitsplatz [nach: Ulich 1984]	175
20.	Hypothetischer Produktivitätsvergleich von Qualifizierungsformen	201
21.	Weiterbildungsplanung und Betriebsgröße [Stahl 1993]	211
22.	Rückkopplungsschleife zwischen Bildungsträger und Betrieb	216
23.	Qualifizierung von Multiplikatoren [nach: QZR]	217
24.	Kommunikationskanäle zwischen Bildungsträger und Betrieb	219

8.4.2. Verzeichnis der Tabellen

1. Umfang von Lernmethoden in der betrieblichen Ausbildung. . 41
2. Fragestellung zu »Anderen Formen der beruflichen Weiterbildung« [BSW 1992] 51
3. Formen beruflicher Weiterbildung [nach: BSW 1992]. 52
4. Weiterbildungszeiten im Vergleich [nach: Weiß 1990]. 53
5. Typen von Bildungselementen [nach: Mertens 1974] 72
6. Umsetzung von Schlüsselqualifikationen [Grundlage: Mertens 1974] 73
7. Ebenen der Handlungsregulation [nach: Volpert 1983] 86
8. Zuordnung von Aufgabentypen und Methoden [Witzgall 1994] 103
9. Verfahren arbeitsplatznaher betrieblicher Weiterbildung. . . . 103
10. Abfolge der Vier-Stufen-Methode [nach: Schelten 1991 a] . . . 107
11. Vier-Stufen- und Leittextmethode [nach Weissker 1989] 117
12. Modellversuche zu Leittexten [nach: Bauer 1992] 118
13. Phasen projektorientierten Lernens [Halfpap 1983] 120
14. Lernumgebungen von CUL [nach: Euler 1992]. 155
15. Anforderungsentwicklung und Lernen [nach: Downs 1985] . . 172
16. Förderliche und hinderliche Lernbedingungen am Arbeitsplatz 184

8.5. Verzeichnis von Projekten zum Lernen am Arbeitsplatz

Trotz einer sorgfältigen Auswahl ist die Liste der Projekte voraussichtlich weder repräsentativ noch gar vollständig: Zu viele auch kleinere Projekte entstehen derzeit im Bereich der arbeitsplatznahen betrieblichen Qualifizierung, als daß sie noch zuverlässig erfaßt werden könnten. Zudem sind Projekte, die nicht öffentlich gefördert werden, in Forschungs- und Projektlisten nur selten vertreten. Trotz dieser Einschränkungen gibt die Auswahl jedoch vermutlich einen hinreichenden allgemeinen Überblick über Entwicklungstendenzen und innovative Ansätze, die im Bereich der arbeitsplatznahen Qualifizierung verfolgt werden. Die Liste unterscheidet nicht zwischen Projekten zur arbeitsplatznahen Weiterbildung und zur arbeitsplatznahen Ausbildung: Viele Ausbildungsprojekte befassen sich auch mit beruflicher Weiterbildung und vice versa.[31]

---

[31] Als Quellen dienten: ● Projektträgerschaft *»Arbeit und Technik«* (AuT) (Hrsg.): Projektstatusbericht 1990/91 – Bericht zu den Fördermaßnahmen des BMFT im Rahmen des Forschungs- und Entwicklungsverbundes der Bundesregierung »Arbeit und Technik«. Köln 1991; ● Mailbox *BIBBMAIL* des Bundesinstituts für Berufsbildung, Berlin; ● *Bundesinstitut für Berufsbildung* (Hrsg.): Modellversuche in der außerschulischen Berufsbildung – Inhaltliche Förderbereiche und regionale Verteilung. Berlin: BIBB 1993; ● *ELIS* (Erlangen Library Information System) der Friedrich-Alexander-Universität Erlangen-Nürnberg, Erlangen; ● Bundesinstitut für Berufsbildung (Hrsg.): Jahresbericht 1991 der deutschen Koordinierungsstelle *EUROTECNET.* Berlin, Bonn: BIBB 1991; ● Datenbank *FORIS* des Informationszentrums Sozialwissenschaften, Bonn, auf Host STN, Karlsruhe; ● *Informationszentrum Sozialwissenschaften* (Hrsg.): Forschungsarbeiten in den Sozialwissenschaften 1991 – Dokumentation. Bonn: IZ 1992; ● *Institut für Arbeitsmarkt- und Berufsforschung, Bundesministerium für Arbeit und Sozialordnung* (Hrsg.): Forschungsdokumentation zur Arbeitsmarkt- und Berufsforschung, Ausgabe 2.1992 (FoDokAB 2/1992). Nürnberg 1993.

Berufliche Fortbildungszentren der Bayerischen Arbeitgeberverbände e. V., ZA Bildungsforschung, Nürnberg:

Arbeitsplatznahe Qualifizierung von An- und Ungelernten in kleinen und mittleren Unternehmen mit computergestützten Lernmedien; *Laufzeit vom 1. 9. 91 bis zum 30. 8. 95; F#: BIBB*

Bildungsmarketing für kleine und mittlere Unternehmen, Teil 2: Arbeitsplatznahe Weiterbildung in KMU; *Laufzeit vom 1. 3. 94 bis zum 28. 2. 96; F#: BIBB*

Strategien zur Ökonomisierung der Weiterbildung in kleinen und mittleren Unternehmen; *Laufzeit vom 1. 11. 93 bis zum 30. 6. 95; RKW*

Die Integration von Lernen und Arbeiten in kleinen und mittelgroßen Produktionseinheiten der Metall- und Elektroindustrie (in Belgien und Bayern); *Laufzeit vom 1. 12. 93 bis zum 31. 10. 94; FORCE*

Berufsbildungswerk (BBW) Hamburg GmbH,

Berufsbildendes Gemeinschaftswerk (BG) Kassel e. V.

Integrierte produktionsnahe Aus- und Weiterbildung; *Laufzeit von 1992 bis 1995; BIBB*

Berufsförderungszentrum Essen e. V., PTQ-Projektgruppe, Essen:

Zentraler Wirtschaftsmodellversuch in Nordrhein-Westfalen: Produktionstechnische Qualifikationen im Lernortverbund (PTQ); *Laufzeit vom 1. 4. 89 bis zum 31. 12. 92, F#: BIBB: D212700(B)*

Bildungswerk der hessischen Wirtschaft e. V., Frankfurt:

Der zwischenbetriebliche Weiterbildungsverbund für Klein- und Mittelbetriebe; *Laufzeit 1985 bis 1988; F#: BIBB*

Lernen in Strukturen der Arbeit (LISA); *Laufzeit vom 1. 2. 91 bis zum 31. 1. 94; F#: BMBW*

HdA-Projekt Felten & Guilleaume: Qualifizierung an Fertigungsinseln in Gruppenarbeit

Systematisches Anlernen in dezentralen, produktionsnahen Anlernwerkstätten bei der Adam Opel AG

Kooperative arbeitsplatzorientierte Berufsbildung bei moderner Prozeßfertigung (Hoesch Stahl AG)

Bildungszentrum der Wirtschaft im Unterwesergebiet e. V. (BWU), Bremen:

Forschungs- und Entwicklungsprojekt selbstgesteuertes, individualisiertes Lernen am PC von Arbeitnehmer in der zweiten Hälfte ihres Erwerbslebens; *Laufzeit vom 1. 1. 90 bis zum 31. 8. 93; F#: D0847.00*

Bildungszentrum Turmgasse, Villingen-Schwenningen;
Fraunhofer Institut für Arbeitswirtschaft und Arbeitsorganisation, Stuttgart:

Dezentrales Lernen im Klein- und Mittelbetrieb; *Laufzeit vom 1. 11. 91 bis zum 31. 10. 95; F#: BIBB: D2501.00*

Rechnerintegrierte Informationstechnik in der kaufmännischen Aus- und Weiterbildung; *Laufzeit vom 1. 12. 89 bis zum 30. 4. 92; F#: BIBB: D0593.00*

Bundesinstitut für Berufsbildung, Berlin:

Dezentrales Lernen in Klein- und Mittelbetrieben; *Laufzeit vom 1. 11. 91 bis zum 30. 9. 95; F#: D2501.00*

Förderung von Systemdenken und Zusammenhangsverständnis – konkretisiert am Beispiel des Arbeitens in komplexen Fertigungsstrukturen der Metallindustrie; *Laufzeit vom 1. 1. 89 bis zum 30. 9. 92*

Modelle arbeitsplatzbezogener Weiterbildung in mittleren Industriebetrieben; *Laufzeit vom 1. 1. 88 bis zum 30. 6. 91*

Determinanten von Transferleistungen; *Laufzeit vom 1. 7. 87 bis zum 31. 12. 90*

Forschungsinstitut für Berufsbildung im Handwerk an der Universität zu Köln, Köln;
Universität zu Köln, Lehrstuhl für Wirtschafts- und Sozialpädagogik:

Selbstgesteuerte Weiterbildung im Handwerk (Swing); *Laufzeit vom 1. 3. 91 bis zum 31. 8. 94; F#: BIBB: D02142.00*

Forschungsinstitut für Rationalisierung e. V. an der Technischen Hochschule, Aachen:

Entwicklung und Erprobung eines Verfahrens zur PPS-Einführung mit Benutzerteams; *Laufzeit vom 1. 6. 90 bis zum 31. 12. 92*

Fraunhofer Gesellschaft zur Förderung der angewandten Forschung e. V. (FHG), München:

Dezentral organisierte Qualifizierungsmaßnahmen für Fertigungssegmente; *Laufzeit vom 1. 4. 89 bis zum 30. 4. 90*

Fraunhofer Institut für Arbeitswirtschaft und Organisation, Stuttgart:

Dezentrales Lernen in Klein- und Mittelbetrieben; *Laufzeit vom 1. 11. 91 bis zum 30. 9. 95; F#: BIBB:D2501.00*

Einführung neuer Technologien in Betrieben des Zulieferhandwerks. Erstellung eines Handbuchs zur Handlungs- und Entscheidungsunterstützung; *Laufzeit vom 1. 10. 91 bis zum 31. 3. 94*

Entwicklung eines erweiterten Lernaufgabenkonzeptes für erfahrungsgeleitete Tätigkeitsanteile in der computergestützten Arbeit; *Laufzeit vom 1. 10. 90 bis zum 31. 3. 94; F#: AuT: 01HG169/0*

Entwicklung, Erprobung und Implementierung einer Trainerschulung für Qualifizierungsmaßnahmen an neuen Technologien in der Produktion; *Laufzeit vom 1. 1. 87 bis zum 31. 8. 91; F#: AuT: 01HG176/5*

Grundlegende Untersuchungen zur Sicherung und Förderung von Erfahrungswissen in der betrieblichen Praxis; *Laufzeit vom 1. 10. 90 bis zum 30. 4. 94; F#: AuT: 01HH060/1*

Instandhaltung und Fehlersuche in automatisierten Systemen; *Laufzeit vom 1. 1. 90 bis zum 31. 12. 92; F#: BIBB: D0581.00B*

Maßnahmen der beruflichen Qualifizierung im Bereich der Industrieroboter in der Anpassungsfortbildung; *Laufzeit vom 1. 10. 85 bis zum 30. 4. 90; F# BIBB: D0578.00B*

Friedrichsdorfer Büro für Bildungsplanung, Salzgitter:

Leittextorientierte Lern- und Arbeitsmethode (LoLa) bei der Telekom; *Laufzeit vom 1. 12. 87 bis zum 30. 4. 93; F#: BIBB: D072.00B*

Nachqualifizierung zum Verfahrensmechaniker (mit Hoesch Stahl AG); *Laufzeit vom 1. 2. 87 bis zum 31. 1. 91; F#: BIBB: D0195.00B*

Modellversuchsreihe: Qualifizierungsberatung zur Verbesserung des Weiterbildungsangebotes für kleine und mittlere Betriebe – Schwerpunkt neue Technologien; *Laufzeit vom 1. 11. 86 bis zum 31. 12. 89; F#: BIBB: D0XXX.00B*

Gesellschaft für Arbeitsschutz- und Humanisierungsforschung, Hamburg:

Lernen und Fertigen; *Laufzeit vom 1. 1. 91 bis zum 31. 12. 93*

Gesellschaft für Ausbildungsforschung und Berufsentwicklung e. V., München:

Multimediale, arbeitsplatznahe Weiterbildung zur Einführung und Nutzung von Informations- und Kommunikationstechniken im Handwerk (IKTH); *Laufzeit vom 1. 9. 92 bis zum 31. 8. 95*

Erprobung arbeitsorientierter Methoden für die Ausbildung von Industriekaufleuten unter den Bedingungen neuer Bürotechnologien (Wacker-Chemie, Burghausen); *F#: BIBB: D0645.00(B)*

Qualifizierung neben- und hauptberuflicher Ausbilder im Betriebseinsatz (Bayer AG)

Handwerkskammer der Pfalz, Kaiserslautern;
Universität Kaiserslautern, Lehrstuhl für Fertigungstechnik und Betriebsorganisation:

Entwicklung und Erprobung eines Weiterbildungsmodells zur menschengerechten Nutzung von EDV-Systemen in Handwerksbetrieben; *Laufzeit vom 1. 10. 89 bis zum 32. 3. 93; F#: AuT: 01HK327/8*

Handwerkskammer Münster, Münster;
Fachhochschule Münster, Fachbereich Maschinenbau:

CIM-Technologie in der mittelständischen Wirtschaft; *Laufzeit vom 1. 10. 91 bis zum 30. 9. 95; F#: BIBB: D2136.00*

IBEK Ingenieur- und Beratungsgesellschaft mbH, Karlsruhe:

Verbundprojekt: Qualifizierende Arbeitsgestaltung mit tutoriellen Expertensystemen für technische Diagnoseaufgaben – arbeitswissenschaftlicher Teil; *Laufzeit vom 1. 7. 89 bis zum 30. 6. 93; F#: AuT: 01HK299/0*

IFA-Institut für berufliche Aus- und Fortbildung gGmbH, Bonn:

Entwicklungsverbund: Arbeitsorientiertes CBT für die Instandsetzung technischer Anlagen; *Laufzeit vom 1. 11. 91 bis zum 31. 10. 94; F# BIBB: D2143.00*

IHK Bildungszentrum Grunbach, Remshalden:

Instandhaltung und Fehlersuche in automatisierten Systemen; *Laufzeit vom 1. 1. 90 bis zum 31. 12. 92*

Institut für Arbeitsgestaltung und Medienforschung, Hochschule für Bildende Künste Braunschweig, Braunschweig;
Gesellschaft für Gestaltung und Technologie, Braunschweig

Gestaltungs- und verständnisorientierte Einführung neuer Technologien in die Berufsausbildung; *Laufzeit vom 1. 9. 92 bis zum 1. 9. 94; F#: BIBB: D0060.00*

Institut für Medien und Kommunikation, Bochum
Ruhr-Universität, Fakultät für Sozialwissenschaft, Prof. Dr. Kromrey, Bochum:

Qualifizierung des Bildungspersonals für die Entwicklung und Anwendung multimedialer Lernsystem in der Weiterbildung; *Laufzeit vom 1. 1. 93 bis zum 31. 12. 94; F#: BIBB: D2160.00B*

Multimediale Lernsysteme in der fertigungs- und verfahrenstechnischen Produktion; *Laufzeit vom 1. 6. 91 bis zum 31. 12. 91; F#: BIBB: FP4.102*

Lernen mit interaktiven Medien am Arbeitsplatz; *Laufzeit vom 01. 6. 90 bis zum 31. 12. 90; F#: BIBB: FP4.102*

Institut für sozialwissenschaftliche Forschung e. V., München:

Betriebliche Weiterbildung zwischen arbeitsplatznahem Lernen und planmäßiger Einbindung in die Unternehmensstrategie; *Laufzeit vom 1. 9. 90 bis zum 30. 6. 93*

Klöckner Stahl GmbH, Hütte Bremen, HA Personalentwicklung, Bremen:

Kontinuierliche Selbstqualifizierung der Ausbilder in der industriellen Berufsausbildung; *Laufzeit vom 1. 6. 89 bis zum 31. 5. 94; F#: BIBB: D0841.00*

Krupp Stahl AG, Werksgruppe Siegen-Hagen, Siegen:

Innerbetriebliche Qualifizierung an- und ungelernter Arbeitnehmer in einem stahlerzeugenden Unternehmen; *Laufzeit vom 1. 11. 89 bis zum 31. 12. 92; F#: BIBB: D2114.00*

Landesinnungsverband des Maler- und Lackiererhandwerks in Hessen, Frankfurt:

Arbeitsplatzbezogene Berufsbildung im Maler- und Lackiererhandwerk; *Laufzeit vom 1. 12. 88 bis zum 31. 11. 93; F#: BIBB: D1067.00*

Landesinstitut Sozialforschungsstelle Dortmund, Dortmund:

Kooperative arbeitsplatzorientierte Berufsbildung bei moderner Prozeßfertigung (Arbeitsstrukturen und Berufsbildung; mit Kruup-Hoesch Stahl AG); *Laufzeit vom 01. 10. 88 bis zum 30. 4. 92; F#: BIBB: D2112.00B*

Teilzeitbeschäftigung und -qualifizierung für Berufsanfänger der Ruhrkohle AG; *Laufzeit vom 1. 9. 88 bis zum 1. 9. 90 (mit Ruhrkohle AG, Essen)*

Landkreis Osnabrück;
Industrie- und Handelskammer, Osnabrück-Emsland, Osnabrück

Fachliche und pädagogische Qualifizierung von nebenberuflichen Ausbildern zur Einarbeitung betrieblicher Mitarbeiter in CNC-Technik; *Laufzeit vom 1. 10. 84 bis zum 30. 12. 87; F#: BIBB: D0058.00B*

MAN Miller Druckmaschinen GmbH, Geisenheim:

Entwicklung und Realisierung eines EDV-Qualifizierungs- und Organisationskonzeptes zur Erweiterung des Handlungsspielraumes von Werkstattmitarbeitern im Rahmen eines CIM-Konzeptes in einem mittleren Maschinenbauunternehmen; *Laufzeit vom 1. 10. 88 bis zum 31. 12. 91; F#: AuT: 01HH097/1*

Mercedes Benz AG, Werk Gaggenau, Betriebliches Bildungswesen, Gaggenau

Projektbüro für innovative Berufsbildung, Heidenheim/Brz.;
Universität Freiburg, Prof. Dr. Kösel:

Dezentrales Lernen in Teamarbeit bei der Mercedes Benz AG, Werk Gaggenau; *Laufzeit vom 1. 3. 90 bis zum 28. 2. 96; F#: BIBB: D0594.00*

Projektbüro für innovative Berufsbildung, Heidenheim/Brz.:

Systematisierung und Strukturierung von Erfahrungswissen an Gruppenarbeitsplätzen in der Fertigung (Karl KässbohrerGmbH)

Qualifizierungszentrum Rheinhausen GmbH, Duisburg
Friedrichsdorfer Büro für Bildungsplanung:

Qualifizierungsverbund mit Qualifizierungsplanung und - durchführung... zur Begleitung des Strukturwandels in der Region; *F#: BIBB: D2130.00*

Fremdsprachenerwerb im Kontext der beruflichen Tätigkeit – Weiterbildung von Qualitätsverantwortlichen der Mannesmannröhren-Werke AG; *Eigenprojekt*

Qualifizierungszentrum Rheinhausen GmbH, Duisburg
AIQ e. V., Dortmund:

Handlungsorientierte Weiterbildung von Elektromonteuren im Lernmodell HANS

Textar GmbH, Leverkusen:

Konzeptionelle Entwicklung flexibler Personal- und Technikeinsatzinstrumente zur Schaffung ganzheitlicher Arbeitsstrukturen bei der Herstellung von Reibbelägen; *Laufzeit vom 1. 10. 90 bis zum 31. 10. 91; F#: AuT: 01HH198/0*

Thyssen Magnettechnik GmbH, Dortmund;
Universität Essen – Gesamthochschule. FB 2: Erziehungswissenschaften:

Berufliche Qualifizierung für längerfristig arbeitslose Erwachsene in Metallberufen; *Laufzeit vom 1. 4. 86 bis zum 31. 3. 90; F#: BIBB: D0188.00*

Volkswagen AG, Bildungswesen Wolfsburg: Kaufmännische Berufsausbildung, Wolfsburg;
Universität Göttingen, Seminar für Wirtschaftspädagogik:

Lernortübergreifende Integration moderner informationsverarbeitender Technologien in die Ausbildung von Industriekaufleuten; *Laufzeit vom 1. 3. 85 bis zum 28. 2. 90; F#: BIBB: D0059.00B*

Projekte an Hochschulen nach Orten:

Technische Hochschule Aachen, Institut für Arbeitswissenschaft, Aachen:

Gruppenarbeit und Belegschaftsbeteiligung in einem Feinstahlwerk; *Laufzeit vom 1. 5. 91 bis zum 30. 9. 93*

Freie Universität Berlin, FB Erziehungs- und Unterrichtswissenschaften, Berlin:

Betriebliche Weiterbildung für Ausbildungspersonal; *Laufzeit vom 1. 10. 88 bis zum 28. 2. 90*

Bausteine zur überfachlichen Qualifizierung von Ausbildern und Auszubildenden in der chemischen Industrie mit den Schwerpunkten Ökologie und soziales Lernen; *Laufzeit vom 1. 9. 88 bis zum 30. 8. 92*

Technische Universität Berlin, Berlin:

Ein Qualifizierungskonzept für die Facharbeit in der Werkstatt von Klein- und Mittelbetrieben mit rechnerintegrierter Fertigung; *Laufzeit vom 1. 7. 88 bis zum 30. 11. 91; F#: AuT: 01HH976/0*

Universität Bochum, Institut für Arbeitswissenschaft LS Arbeitsorganisation, Bochum:

Qualifikation, Partizipation und Realisation von Bedürfnissen und Interessen in der Arbeitssituation; *Laufzeit vom 1. 7. 89 bis zum 31. 12. 91; F#: SFB-187*

Universität Bochum, Sektion Soziologie, Bochum:

Qualifikationsanforderungen und berufliche Weiterbildung beim Einsatz von System zu computerintegrierter Fertigung (CIM) und flexiblen Arbeitssystemen; *Laufzeit vom 1. 5. 89 bis zum 31. 12. 91*

Organisation beruflicher Weiterbildung für CIM und flexible Arbeitssysteme; *Laufzeit vom 1. 1. 92 bis zum 31. 12. 94*

Universität Bochum, Institut für Arbeitswissenschaft, LS Arbeitsorganisation, Bochum:

Qualifizierung von Belegschaften für teilautonome flexible Fertigungsstrukturen; *Laufzeit vom 1. 1. 91 bis zum 31. 12. 92*

Universität Bremen, FB Arbeits- und Bildungswissenschaften, Bremen:

Entwicklung und Erprobung von teilnehmerorientierten Modellseminaren über Bedingungen und Chancen humaner rechnergestützter Fertigung; *Laufzeit vom 1. 10. 89 bis zum 30. 9. 92; F#: AuT: 01HG047/4*

Universität Bremen, FB Produktionstechnik und Konstruktionslehre, Bremen

Universität Bremen, FB 12, Prof. Dr. Straka:
Entwicklung und Evaluation von computergestützten Unterichtsmodulen für die CAD- Weiterbildung von älteren Arbeitnehmerinnen und Arbeitnehmern (TECA); *Laufzeit vom 1. 2. 92 bis zum 31. 1. 94; F#: BIBB: D0855.00*

Universität-Gesamthochschule Duisburg, FB 10 Physik/Technologie, Fach Technologie und Didaktik der Technik, Duisburg:

Entwicklung von Aus- und Weiterbildungskonzeptionen im Bereich der Mikroelektronik in gewerblich-technischen Berufsfeldern (Teilprojekt des interdisziplinären Forschungsvorhabens ›Weiterbildungsinformationssystem Mikroelektronik‹; *Laufzeit vom 1. 11. 88 bis zum 31. 12. 91; F#: NRW: 223-30-50/ZIM*

Universität Kaiserslautern, Institut für Industriebetriebslehre und Arbeitswissenschaft, Kaiserslautern:

Umsetzung arbeitswissenschaftlicher Inhalte mit Problemlösungsgruppen (z. B. mit Qualitätszirkel); *Laufzeit vom 1. 3. 88 bis zum 31. 12. 92; F#: AuT: 01HG197A/2*

Universität Kaiserslautern, Institut für Sozial- und Wirtschaftswissenschaften, Kaiserslautern:

Umsetzung arbeitswissenschaftlicher Inhalte mit Problemlösungsgruppen (z. B. mit Qualitätszirkel); *Laufzeit vom 1. 3. 88 bis zum 31. 12. 92; F#: AuT: 01H6197A/2*

Universität Karlsruhe, Prof. Dr. Puppe, Karlsruhe:

Verbundprojekt: Qualifizierende Arbeitsgestaltung mit tutoriellen Expertensystemen für technische Diagnoseaufgaben – informatorischtechnischer Teil; *Laufzeit vom 1. 7. 89 bis zum 30. 6. 94; F#: AuT: 01HK289/1*

Gesamthochschule Kassel, Kassel:

Forschungsverbund: Prozessbeherrschung durch Erfahrungswissen und deren technische Unterstützung; *Laufzeit vom 1. 10. 90 bis zum 31.3.94; F#: AuT: 01HH419/7*

Universität Osnabrück, **O**snabrück:

Multifuntionale Bürosoftware und Qualifizierung (MBQ); *Laufzeit vom 1. 5. 87 bis zum 31. 7. 90; F#: AuT: 01HK526/1*

Universität-Gesamthochschule Paderborn, FB 2, **P**aderborn:

Kontinuierliche Selbstqualifizierung der Ausbilder in der industriellen Berufsausbildung; *Laufzeit vom 1. 6. 89 bis zum 31. 5. 94; F#: BIBB: D0841.00B*

Universität-Gesamthochschule Siegen, **S**iegen:

Innerbetriebliche Qualifizierung an- und ungelernter Arbeitnehmer in einem stahlerzeugenden Unternehmen; *Laufzeit vom 1. 11. 89 bis zum 31. 12. 92; F#: BIBB: D2114.00B*

Universität des Saarlandes, Fachrichtung 6.1 – Allgemeine Erziehungswissenschaft, Saarbrücken;
Dillinger Hüttenwerke AG:

Speicherprogrammierbare Steuerungen in der Aus- und Weiterbildung für Anwender und Instandhaltung; *Laufzeit vom 1. 10. 84 bis zum 31. 3. 87; F#: BIBB: D0317.00*